摆渡书虫

FALSE FLAGS

DISGUISED GERMAN RAIDERS OF WORLD WAR II

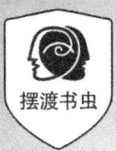

伪旗行动

第二次世界大战中的德国偷袭舰

［澳］**斯蒂芬·罗宾逊**（Stephen Robinson） 著

秦传安 译

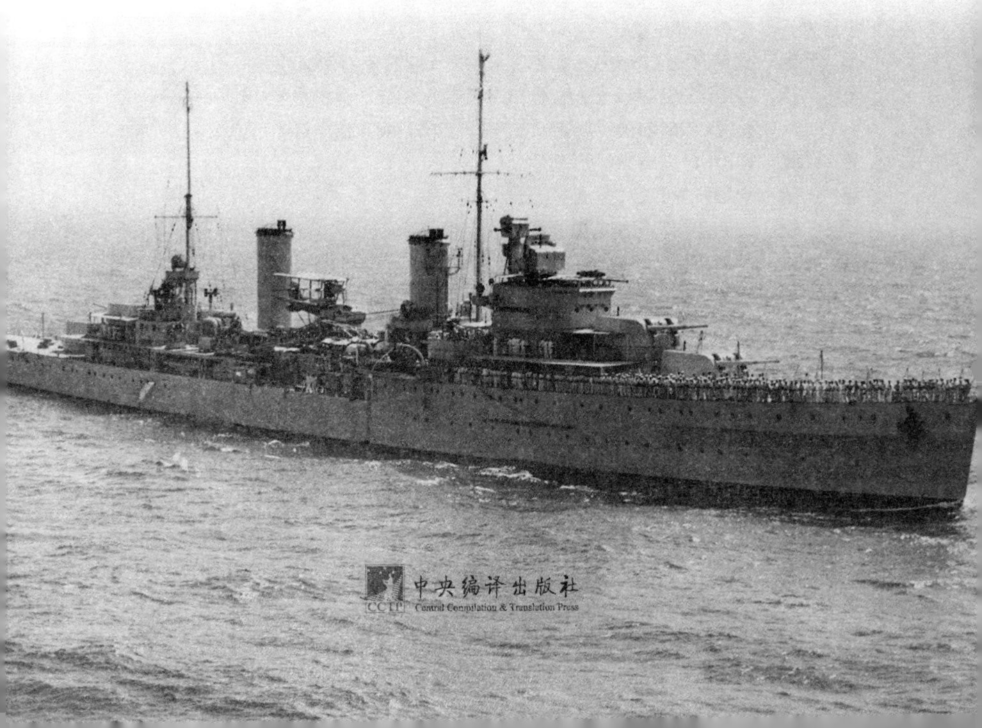

中央编译出版社

CCTP Central Compilation & Translation Press

图书在版编目 (CIP) 数据

伪旗行动：第二次世界大战中的德国偷袭舰／（澳）斯蒂芬·罗宾逊著；秦传安译.—北京：中央编译出版社，2018.7

书名原文：FALSE FLAGS:DISGUISED GERMAN RAIDERS OF WORLD WAR II

ISBN 978-7-5117-3599-7

Ⅰ.①伪… Ⅱ.①斯… ②秦… Ⅲ.①第二次世界大战－海战－史料 Ⅳ.① E195.2

中国版本图书馆 CIP 数据核字 (2018) 第 163525 号

FALSE FLAGS: DISGUISED GERMAN RAIDERS OF WORLD WAR II BY STEPHEN ROBINSON
Copyright: ©2016 IN TEXT: STEPHEN ROBINSON
This edition arranged with EXISLE PUBLISHING
through BIG APPLE AGENCY, INC., LABUAN, MALAYSIA.
Simplified Chinese edition copyright:
2018 CENTRAL COMPILATION and TRANSLATION PRESS
All rights reserved.

伪旗行动：第二次世界大战中的德国偷袭舰

出 版 人：葛海彦
出版统筹：贾宇琰
责任编辑：曲建文
责任印制：刘 慧
出版发行：中央编译出版社
地　　址：北京西城区车公庄大街乙 5 号鸿儒大厦 B 座 (100044)
电　　话：(010) 52612345（总编室）(010) 52612368（编辑室）
　　　　　(010) 52612316（发行部）(010) 52612346（馆配部）
传　　真：(010) 66515838
经　　销：全国新华书店
印　　刷：北京紫瑞利印刷有限公司
开　　本：880 毫米 ×1230 毫米　1/32
字　　数：276 千字
印　　张：13.5
版　　次：2018 年 8 月第 1 版
印　　次：2018 年 8 月第 1 次印刷
定　　价：48.00 元

网　　址：www.cctphome.com　　邮　箱：cctp@cctphome.com
新浪微博：@ 中央编译出版社　　　微　信：中央编译出版社（ID: cctphome）
淘宝店铺：中央编译出版社直销店（http://shop108367160.taobao.com）(010) 55626985

本社常年法律顾问：北京市吴栾赵阎律师事务所律师　闫军　梁勤
凡有印装质量问题，本社负责调换，电话：(010) 55626985

目录

导　言　　　　　　　　　　　　　001

1　偷袭舰的准备　　　　　　　　005
2　猎户星座号的大西洋之战　　　026
3　豪拉基湾行动　　　　　　　　045
4　企鹅号最早的胜利　　　　　　064
5　东北航道　　　　　　　　　　086
6　塔斯曼偷袭者　　　　　　　　097
7　远东舰队　　　　　　　　　　118
8　澳大利亚布雷区　　　　　　　132
9　印度洋追击　　　　　　　　　148
10　瑙鲁与磷酸盐船　　　　　　166
11　鸬鹚号辅助巡洋舰　　　　　178
12　埃米劳岛上被抛弃的人　　　191
13　冯·卢克纳尔，间谍与第五纵队　203

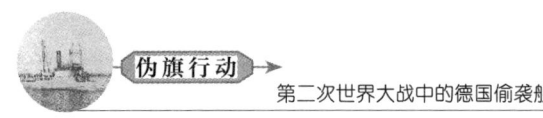

14	返回瑙鲁和日本的密谋	221
15	南极洲的偷袭战	232
16	鸬鹚号在大西洋	241
17	远海遭遇战与绝望群岛	254
18	阿拉伯海的油轮追猎	274
19	新的行动海域	292
20	秃鹫号的航行	311
21	目的地波尔多	319
22	加拉帕戈斯群岛偷袭舰	332
23	鲨鱼湾的遭遇战	348
24	鸬鹚号与悉尼号之战	360
25	救生艇舰队	385

尾　声　　　　　　　　　　　　397

人名译名对照表　　　　　　　　406

导 言

第二次世界大战早期，在一场已经被人遗忘的海战中，德国辅助巡洋舰猎户星座号、彗星号、企鹅号和鸬鹚号在公海上令人闻风丧胆。这些偷袭舰从德国出发，航行于大西洋、太平洋和印度洋，还有北极和南极水域，不断击沉盟国的商船，在澳大利亚和新西兰海域，以及在一些颇有异国风情的地点，例如马达加斯加和加拉帕戈斯群岛。按照最纯正的航海传统，它们异乎寻常的航行堪称海上传奇，它们在20世纪中叶打了一场成功的"海盗战"，击沉或俘获了62艘船舰。

早在日本偷袭珍珠港之前，猎户星座号和彗星号就威胁到了南太平洋，当时，战争被认为依旧遥远，在这个看似风平浪静的偏远地区，它们在新西兰海域布设水雷，摧毁了盟国在瑙鲁的磷酸盐船。企鹅号在印度洋大范围地展开行动，明目张胆地布设水雷，在澳大利亚5个港口的门户爆炸，并在南极海域俘获了挪威的捕鲸船队。最后，它成了德国最成功的偷袭舰，击沉或俘获船只的吨位是著名袖珍战列舰施佩伯爵号的三倍多。鸬鹚号在大西洋进行搜猎行动，然后进入印度洋，在那里遭遇澳大利亚巡洋舰悉尼号。在这场历史上最大的海战之一中，鸬鹚号击沉了澳大利

亚的军舰,但是,在鸬鹚号遭受不可挽回的损害之后,船员们弄沉了偷袭舰。大多数德国水兵幸存下来,而悉尼号战舰上的645人全都在极其恶劣的环境中葬身海底。①

遭遇这些偷袭舰的盟国水手面对的是有着巨大优势的敌人,他们经常进行自杀式的战斗,他们的勇气常常挽救了其他船只。很多不幸的水手和乘客,包括妇女和儿童,被囚禁在偷袭舰上,他们在那里建立了一些看似不大可能的联系。大多数俘虏都预期自己在这帮"野蛮人"的手里会受到残酷的虐待,但是,就大多数情况而言,偷袭舰船员们的行为都堪称仁慈,这让俘虏们由恐惧而敬佩。

---

① 悉尼号与鸬鹚号的战斗之所以在澳大利亚被人铭记,既因为悉尼号的悲惨伤亡,也由于围绕它的沉没而展开的论战。很多人没法接受一艘商船偷袭舰以德国幸存者所描述的那种方式击沉了澳大利亚皇家海军。这一怀疑产生了很多阴谋论,试图解释这次沉没的最引人注目的阴谋论是:一艘日本潜艇卷进来。有两本最引人注目的书,声称悉尼号实际上是被一艘日本潜艇击沉的,它们是迈克尔·蒙哥马利的《谁击沉了悉尼号?》(Who Sank the Sydney?),以及约翰·塞缪尔斯的《水下某处:悉尼号丑闻揭秘》(Somewhere Below: The Sydney Scandal Exposed)。这两本书都暗示,鸬鹚号在遭到悉尼号盘问之后停船了,悉尼号还试图派出登舰搜查队(参见 Samuels, Somewhere Below, p. 60 及 Montgomery, Who Sank the Sydney?, pp. 176–177)。然而,潜艇论的核心问题是,在1941年11月,西澳大利亚海域根本不存在一艘日本潜艇。东京防卫研究所的军事史部门重构了1941年11月19日所有日本潜艇的部署,并得出结论:那一天印度洋不存在日本潜艇,西澳大利亚附近就更不用说了(参见 The Loss of HMAS SYDNEY II: Volume Three, p. 222)。此外,海军历史中心(美国海军)的主管迪洛克海军少将查找了保存在美国的日本档案:"在广泛研究了很多材料来源之后,我们的研究没有发现任何线索,表明1941年11月有日本帝国海军的潜艇在澳大利亚皇家海军军舰悉尼号附近活动。"(参见 The Loss of HMAS SYDNEY II: Volume Three, p. 227)2008年,戴维·米恩斯发现了悉尼号和鸬鹚号的残骸,他先前在退休英国皇家海军军官彼得·霍尔舰长的帮助下发现了俾斯麦号。来自这些残骸的司法鉴定证据压倒性地支持德国人对这场战斗的解释,米恩斯得出结论:"德国人的证词是真实准确的。"(see "Torpedo Tubes Sink Theory of Mystery Sub", The Sydney Morning Herald, 10 April 2008)

导　言

　　柏林海军部的策划者协调这场偷袭战，与此同时，英国、澳大利亚和新西兰的海军将领则拼命地试图制止这种偷袭。英国海军部选择海军情报局一位充满活力的年轻军官帕特里克·比斯利中尉来分析这些偷袭行动，他和同事伊恩·弗莱明并肩战斗，打了一场看不见的隐蔽战争。伊恩后来创作的詹姆斯·邦德系列小说就是基于他的战时经历。

　　苏联和日本给这些偷袭舰提供了秘密支持，在莫斯科和东京，有很多阴谋诡计、间谍活动和外交行动，围绕它们的航行而展开。德国驻苏联大使馆的海军武官诺伯特·冯·巴巴克上校利用纳粹与苏联的条约，为偷袭舰从苏联海军部那里获得帮助。与此同时，驻日本海军武官保罗·温内克少将从技术上中立的日本海军部获得支持，而盟国外交官则密谋破坏他的努力。

　　维克·马克斯是一个澳大利亚水手，他在南太平洋上成了猎户星座号的俘虏。在乘坐偷渡船埃姆兰号转移到被占领的法国之后，他在德国经历了4年的囚禁，然后在1945年回国。几十年后，他觉得被人遗忘了，就在2001年写信给一家报纸说：

　　　　大多数人都知道轻巡洋舰悉尼号被偷袭舰鸬鹚号击沉，但很少有人知道有10艘船在太平洋上的澳大利亚近海以及新西兰海域被猎户星座号和彗星号击沉，水手们伤亡惨重。①

---

①　"10 Ships Sunk by Two German Raiders", *The Advertiser*, 21 July 2001.

这场被人遗忘的偷袭战的故事最终被人讲述出来,并给了像维克·马克斯这样的人以应得的公正,他们将被人们铭记。①

---

① 绝大多数关于德国辅助巡洋舰的著作都聚焦于个别船舰的事迹,而没有试图在更广泛的偷袭舰战争的语境之内解释它们所扮演的角色。这一不足导致更宏大的故事被丢失了。偷袭舰舰长库尔特·维厄和西奥多·迪特马斯都在战后撰写过自己的介绍,分别是《黑色偷袭舰》(*The Black Raider*)和《偷袭舰鸬鹚号》(*The Raider Kormoran*)。这两本书都缺乏广泛的研究,对事件的叙述往往过略。还有很多对偷袭舰的一般介绍,从戴维·伍德沃德的《秘密偷袭舰》(*The Secret Raiders*)开始。这些书只是孤立地描述每一艘辅助巡洋舰的航程,而没有把它们的行动联系在一起,以形成更宏大的图景,而且,随着时间的推移,其中大多数书只是互相借用,没有努力进行档案研究,大多没能说出什么新东西。也有一些例外,它们分别是奥古斯特·卡尔·摩根泰勒的《第二次世界大战中的德国偷袭舰》(*German Raiders of World War II*),对偷袭舰战争做了精彩而全面的介绍;伯纳德·爱德华兹的《当心偷袭舰!》(*Beware Raiders!*),这本书把企鹅号与重巡洋舰希佩尔号进行了精彩的比较,但它们并没有聚焦于澳大利亚和新西兰海域的事件。

1 偷袭舰的准备

1
偷袭舰的准备

除了辅助巡洋舰的指挥官和船员之外，它们成功的功劳也应被另外一些人所分享。他们是补给舰、油船和母舰的指挥官和船员，还有为了执行特殊任务而改造它们的工程师、海军部门和造船厂里许许多多专家及其他人，他们参与了这些偷袭舰的准备和维护。①

——德国海军总司令埃里希·雷德尔海军上将

一场意料之外的战争

在德国海军总司令埃里希·雷德尔②海军上将看来，与大英帝国开战是不可想象的，因为德国不可能有任何希望挑战英国皇家海军的力量。当希特勒在1933年上台掌权时，雷德尔与他达

---

① Raeder, *Struggle for the Sea*, pp. 206-207.
② 埃里希·雷德尔，出生于1876年4月24日，1894年加入德意志帝国海军。他先是在战列舰德意志号上服役，然后被分派给皇帝的游艇霍亨索伦号，把他引入政治当权派的核心。在第一次世界大战期间，他在多格滩和日德兰半岛战斗，随后指挥巡洋舰科林号。战后，他指挥波罗的海舰队，然后在1928年成为德国海军总司令。

成一个谅解：必须承认英国的海军优势，从而维持与英国之间的和平。德国在 1935 年与英国签署《英德海军协定》①之后，雷德尔相信，两国之间爆发战争是不可能的，但希特勒的野心最终还是点燃了战火。

希特勒下令入侵波兰之后，雷德尔命令袖珍战列舰德意志号和施佩伯爵号驶往大西洋②，但他依然相信与英国之间不会有战争，因为希特勒创造了一项政治奇迹：纳粹与苏联条约的宣布让举世震惊。1939 年 9 月 1 日，德国军队入侵波兰，两天后，英国对德国宣战。在雷德尔看来，考虑到英国皇家海军十倍的数量优势，这场意料之外的战争无异于一场战略噩梦。③毫无准备的德国海军只能通过袭击商船，对英国的海上贸易发动一场贸易战。④

1939 年 12 月 13 日在普拉塔河口遭皇家海军截击之前，施佩伯爵号声称在南大西洋和印度洋击沉了 9 艘商船。这艘受损的袖珍战列舰撤到蒙得维的亚，舰长汉斯·兰斯道夫上校后来把它弄沉了。与此同时，德意志号声称在北大西洋击沉了 3 艘船，但它在暴风雨期间遭受的损害迫使舰长保罗·温内克上校返航回国。这两艘偷袭舰干扰了英国的海上贸易，但它们的行动只持续不到 3 个月。德国海军一度没有能力把传统的军舰部署到大西洋，因为雷德尔需要整个舰队去支持即将进行的入侵挪威，但他有一个

---

① 《英德海军协定》允许德国海军扩大到英国皇家海军的 35%。
② 补给舰阿尔特马克号支持施佩伯爵号，而韦斯特瓦尔德号支持德意志号。39 艘 U 型潜艇也部署到英国的北边和西北边。
③ Roskill, *The War at Sea 1939-1945: Volume One*, p. 50.
④ Raeder, *Struggle for the Sea*, p. 137.

1　偷袭舰的准备

秘密武器,能够在全球范围发动偷袭战。德国海军正在秘密打造一支辅助巡洋舰队。

德国的辅助巡洋舰

辅助巡洋舰是征来的民船,被改造成了军舰。它们通常被视为权宜之计,赋予巡逻的使命,但它们也充当了商业偷袭舰。1907年的海牙会议同意,辅助巡洋舰必须挂海军的军旗,其船员行动必须服从军纪,不能在中立港口予以武装。

德国对辅助巡洋舰的兴趣始于19世纪末,当时,政府要求北德意志-劳埃德轮船公司和汉堡-美洲轮船公司在未来的设计中考虑武装船只的需要。西美战争之后,政府开始补贴轮船公司,以换取它们与辅助巡洋舰计划合作。[①] 到1911年,德意志帝国海军已经有了发展完备的计划,把远洋客轮改造成辅助巡洋舰,在未来的战争中用作偷袭舰。[②]

在1914年8月4日英国对德国宣战之后,一些辅助巡洋舰便从殖民地展开行动,例如埃姆登号和卡尔斯鲁厄号;"巡洋舰战争"行动开始,一些辅助巡洋舰很快就投入战斗。武装客轮威廉大帝号击沉了3艘货船,随后在西属西非海域遭到英国军舰高

---

① Haws, *The Ships of the Hamburg America, Adler, and Carr Lines*, pp. 15–17.

② Overlack, "Australian Defence Awareness and German Naval Planning in the Pacific 1900–1914", p. 44.

飞者号的截击。① 特拉法加角号被炮艇埃伯号武装后驶往巴西，不料被英国军舰卡曼尼亚号给击沉了。② 当卡尔斯鲁厄号在古巴附近武装了客轮威廉皇储号之后，它在南大西洋俘获 15 艘船舰，随后由于缺少燃料而在美国被扣押。③ 科默兰号和埃特尔·弗里德里希王子号从德国在中国的海军基地青岛出发，打算袭击澳大利亚海域，但缺煤使得这一计划不得实现。④ 科默兰号最终在关岛被扣押，而埃特尔·弗雷德里希王子号则击沉了 11 艘船，随后在美国被扣押。⑤

"巡洋舰战争"行动结束于 1915 年，因为德意志帝国海军没有能力派出更多的偷袭舰，对德国殖民地的占领使得从遥远的国内支持这些行动变得不可能。武装客轮耗煤量很高，这极大地减少了它们的航程。⑥ 战前，德国人相信，考虑到客轮的速度很快，

---

① 威廉大帝号装备有 6 门 10.5 英寸大炮和两门 37 毫米加农炮。在海军中校马克斯·雷曼的指挥下，击沉了 3 艘船，总吨位 10 685 吨。在遭到英国皇家海军军舰高飞者号的截击之后，船员们凿沉了偷袭舰。

② 特拉法加角号装备了两门 8 英寸大炮和 6 门 37 毫米加农炮，由海军少校维尔特指挥。

③ Tomlinson and Flayhart, "The Cruise of the Kronprinz Wilhelm".

④ 1914 年 8 月 5 日，埃特尔·弗里德里希王子号在青岛从炮艇卢克斯号和老虎号那里装备了 4 门 5.9 英寸大炮，由海军少校蒂尔里希恩斯指挥。科默兰号装备了 8 门 5.9 英寸大炮，它从前是俄国船梁赞号，后来在朝鲜东南水域被埃姆登号俘获。在青岛，它从科默兰号那里装备了武器。炮艇的指挥官楚克施韦特海军少校担任指挥，把他的偷袭舰改名为科默兰号，以纪念他那艘被凿沉的老炮艇。

⑤ 科默兰号一直留在关岛，直至 1917 年 4 月 7 日美国对德宣战。那一天，船员们凿沉了偷袭舰，他们成了战俘。朝这艘辅助巡洋舰发射示警炮成了美国人在这场战争期间打响的第一炮。埃特尔·弗里德里希王子号击沉了 11 艘船（33 424 吨）。

⑥ 威廉皇储号的最高速度是 23 节，一天消耗 500 吨煤，而它的煤库只能装 5000 吨。

1 偷袭舰的准备

可以改造成理想的偷袭舰,但是,有限的续航时间限制了它们的行动,而且,庞大的体形让它们很容易被认出来。

偷袭战看来已经结束,直至特奥多·沃尔夫中尉有了一个彻底改变海上战争的原创性想法。1915年8月,他写了一份备忘录,反对使用客轮充当偷袭舰,支持使用货船,因为它们的航程远得多,看上去足够普通,能够避免被发觉。他建议武装4000吨位的货船,可以续航140天,然后才需要重新补给。他的备忘录被送到雨果·冯·波尔海军上将的手里,他宣布:"这样的汽船可以制造出极大的损害。"① 沃尔夫永远不可能知道它们制造的损害究竟有多大,因为他在U-73号潜艇上落水,淹死了。

沃尔夫的建议遭遇了强有力的反对。批评者们认为,商船偷袭舰速度很慢,使得这个想法注定要失败,因为任何军舰都比它们跑得快,但支持沃尔夫的人回应说,一切取决于巧妙地利用伪装来避免怀疑。最后,帝国海军部决定检验一下这个想法,下令海军少校尼古拉·多纳-施罗迪恩寻找一艘合适的货船。

多纳-施罗迪恩选择了一艘小型货船庞戈号,改造为一艘偷袭舰之后,把它命名为海鸥号。船上的武器全都被巧妙地藏在假船舱的后面,船员们只要改变一下上层结构和桅杆,就可以改变它的外观,使之适应于各种不同的伪装。② 帝国海军部如今拥有了一艘全新类型的偷袭舰。

1915年12月26日,海鸥号伪装成瑞典货船泽戈兰号从基尔

---

① Muggenthaler, *German Raiders of World War II*, pp. 5–6.
② 海鸥号装备了4门5.9英寸大炮、1门4.1英寸加农炮、4个鱼雷发射管和500颗水雷。

伪旗行动 第二次世界大战中的德国偷袭舰

港启航。它在苏格兰、爱尔兰和法国海域布下了水雷，击沉了英国战列舰爱德华七世国王号和3艘货船。这艘偷袭舰接下来声称在大西洋击沉了15艘船舰，然后胜利返回了德国。多纳－施罗迪恩还指挥了海鸥号的第二次航行，声称击沉了25艘船舰。

1916年2月27日，第二艘商船偷袭舰悲伤号伪装成一艘挪威货船离开德国。[①] 然而，它在北海遭到英国军舰阿尔坎塔拉号的截击。悲伤号击沉了阿尔坎塔拉号，但英国军舰安第斯号出现并开了火。一发炮弹引爆了偷袭舰上的水雷，导致一次巨大的爆炸，炸死了97名德国水手，但英国人救起了219名幸存者。

海军中校卡尔·内格尔指挥的商船偷袭舰野狼号携带了一架水上飞机，被十分恰当地命名为"狼崽号"。1916年11月30日离开基尔港之后，这艘偷袭舰在南非的开普敦和厄加勒斯角以及孟买和科伦坡海域布设水雷，击沉了10艘船舰。内格尔接下来在印度洋俘获了4艘船，然后驶入太平洋。水上飞机狼崽号在新西兰附近证明了它的价值，它截停了商船怀鲁纳号和温斯洛号，野狼号随后把它们俘获了。[②] 这艘偷袭舰接下来在新西兰和澳大利亚海域布下水雷，炸沉了3艘船，然后返回了基尔港。

费利克斯·冯·卢克纳尔伯爵指挥的内燃机船海鹰号有3根桅杆，1916年12月21日伪装成挪威商船英雄号离开德国。在试图突破北海时，英国海军的武装商船巡洋舰帕提亚号靠拢这艘偷袭舰，但卢克纳尔和他的船员们——全都是专门挑选的会说挪威

[①] 悲伤号装备了4门5.9英寸大炮和300颗水雷。
[②] Stearns, *Q Ships, Commerce Raiders and Convoys*, p. 130.

1 偷袭舰的准备

语的水手——设法蒙混过关,通过了检查。海鹰号声称在大西洋击沉了12艘船,然后在1917年4月驶入太平洋。在美国-悉尼航线上击沉了3艘美国船之后,协约国对卢克纳尔的存在发出了警报,太平洋上每一艘空闲的军舰都在搜寻他。卢克纳尔的职业生涯结束于1917年8月2日,那天,这艘偷袭舰在社会群岛的莫贝利亚岛撞上了一个珊瑚礁。

卢克纳尔打算打捞海鹰号上的大炮,再俘获另一艘商船,从而重新开始他的偷袭生涯。他和5个船员乘坐一艘小摩托艇,经由库克群岛,去了斐济的瓦卡亚岛,谎称自己是遭遇船难的挪威人。然而,斐济警察逮捕了卢克纳尔这帮人。卢克纳尔被关押在新西兰摩图伊赫岛的一个战俘营里,但1917年12月13日,他带着另外8个战俘逃跑了。这帮亡命之徒俘获了一艘摩托艇,抵达雷德默丘里岛,在那里占领了平底船恐鸟号。卢克纳尔确定了航线,准备驶往克马德克群岛,但12月21日,炮艇彩虹女神号抓住了他,他又成了一名战俘,直至战争结束。在此期间,留在莫贝利亚岛上的德国人俘获法国纵帆船卢泰西亚号,驶到复活节岛,但在遭遇海难之后被智利人扣押。卢克纳尔成了一个传奇人物,人称"海上幽灵",作为一艘偷袭舰舰长而被人铭记,赢得了很高的荣誉和骑士的名声。

1917年3月10日,最后一艘商船偷袭舰豹子号伪装成挪威商船雷纳号从德国启航,不料在法罗群岛遭到英国军舰阿喀琉斯号和邓迪号的截击。阿喀琉斯号发射的一颗鱼雷击沉了这艘偷袭舰,319名船员全都葬身鱼腹。

伪装商船偷袭舰有很高的续航能力和很低的外形，这使它们成为在公海上持续不断地搞商业偷袭的理想武器。野狼号能够航行194天，而不用重新补给，相比之下，埃特尔·弗雷德里希王子号只能续航30天。[①]海鸥号击沉了吨位最大的船，但野狼号实现了更大的战略成功。内格尔富有耐心地、有选择性地发动突然袭击，击沉几艘船，然后消失得无影无踪，不料后来又在意想不到的海域重复同样的过程，在尽可能广阔的范围内制造巨大的混乱。然而，考虑到空中侦察技术的迅速发展，很多海军思想家都认为，辅助巡洋舰的黄金时代已经在1918年宣告终结。

辅助巡洋舰计划

20世纪20年代，帝国海军部曾秘密开发快速货船，打算改成偷袭舰。[②]10年后，德国海军计划一旦开战就使用辅助巡洋舰，攻击法国与其殖民地之间的海上贸易。1936年，内格尔编写了一份官方报告，解释辅助巡洋舰怎么才能单独行动，强调了布设水雷和水上飞机侦察的重要性。[③]但批评者认为辅助巡洋舰已经过时，宣扬它们只能在国内海域巡逻。然而，1937年，政府与汉萨和远东两家轮船公司签署了一份协议，由政府提供补贴，换取它们建造带有加固甲板、可以安装大炮的船只。

《德国辅助巡洋舰》（*The German Auxiliary Cruiser*, 1937）是

---

① Bromby, *German Raiders of the South Seas*, p. 130.
② Porten, *The German Navy in World War Two*, p. 3.
③ Forczyk, *German Commerce Raider vs British Cruiser*, p. 20.

1　偷袭舰的准备

一本描述第一次世界大战偷袭舰的官方历史，此书得出的结论是：商船偷袭舰可以用在未来的战争中，尽管技术的进步使得成功的行动变得更加困难。① 还出版了很多非官方的历史，例如卢克纳尔的《海上幽灵》(Sea Devil)。海因·费勒——未来偷袭舰亚特兰蒂斯号上的布雷指挥官——回忆起第一次世界大战中的偷袭舰如何激励了他们那一代人：

> 德国的每个小伙子都阅读了像海鸥号、海鹰号和野狼号这些战船的事迹……它们的舰长同样大名鼎鼎：他们可以说是德国海军的德雷克、考克瑞恩和保罗·琼斯。人人都知道，这些偷袭舰在海上劫掠中航行了多少英里，对它们英雄事迹的范围和船员们的忍耐力了如指掌。②

到1938年，这种浪漫化帮助了那些鼓动把辅助巡洋舰用作偷袭舰的人。德国海军部决定，大多数军官将来自驾驶教练舰的精英阶层，在慕尼黑危机期间，海军部制订计划的人选定6艘货船，一旦爆发冲突，它们将成为偷袭舰。③

战争爆发之后，德国海军部征用了这6艘货船，但辅助巡洋舰的详细计划和设计蓝图并不存在，正如未来亚特兰蒂斯号的副官乌尔里希·莫尔所解释的那样：

---

① Muggenthaler, *German Raiders of World War II*, p. 13.
② Sellwood, *Dynamite for Hire*, p. 101.
③ Forczyk, *German Commerce Raider vs British Cruiser*, p. 20.

伪旗行动
第二次世界大战中的德国偷袭舰

我们的船员被迫度过了悠闲无事的几个星期,随后,这些船只才被带到船坞边,尽管早在战前,政府就秘密地向远东轮船公司支付了津贴,但它只是在一些次要项目上进行了改造,比如为了安装大炮而加固甲板。①

辅助巡洋舰计划采用了一个临时拼凑的方法,德国海军通过特别措施,分别改装了每一艘偷袭舰。② 必须决定在哪里安装大炮,如何伪装,并迅速投入行动。必须为船员的住处、弹药、补给和淡水分配空间,并仔细权衡,给所有这些互相竞争的要求分配恰当数量的空间。

雷德尔抱着一个非传统的想法仔细挑选合适的舰长:

为这些船只选择指挥官殊非易事。他们必须在距离国内基地极其遥远的地方行动,需要航海技能各个方面的全面知识,他们必须是有理解力和主动性的人,还要有格外好战的精神。③

偷袭舰舰长们指导了很多计划工作,他们的坚定决心让这项遇到麻烦的计划没有寿终正寝。④ 他们面对来自海军部一个小集团的反对,反对者相信,没等偷袭舰到达公海,空中侦察就会发现

---

① Mohr and Sellwood, *Phantom Raider*, p. 26.
② National Library of Australia (NLA) Microfilm, *Kriegstagebuch der Seekriegsleitung*, SKI. (MFM 1712).
③ Raeder, *Struggle for the Sea*, pp. 206–207.
④ Porten, *The German Navy in World War Two*, p. 70.

1 偷袭舰的准备

它们,官僚主义的漠不关心拖累了这项事业。人事局故意把调皮捣蛋的水兵分配给这些偷袭舰,相信它们是一些自杀之船,也是一个摆脱纪律麻烦的机会。①当莫尔要求得到现代化的大炮时,司令部断然拒绝,声称他的船等不到有机会投入使用就会被击沉。②然而,偷袭舰舰长们的坚持赢得了很好的结果,一艘接一艘偷袭舰投入行动。

猎户星座号

1939年9月5日,汉堡的布洛姆-福斯造船厂开始把汉堡-美洲轮船公司7021吨的库尔马克号——官方称之为基地船"36号舰",改造成一艘辅助巡洋舰。这艘货船建造于1930年,之前效力于汉堡-美洲轮船公司的远东航线。③它有笔直的船首和悬伸艉,发动机回收自客轮纽约号,包括4台蒸汽涡轮机,由燃油锅炉提供动力。由于库尔马克号的续航能力有限,最高速度只有14.5节,而且发动机经

海军少校库尔特·维厄,辅助巡洋舰"36号舰"的指挥官,这艘船随后被改名为猎户星座号。

---

① Muggenthaler, *German Raiders of World War II*, p. 10.
② Slavick, *The Cruise of the German Raider Atlantis*, p. 19.
③ 库尔马克号长464英尺,宽61英尺,吃水线27英尺。

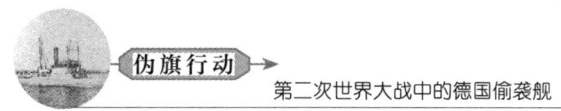

第二次世界大战中的德国偷袭舰

常出现机械故障,原本不应该把它改造成一艘偷袭舰。①

德国辅助巡洋舰猎户星座号,起初是汉堡-美洲轮船公司 7021 吨的轮船库尔马克号。

海军少校库尔特·维厄接管了"36 号舰"的指挥权。维厄生于 1901 年 8 月 30 日,1918 年 4 月加入德意志帝国海军,不料正当他成为最年轻的海军学员时,第一次世界大战便结束了。他加入右翼准军事组织"自由军团",但在 1922 年回到了海军。指挥过一艘鱼雷艇和一艘 U 型潜艇之后,他效力于巡洋舰哥尼斯堡号,以及教练舰哥特·福克号和霍斯特·威塞尔号,随后成了训练机构的督查。维厄的领导知识使得他成为适合于指挥一艘偷袭舰的理想人选。

维厄对"36 号舰"大失所望,这既由于它很不合格的改装方案,也是因为海军部拒绝了他的修改要求。②然而,他还是干劲

---

① Woodward, *The Secret Raiders*, pp. 79–80.
② Muggenthaler, *German Raiders of World War II*, p. 47.

1 偷袭舰的准备

十足地进行了准备工作,替换了三分之二没能达到他的标准的船员。在"36号舰"抵达基尔港之后,维厄把它重新命名为猎户星座号,在波罗的海进行了测试。

企鹅号

1939年9月,汉萨轮船公司的货船坎德菲尔兹号改名为"33号舰",驶至不来梅,打算在威悉造船厂改造成一艘偷袭舰。这艘7766吨的现代化轮船建造于1936年,有一个双甲板的巡洋舰型船尾,以及续航能力很高的柴油涡轮机,产生了令人印象深刻的最高速度17节,使得它成为一艘理想的商船偷袭舰。①

德国辅助巡洋舰企鹅号,官方名称是"33号舰",从前是汉萨轮船公司的货船坎德菲尔兹号,一艘现代化的7766吨的货船,建造于1936年。

---

① 坎德菲尔兹号长486英尺,宽61英尺,吃水线31英尺。

伪旗行动

第二次世界大战中的德国偷袭舰

1939年11月11日,海军上校恩斯特-费列克斯·克吕德尔接管了"33号舰"的指挥权。他把这艘船改名为企鹅号,因为他计划袭击南极海域。

执行军官马克斯·施温内海军上尉接管了"33号舰",按照官方说法它是一艘基地船。更多的军官陆续抵达,包括领航官、客轮施托伊本号的前船长威廉·麦克尔森海军上尉,来自哥特·福克号的教练官沃尔夫冈·库斯特海军中尉。库斯特开始训练船员,他们忍受了驻扎在军舰上的水兵们的辱骂,始终保持沉默,用良好的幽默感对待诽谤,坚守这样一个信念:他们很快就会在公海上追逐猎物。

11月11日,舰长恩斯特-费列克斯·克吕德尔接管了"33号舰"的指挥权。克吕德尔生于1897年12月6日,1915年加入帝国海军,在国王号上参加了日德兰半岛的行动,之后在1917年获得任命。他后来效力于巡洋舰布雷斯劳号,在黑海参加了很多布雷行动。[①]战后,克吕德尔效力于卡尔斯鲁厄号和哥尼斯堡号,随后负责指挥第一扫雷艇舰队,并在军官教育训练督查团工作。克吕德尔是一个水雷战专家,有着强有力的领导能力,是偷袭舰舰长的理想人选。

---

① 战争早期,布雷斯劳号和巡洋舰戈本号抵达君士坦丁堡。这一行为促使土耳其参战,站在同盟国一边。

1 偷袭舰的准备

海军部任命他接管"33号舰"之后,克吕德尔把它重新命名为企鹅号,计划用它来袭击南极海域。他利用自己在训练部门的关系,选择了一些很有能力的军官,期望他们与船员达成普遍而良好的谅解。作为一个前水兵,克吕德尔知道,军官们必须赢得手下士兵的尊重。

企鹅号在威悉河进行测试之后,便停泊在基尔港,装载武器和补给,然后驶往波罗的海进行炮击、鱼雷和布雷训练。测试之后,这艘偷袭舰回到基尔港,修复缺陷,装载最后的补给。1940年6月11日,它抵达哥滕哈芬,船员们为即将到来的航行做最后的准备。

彗星号

1939年11月1日,改造北德意志-劳埃德公司的商船埃姆斯号的工作开始了,这是一艘3287吨的小型货船,改名为"45

北德意志-劳埃德公司的商船埃姆斯号改名为"45号舰",后又被改装成一艘辅助巡洋舰并改名为彗星号。

海军上校罗伯特·埃森负责指挥"45号舰",并把它改名为彗星号。

号舰",在汉堡的霍瓦尔特·沃尔克造船厂改造成一艘辅助巡洋舰。1937年下水之后,这艘船便服务于不来梅－加那利群岛航线。①

罗伯特·埃森舰长接管了"45号舰"的指挥权。埃森生于1893年4月2日,1911年加入帝国海军。第一次世界大战期间,他在偷袭南美海域的卡尔斯鲁厄号上服役,后来指挥了几艘鱼雷艇。战后,埃森指挥过一支扫雷艇舰队和测量船流星号。他志愿担任一艘偷袭舰的舰长,对这一角色满怀信心,因为有卡尔斯鲁厄号的经验。海军部任命他指挥"45号舰"之后,埃森把它重新命名为彗星号,在波罗的海进行了测试。

雷德尔的幻想

德国海军总司令埃里希·雷德尔是一个巡洋舰战的专家,他懂得,弱小的海军可以使用远程偷袭舰来制造牵制,迫使强大的

---

① 埃姆斯号长358英尺,宽50英尺,吃水线20英尺。

1 偷袭舰的准备

敌人分散力量。① 这样一来,辅助巡洋舰在遥远海域的行动会迫使英国皇家海军从北海和北大西洋分出军舰,去执行反偷袭行动,从而削弱它的力量。

雷德尔的辅助巡洋舰主要在南大西洋、印度洋和太平洋行动,由于大量的原材料来自亚洲,这些海域对于英国的战争努力来说至关重要。只有辅助巡洋舰才有这样的航程和续航能力来实现这样一个目标,正如莫尔所解释的那样:"1939年的U型潜艇或许可以袭击敌人固若金汤的心脏,但只有我们,才能到达很远的地方,足以攻击保护得不那么好的动脉。"②

在远海,辅助巡洋舰可以预期轻松获胜,因为大多数商船都是单独航行,对雷德尔来说,成功不是根据击沉的吨位数来判断。辅助巡洋舰的主要目的是通过袭击远海航运,从而在战略上破坏英国的海上贸易,迫使盟国派出更多的护航舰。按照惯例,皇家海军通常只在航运最危险的北大西洋从事护航行动,并没有在每个地方都建立护航舰队,因为这会极大地降低效率。护航舰只能按照最慢商船的速度航行,随着时间的推移,这会减少贸易量。如果辅助巡洋舰能够迫使盟国派出更多的护航舰,就会造成很多间接的经济损害。它们还可以耽搁商船的启航,迫使它们选择更远的航线,造成进一步的低效,正如莫尔所解释的那样:

---

① 雷德尔因为论述巡洋舰在第一次世界大战中所发挥作用的论文而获得基尔大学的荣誉博士学位,随后出版了一部有关巡洋舰战争的著作,题为《外国海域的巡洋舰战争》(*Der Kreuzerkrieg in Den Ausländischen Gewässern*)。

② Mohr and Sellwood, *Phantom Raider*, p. 27.

印度洋的一次战斗行动可能影响北海或北极的事件……一艘在几小时的航程内被偷袭舰击沉的船，使得数十艘其他船就可能改变航线或驶往港口停泊，长达数周。从利比亚到伏尔加的正在战斗的军队，其决心就可能受制于卑微商人的财富。①

雷德尔想让他的偷袭舰舰长们在一片海域击沉少量的受害者，之后消失得无影无踪，却在新的海域重复相同的过程，作为"对敌人的一个长期约束和骚扰，这一策略对于行动的成功来说，比辅助巡洋舰的快速杀伤力所实现的击沉吨位数最高纪录更加重要"②。通过频繁地变换行动区域，偷袭舰就会让破坏蔓延到更广阔的海域，就像野狼号所做的那样。莫尔很透彻地理解了这些观点：

对亚特兰蒂斯号来说，摧毁敌人的航运只是次要的。其主要目的是发起零星的、分布广泛的袭击，导致分散和耽搁，迫使英国舰队在追逐和护航工作中分散到更远的地方。③

以柏林为基地的海军战争指挥部会通过分配行动海域，来管理辅助巡洋舰的行动。每一艘辅助巡洋舰在进入大西洋之后都会被置于它的控制之下，但在北海和波罗的海，它们将分别由西线

---

① Mohr and Sellwood, *Phantom Raider*, pp. 24–25.
② National Archives of Australia (NAA) File, *"Kormoran" (Raider No 41) "G"-German AMC Translation of Log*, Voyage, (B6121, 164N).
③ Mohr and Sellwood, *Phantom Raider*, p. 24.

1　偷袭舰的准备

集团军和东线集团军控制。然而，由于通信的困难，偷袭舰的舰长们会在很大程度上有一定的主动权。

偷袭舰会伪装成盟国或中立国的船只，通过变换旗帜来改变身份，但欺骗的关键是伪造上层结构。通过抬高或降低假冒的烟囱、桅杆及其他构件，船员们可以完全改变偷袭舰的外表，以匹配在国际船舶名录中找到的图片。根据《海牙公约》，这样的做法是合法的，但必须先升起德国海军的旗帜，并去掉所有假冒的标志，然后才能开火。①

辅助巡洋舰可以通过德国海军秘密的全球补给网伊塔本公司在海上补给，这家公司管理着中立国港口的航运代理商。② 当一个偷袭舰舰长向海军战争指挥部发出要求补给的信号之后，伊塔本公司就会安排补给舰，海军战争指挥部则协调会合地点。

海军部还管理着一支舰队，由迪特马尔申公司的 6 艘补给油轮组成，它们是世界上最大最快的油轮。③ 它们可以给偷袭舰补充燃料、食品、备用零配件和弹药。迪特马尔申公司最著名的油轮阿尔特马克号曾支持过施佩伯爵号，但在回国的时候运载了一些

---

① 在第一次世界大战期间，英国人使用货船——被称作"Q 船"——装备隐藏起来的大炮，对 U 型潜艇发动突然袭击。先是假装弃船，然后开火，在"一战"期间，它们击沉了 11 艘潜艇。在第二次世界大战期间，英国皇家海军也实施了像 Q 船一样的伪旗行动，货船装备了隐藏起来的大炮，挂着伪旗航行，以便突袭 U 型潜艇。

② Porten, *The German Navy in World War Two*, p. 8.

③ 这些补给舰都是 10 847 吨，速度能够达到 22 节，格外节约燃料（以 15 节的速度可以航行 12 500 英里）。它们被列入 1937 年的德国海军评估名单中，使得它们成为合法的军舰，被分派海军舰员，装备了 3 门隐藏起来的 5.9 英寸大炮、两门 37 毫米大炮，以及 20 毫米防空炮。

战俘，英国军舰哥萨克号在挪威海域截击了它。① 英国人救出了战俘，在他们的宣传战中把阿尔特马克号变成了一艘"地狱船"。②

海军战争指挥部与辅助巡洋舰之间的信号不得不是最低限度的。尽管德国人相信他们的密码是不可破解的，但盟国的无线电测向台依然可以定位偷袭舰。偷袭舰上的信号员常常是前商船水手，他们被禁止学习海军信号，因为他们个人主义的风格不大可能吸引敌人侦听台的注意。

偷袭舰的舰长们会收到海军部信号情报单位电子侦听部（B-Dienst）发来的情报。到1940年4月，电子侦听部破译了英国皇家海军主要的行动密码和商船密码。③ 来自电子侦听部的情报使得偷袭舰舰长们能够避开敌舰，这给了他们极大的优势。

"第一波"

雷德尔最初想让"第一波"——商船偷袭舰猎户星座号、企鹅号、彗星号、亚特兰蒂斯号、白羊星座号和雷神号——在1939—1940年间冬天从德国启航，另外6艘偷袭舰组成的"第二波"在夏天紧随其后。④ 然而，这一评估太过乐观，雷德尔于是

---

① 这一级的其他船只有迪特马尔申号、韦斯特瓦尔德号、埃姆兰号、弗兰肯号和哈维尔兰号。

② 阿尔特马克号后来改名为乌克马克号，韦斯特瓦尔德号改名为诺德马克号，因为这两艘船在"阿尔特马克事件"之后臭名昭著。

③ Showell, *German Naval Code Breakers*, pp. 21 and 22.

④ 白羊星座号从前是汉堡—美洲航运公司的货船纽马克号；雷神号从前是奥尔登堡—葡萄牙航运公司的轮船圣克鲁斯号。

1　偷袭舰的准备

把启航日期改为 1940 年 2 月，这一修订的评估也被证明不切实际。[①] 然而，海军战争指挥部还是给偷袭舰分配了行动海域：猎户星座号、亚特兰蒂斯号和企鹅号在印度洋行动，雷神号在南大西洋行动，白羊星座号在北大西洋行动。

1940 年 3 月 11 日，亚特兰蒂斯号、猎户星座号和白羊星座号在古老的战列舰黑森号的帮助下，通过了基尔运河，黑森号是日德兰半岛战役的退役老船，但如今是一艘教练舰，它破冰开路。那个月余下的时间里，它们的船员一直在训练和做最后的准备。

亚特兰蒂斯号由海军中校贝尔哈德·罗格指挥，3 月 31 日，它伪装成苏联货船基姆号，离开了在石勒苏益格－荷尔斯泰因的藏身之地。在一艘 U 型潜艇的护卫下，亚特兰蒂斯号避开了英国的封锁，成功地进入大西洋。辅助巡洋舰战争就此拉开帷幕。

[①] Showell, *Fuehrer Conferences on Naval Affairs*, 1939–1945, p. 71.

2
猎户星座号的大西洋之战

猎户星座号和亚特兰蒂斯号在 4 月初的启航开始了这场辅助巡洋舰战争。前 9 个月对敌人来说是相当可观的成功,只是偶尔有补给舰遭到截击,而对我们的反制措施来说则是一败涂地。[①]

——斯蒂芬·罗斯基尔上校:《海战 1939—1945》

猎户星座号启航

1940 年 3 月 18 日,雷德尔海军上将在基尔视察了猎户星座号,祝维厄和他的水兵们好运。作为船员,20 名军官和 356 名水兵已经做好了最后的准备,当寒冷的西北风吞没这艘船的时候,最后几个人从岸上返回了。离开基尔港之后,这艘偷袭舰藏在一个偏僻的小海湾里,船员们在那里把它伪装成荷兰－美国轮船公司的货船比姆斯特笛雅克号,把船体漆成黑色,有一道黄色的条

---

① Roskill, *The War at Sea 1939-1945: Volume One*, p. 286.

2 猎户星座号的大西洋之战

纹,上层结构是白色,桅杆是黄色。

猎户星座号装有6门5.9英寸大炮,伪装成甲板货物和甲板舱室,一门75毫米大炮装在船首,防空武器伪装成吊车、货物和甲板舱室,还有6个鱼雷发射管,货舱里装满了水雷和一架阿拉多式水上飞机。

猎户星座号的6门5.9英寸大炮伪装成舱面货和甲板室,不可能被看见。[①]一门75毫米大炮安装在船首,防空武器有一门双座37毫米大炮和4门四座20毫米大炮,被伪装成吊车、货物和甲板室。[②] 6个水上鱼雷发射管,装在两个三联底座中,安装在船尾附近;货舱里装有228个水雷和一架阿拉多式水上飞机,那是

---

① 两门5.9英寸大炮装在船首附近,两门在前甲板的两侧,一门在6号舱口旁边,还有一门在船尾附近。

② 双座37毫米大炮位于船尾附近,而两门20毫米防空炮在舰桥的两侧,另外两门在船首的附近。

一架适合于公海飞行的值得信赖的飞机。①维厄最近被晋升为海军中校,他在舵手室里的支撑梁上刻上了他的座右铭:"我们航行,凭借一双鹰眼,舵上的一只手——还有好运。"②

4月6日,维厄把船员们集合起来,宣布即将启航。猎户星座号将经由南美末端合恩角进入太平洋,然后在澳大利亚海域和南太平洋展开行动。为了避开英国皇家海军对北海的封锁,进入大西洋,维厄决定从格陵兰与冰岛之间通过丹麦海峡。

猎户星座号启航时天气晴朗,当航行开始时,船员们感到了放松。海军战争指挥部简单地记载道:"36号舰(维厄)作为第二艘辅助巡洋舰按计划航行。"③

发觉偷袭舰

为了阻止偷袭舰突围,英国皇家海军驻扎在斯卡帕湾的国内舰队集中兵力截击大型德国军舰,而北海巡逻舰队的巡洋舰和武装商船则守卫丹麦海峡。到1940年2月,英国海军部已经把56艘客轮改装为武装商船巡洋舰,其中20艘加入北海巡逻舰队,但它们的武器装备劣于偷袭舰,正如斯蒂芬·罗斯基尔上校所解释的:"海军部给50艘客轮装备了几门过时的大炮,其中没有一

---

① 阿拉多式水上飞机最高速度可以达到每小时311公里,航程1080公里,装备着一挺MG15机关枪和一挺MG17机关枪,两门20毫米MGFF加农炮和两枚110磅的炸弹。
② Weyher and Ehrlich, *The Black Raider*, p. 24.
③ NLA Microfilm, *Kriegstagebuch der Seekriegsleitung, 1939-45* (MFM 1712).

2 猎户星座号的大西洋之战

艘……有能力对付武器精良、效率很高的德国偷袭舰。"①

英国海军部正确地预见到了辅助巡洋舰的威胁,因为战前的一些研究已经提出警告,它们将会构成最大的水面威胁。②由于准确的情报对于帮助反偷袭行动至关重要,英国海军部的作战情报中心(OIC)负责搜集敌舰的情报,布莱切利公园的政府密码学校努力破译德军的密码,无线电测向台则对偷袭舰进行定位。1939年,皇家海军在英国有10个无线电测向台,在地中海有3个,在远东有两个,但这些测向台对于偷袭舰可能隐藏的广阔海域不能提供有效的覆盖。③

飞机可以发现偷袭舰,但英国只有少量过时的侦察机。空军海防总队想在苏格兰与挪威之间定期巡逻,但飞机的航程达不到挪威海岸,于是皇家海军使用潜艇填补这一空缺。

最后,英国人没有有效的手段来侦察偷袭舰的航行,对德国的计划一无所知。④他们不知道哪些货船被改造成了偷袭舰,它们何时启航,选取那条航线。⑤皇家海军对攻击毫无准备,依旧两眼一抹黑。

---

① Roskill, *The Navy at War, 1939-1945*, p. 96.
② Hansen, "Raeder Versus Wegener".
③ Beesly, *Very Special Intelligence*, p. 17.
④ Beesly, *Very Special Intelligence*, pp. 26–27.
⑤ Hinsley, *British Intelligence in the Second World War*, p. 105.

在北海

猎户星座号单枪匹马地出发了,把黑尔戈兰岛红色的悬崖峭壁丢在身后。两架友机出现在头顶上空,保护它免遭英国潜艇的袭击,两艘鱼雷艇护卫它通过埃姆斯布雷区,在完成它们的使命之后离开。偷袭舰保持全速前进,与此同时,轮机长欧文·科尔什海军上尉努力保持燃油锅炉不停地工作,而不会冒出黑乎乎的烟柱,这样的烟柱数英里之外就能看见。他不停地仔细观察烟囱,当烟太浓时,便增加流入喷油器的空气,减少排烟。船员们忍着寒冷,没有供热,以便把所有可用的动力转移给推进器。

海军战争指挥部命令U-64号潜艇护卫猎户星座号通过黑尔戈兰湾和丹麦海峡,但是,在偷袭舰抵达约定位置之后,U型潜艇并没有出现,海军战争指挥部通知维厄,会合改在埃姆斯布雷区的西边。

4月7日,德国海军的主力作为一支入侵舰队直奔挪威,而皇家海军的一支舰队打算在挪威海域布雷。① 维厄被卡在两支舰队之间,他从不同寻常的无线电通信中意识到有什么事情正在发生:"从W/T[无线电通信]来看,我们的舰队已经启航,敌人已经对它做出反应。"② 电台很快就宣布德国入侵挪威。偷袭舰继续向北,通过冲突海域,但是,当它转向挪威海域时,U-64号潜艇还是没有出现。

---

① 英国船包括战列巡洋舰声望号、巡洋舰伯明翰号和8艘驱逐舰。
② NAA File, *Raider "A" No 36 "Orion"* (B6121, 164B).

2 猎户星座号的大西洋之战

猎户星座号朝西北方向航行到设德兰群岛与挪威之间的半道上,瞭望哨发现了漂流的水雷,这是赤裸裸的提示物,让人想到这场正在扩大的战争。维厄避开一艘渔船,以防它万一是敌人的侦查船。日落之后,偷袭舰避开两艘中立国的船只,被它们的和平灯照得通亮。

日出时分,猎户星座号继续朝西北方向航行,天空多云。在瞭望哨发现一艘英国驱逐舰之后,维厄下令右满舵。偷袭舰向南撤退,直至军舰消失,不久之后,躲开了另一艘驱逐舰。下午的时候,海军战争指挥部通知维厄,敌军的两艘战列巡洋舰正行驶在平行的航线上,距离他们只有60英里。他改变了航线,以避开它们,但不久之后,瞭望哨发现一艘大船和4艘英国驱逐舰正从大约10英里之外的一场雨雹中浮现出来。猎户星座号朝着一片黑暗的雾霭驶去,但驱逐舰掉头跟了过来。它不可能跑得赢驱逐舰,只要一发炮弹,就可以引爆舰上的水雷,导致一场巨大的爆炸,幸存的希望微乎其微。

猎户星座号的命运取决于其荷兰伪装的可信度,但是,如果英国皇家海军识破了这个花招,维厄只能战斗。他或许有能力击沉一艘驱逐舰,但他的职业生涯几乎可以肯定在北海寒冷的海域走向辉煌的终结。当4艘驱逐舰把偷袭舰团团围住时,船桥上的紧张迅速加剧,而且,当它们靠得更近时,炮兵指挥官汉斯-雷默·杰尔曼中尉把距离转告给他手下的士兵,后者调整了隐藏武器上的瞄准器。船员们身着荷兰商船水手的服装,在甲板和船桥上显眼的地方各就各位,而且,为了让这幅假象更完整,厨子系着白色的围裙,从厨房里探头探脑。与此同时,一个水手漫步走过甲板,把一桶垃圾倾倒进大海里。驱逐舰重新回到它们最初的航线,要么是相信了这样的伪装,要么是对挪威海域正在发生的战斗有更积极的关切。① 猎户星座号的船员们松了一口气,维厄的沉着大胆赢得了他们的尊敬。

考虑到皇家海军在北海的强大存在,维厄只能是要么改道,走比最初计划的更远的航线;要么等待更有加利的时机,突破防线。由于猎户星座号已经驶过英伦三岛与挪威之间最狭窄的海域,他决定走更远的航线。

4月9日,海军战争指挥部命令猎户星座号与U-37潜艇会合,不料后来让U型潜艇改变方向,驶往挪威,尽管来自潜艇的一份侦查报告声称,冰岛附近没有发现敌人的军舰。② 维厄对待这个消息很谨慎,认为潜艇可能在恶劣天气里没能发现敌舰。③

正当猎户星座号沿着扬马延岛与冰岛之间的一条航线朝着格陵兰岛航行时,挪威海域的战斗开始产生对维厄有利的作用,因为英国人让北海巡逻舰队倾巢而出,去履行对挪威的义务。他对挪威之战也有着非常清楚的理解,这多亏了电子侦听部的密码破译人员,他们帮助他避开了皇家海军的军舰。

维厄决定把猎户星座号伪装成俄国货船苏维埃号,因为荷兰船在这些海域并不常见。尽管苏维埃号已经列入国际船舶名录,

---

① 这几艘驱逐舰极有可能是伊莫金号、英格尔菲尔德号、冬青号和伊希斯号,更大的船大概是辅助布雷舰蒂维厄特湾号,在执行挪威海域的布雷行动之后返回国内。
② Weyher and Ehrlich, *The Black Raider*, p. 25.
③ NAA File, *Raider "A" No 36 "Orion"* (B6121, 164B).

2 猎户星座号的大西洋之战

但名录中没有包含对这艘船的具体描述,因此船员们即兴搞了一个切实可行的设计:黑色的船体,船的中部有红白棱,烟囱上有一道绘着镰刀锤子的红色条带。

当猎户星座号穿过十分恶劣的北极寒风时,外面结了冰,瓶子里的咖啡都冻结了。瞭望哨发现格陵兰岛海域的冰山之后,船便转向西南,朝丹麦海峡的方向行驶,穿过了冰山的迷宫。早晨,巨大的海浪冲击着偷袭舰;对于避免被发现来说,那是完美的天气,但船行进得很慢。4月14日,猎户星座号胜利地进入大西洋,正当这时,一道不祥的北极光拖着一片蓝色的光幕出现在头顶的上空。

幽灵战列舰

尽管猎户星座号已经到达北大西洋,但在到达太平洋之前,维厄无权与敌舰交战。他决定把偷袭舰伪装成希腊货船罗科斯号,因为苏联船只很少敢进入这些海域。藏身于一片大雾中,船员们降低了桅杆,升高了烟囱,改变了上层结构。他们还给船体增加了斑斑锈色,使之更符合一艘希腊不定期货船的形象。

4月15日,猎户星座号向南驶过纽芬兰附近大浅滩那片大雾笼罩的海域。船员们享受着上午温暖的太阳,很多人躺在甲板上晒日光浴,与刚刚经历的北极冰寒形成令人愉快的鲜明对照。成功突破封锁线和惬意宜人的气候使得士气大振。他们朝赤道的方向继续航行。

正当猎户星座号继续向南行驶时，海军战争指挥部分派给维厄一项特殊使命：通过广播骗人的信号，哄骗英国人相信，一艘德国袖珍战列舰正活跃在北大西洋。① 如果成功的话，这会扰乱北大西洋的护航体系，迫使英国皇家海军从挪威分出军舰。维厄因此决定击沉敌人的一艘货船，并广播假冒的军舰警告，让英国人假定一艘袖珍战列舰对此负有责任。心里有了这一计划，维厄命令改变航线，向西朝纽约－直布罗陀－巴拿马航线的交叉点航行，他希望能在那里找到一个合适的倒霉蛋。由于这一海域超出U型潜艇的航程之外，击沉一艘船会让人相信确实存在一艘袖珍战列舰。

猎户星座号朝着东南方向穿过连绵的阴雨。维厄避开了3艘无法识别的船，抵达交叉点之后，瞭望哨之发现了中立国的船只。维厄又花了两天时间，巡逻这片海域，结果白费力气，于是决定到百慕大以东去碰碰运气。

维厄开始接收大为改观的情报报告，因为紧接着在挪威缴获了一批文件之后，电子侦听部最近破译了更多的英国海军密码。② 他注意到英国皇家海军的力量由于集中在北海而在大西洋有所弱化，并利用这一情报来避开敌人的军舰。③

4月19日，瞭望哨看见一艘船朝相反的方向航行，但是，当驶近时，看到了一个红色的烟囱，这让他们有些失望，因为它很

---

① NLA Microfilm, *Kriegstagebuch der Seekriegsleitung, 1939-45* (MFM 1712).
② Rogge and Frank, *The German Raider Atlantis*, p. 21.
③ NLA Microfilm, *Kriegstagebuch der Seekriegsleitung, 1939-45* (MFM 1712).

2 猎户星座号的大西洋之战

有可能是一艘苏联船。当距离更近时,维厄认出那是一艘客船,烟囱是蓝色的——铁锈导致它看上去像红色——而且,几门舰炮证实了它的敌舰身份。他的心情缓和下来,不希望和一个占据速度优势、全副武装的对手进行一场决斗[①]。那艘船以4000米的时速与偷袭舰擦肩而过,相安无事。

4月24日,正当猎户星座号接近百慕大时,瞭望哨发现了一艘船,像黎明前的黑暗中的一个影子,谁也无法确定它究竟是一艘商船,还是一艘军舰。维厄得出结论:它必定是一艘敌船,因为中立国的船夜间航行时会亮起和平灯,那个影子逐渐变成一艘货船的轮廓。

猎户星座号转舵向西,躲在黑暗中,日出时分,在逐渐出现的白日光线中,维厄可以清楚地看到那艘货船。他依然不是十分肯定那就是一艘敌船,于是,他假装锅炉出了问题,向东漂移,以便看得更清楚一些,并把他的大炮置于更佳的进攻位置。改变航向时,猎户星座号的烟囱冒出浓浓的黑烟,而那艘货船继续保持着它的航向,看上去根本没有意识到威胁。看不到中立国的标志,但是,两门舰炮证实了它的敌舰身份。

维厄让猎物过去之后,才掉头尾随其后,希望不等对方的无线电台广播遇袭警报,便迅速解决问题。遵照国际法的要求,他下令"移去军事伪装"。船员们升起德国海军的旗帜,把希腊的文字和国旗藏在帆布的后面,与此同时,炮手们准备好了武器。

---

① Australian War Memorial (AWM) File, Operations, German and Japanese Armed Merchant Cruisers, 1939–45 (AWM69 23/20).

维厄命令那艘货船停下来,他的 75 毫米大炮发射了一响警告炮,越过对方的船首。猎户星座号就这样打响了德国辅助巡洋舰之战的第一炮。

在第一次航行中,猎户星座号到达大西洋,但库尔特·维厄少校在到达太平洋之前没有获得与敌船交战的授权。然而,在百慕大,他袭击了英国货船哈斯比号,俘虏了船员,击沉了货船。

当维厄等着看看盟国船长如何反应时,紧张气氛骤然增强。那艘货船迅速改变航向,加快速度,并广播了一个 RRRR 军舰警告,声明了位置和船名"哈斯比"。具有讽刺意味的是,无线电操作员发出的信号是 RRRR,而不是 QQQQ 辅助巡洋舰警告。这意味着那艘货船遭遇的是一艘袖珍战列舰,猎户星座号的无线电操作员没有干扰这个信息。

5207 吨的英国小型货船哈斯比号装载着压舱物从格拉斯哥驶往科珀斯克里斯蒂,打算运回金属废料。尽管它只武装了一门 4.7 英寸大炮和一门防空炮,但船长科尼利厄斯·阿伦德尔不打算投降。他命令舰炮手各就各位,不管这场战斗的实力多么悬殊。

2　猎户星座号的大西洋之战

维厄对哈斯比号没有停下来十分恼火,命令大炮开火,第一波连发的5.9英寸炮弹击中了哈斯比号的船体。炮手们表现出非凡的技巧,在翻滚的海浪中,用1916年生产的瞄准器,手动对准了目标。哈斯比号的艉炮进行还击,但没能击中偷袭舰,而德国人的炮弹则连续击中了那艘货船,导致几处着火。最后,一发炮弹击中一门艉炮,点燃了旁边的弹药,让第二门大炮失去了作用。但阿伦德尔船长拒绝停船,他依然不停地广播遇袭警报,直至另一艘船上的无线电台得知这一信息。

在一发炮弹击中船桥之后,哈斯比号的无线电台悄无声息了,维厄下令停火,即便那艘货船并没有停下来。熊熊大火吞没了哈斯比号,当大火烧毁了轮机舱之后,它终于停了下来。船员们试图放下救生艇,但一艘救生艇被大火吞没了,另一艘放到水面之后便沉没了。维厄派了3艘救生艇过去营救幸存者,他们到达之后,英国人把伤员从船尾放了下去。让所有旁观者恐怖的是,一个水手跳出船外,被裸露的螺旋桨卷了进去,死掉了。

阿伦德尔船长和24个水手成了猎户星座号上的俘虏。卫兵们帮助把11名伤员转到医务室,让他们大吃一惊的是,卫兵还给了余下的人干衣服、毛毯、香烟和茶叶,然后护送他们去了甲板下面的囚室。哈斯比号上有16名水手丧生。

维厄决定击沉哈斯比号熊熊燃烧的船壳,因为滚滚黑烟几英里之外都能看见,会吸引皇家海军的注意。鱼雷官克劳斯·汤姆森中尉发射了一颗鱼雷,把货船炸成两截,它的桅杆向内,消失在滚滚波涛之下。海军战争指挥部后来记载道:"这艘蒸汽船的沉没是这

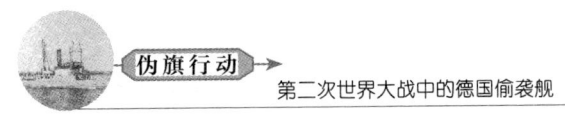

场战争中德国偷袭舰对商船航运的第一次胜利。"①

维厄问阿伦德尔船长为什么不服从他的停船命令。阿伦德尔答道,他只是奉命行事。这次谈话给接下来的斗争定下了冷酷无情的调子。②第一次世界大战期间,货船通常在第一次开炮示警之后便停下来,接下来是有条不紊的登船搜查,不会有人送命。在这场战争中,历史不再重复,因为所有船只都有无线电台,它们的船长有责任广播遇袭警报。③这极大地提高了暴力水平,很多勇敢的盟国水手会慷慨赴死,试图向世界发出危急信号。阿伦德尔船长的答复让维厄深感震惊,这冲击了他的浪漫化的预期:

> 一丝不苟地恪守水手骑士准则的不成文法,在很多情况下无异于自杀;在无线电时代,猎人很容易变成猎物。因此,海军战争的技术进步也成了一个威胁要吞噬一切公平和人道的摩洛神(译者注:古代腓尼基人的火神)。④

下午,4个英国水兵把水手长罗伯逊的尸体放进棺材里,罗伯逊是哈斯比号上一位受伤的水手,死在猎户星座号上。日落时分,偷袭舰停了下来,船员们穿着最好的制服在甲板上列队集合,连同阿伦德尔船长及其他俘虏一起。水兵们给罗伯逊的棺材盖上一面英国国旗,与此同时,卫兵们肃立一旁,枪上了刺刀。

---

① NLA Microfilm, *Kriegstagebuch der Seekriegsleitung, 1939-45* (MFM 1712).
② Weyher and Ehrlich, *The Black Raider*, p. 41.
③ Woodman, *The Real Cruel Sea*, p. 23.
④ Weyher and Ehrlich, *The Black Raider*, pp. 41–42.

2　猎户星座号的大西洋之战

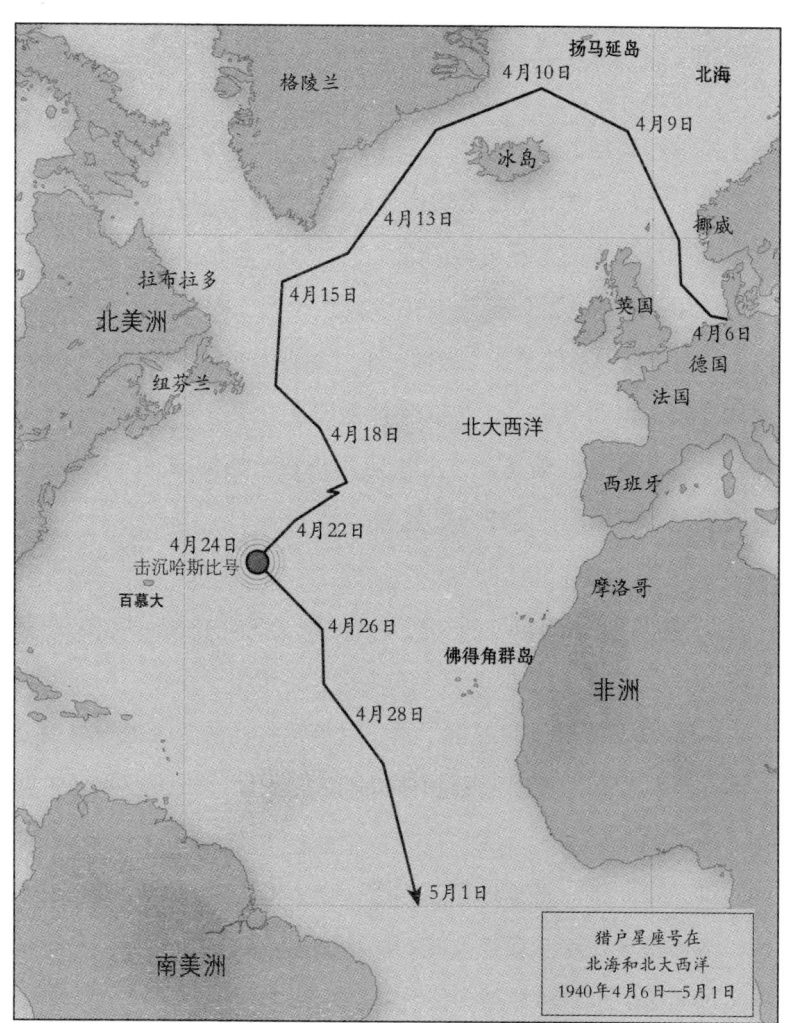

猎户星座号在
北海和北大西洋
1940年4月6日—5月1日

维厄发表了一通颂词，阿伦德尔船长念诵了祈祷文，卫兵们举枪敬礼。水手长吹响"落水"口哨，罗伯逊的遗体被交给大海。葬礼之后，几个俘虏聚集在乘务室附近喝烈性酒，但几分钟后，战争再次成为优先事项。

维厄决定把猎户星座号伪装成巴西货船曼杜号,因为希腊船在中大西洋并不常见。俘虏们在此期间适应了囚禁。尽管他们忍受了不适和糟糕的通风,但受到公正对待,每天可以在甲板上锻炼两次。他们还消受了标准的德军配给:黑面包和香肠。

猎户星座号的无线电台后来广播了几个断断续续的信息,声称:"RRRR,3020时……被袖珍战列……"因为哈斯比号混乱的信号可能没有被收到。① 这样一来,英国人可能相信,第二艘船遭到攻击,但到最后,这个欺骗计划还是失败了,因为英国海军部并没有收到这些信息。维厄决定不再在大西洋袭击其他船只,偷袭舰重新开始驶往合恩角的航程。

与威尼图号会合

4月30日,船员们经历了第一场热带雨,很多人跑到甲板上淋浴。士兵们穿着夏日制服和体操服,空闲时间试图在酷热中躺在吊床上睡一觉。

第二天,猎户星座号穿过赤道,进入南大西洋。依照航海传统,海神王要在跨越赤道仪式期间检阅船员,但维厄不让先前没有经过赤道的水手参加这一传统的洗礼仪式。

---

① NAA File, *Raider "A" No 36 "Orion"* (B6121, 164B).

2 猎户星座号的大西洋之战

阿拉多式水上飞机,适合远海飞行。

猎户星座号穿过巴伊亚－弗里敦航线之后,维厄开始有些担心,因为亚特兰蒂斯号最近活跃在这一海域,敌军巡逻舰可能在搜寻可疑船只;因此,他打算尽快通过南大西洋。5月3日,偷袭舰经过阿森松岛,3天后,维厄计算他的燃料供应可以再维持57天。猎户星座号是一艘很不合适的偷袭舰,每天消耗40吨燃料,超过柴油动力的亚特兰蒂斯号5倍多。维厄请求提供更多的燃料。偷袭舰继续向南航行,同时在等待回应。重复这个请求3次之后,他收到一个清楚的信息。猎户星座号将在南乔治亚以北660英里处一个代号"马克斯"的位置与油轮威尼图号会合。

5月12日,猎户星座号到达"马克斯",但威尼图号并没有出现。偷袭舰搜索了这片海域,尽管糟糕的能见度和汹涌的海浪使这项任务变得十分困难。第二天早晨,天气有所改善,维厄命令飞行员克劳斯·冯·温特费尔特中尉寻找油轮。阿拉多式水上飞机努力在汹涌的南大西洋起飞,花了一个小时才升空。温特费尔特很快就发现了威尼图号,并通过探照灯发信号告知猎户星座号的位置。威尼图号的船员在远离家乡如此遥远的地方抬头看着一架德国飞机那梦幻般的灯光。

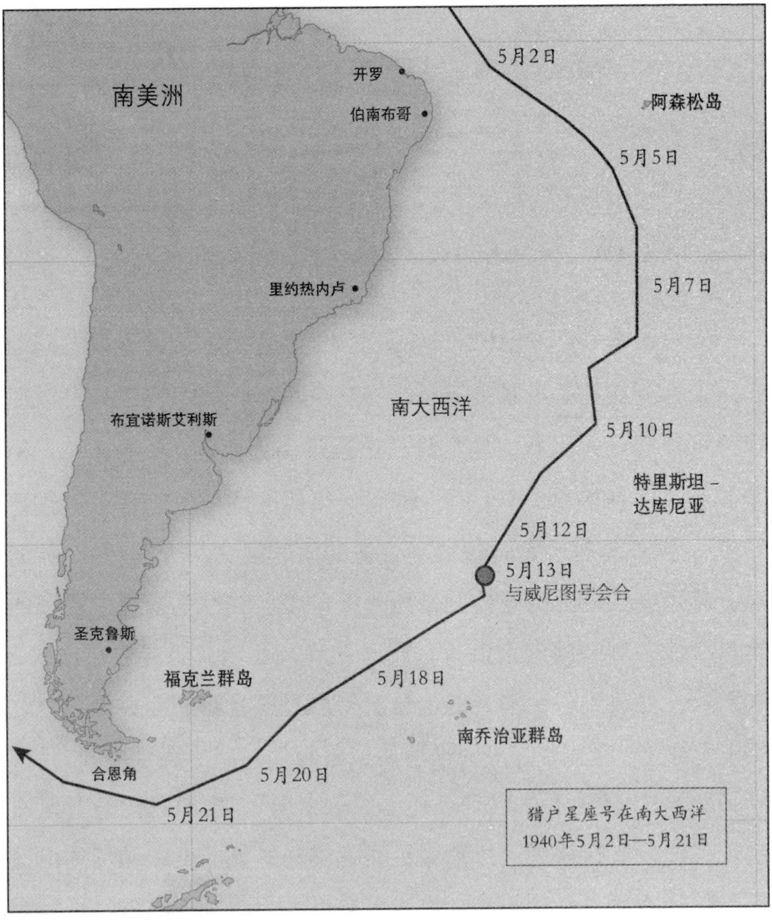

猎户星座号在南大西洋
1940年5月2日—5月21日

2　猎户星座号的大西洋之战

战争开始时，威尼图号正在小安的列斯群岛的阿鲁巴岛。在一次试图回家的努力失败之后，这艘船在西属加那利群岛寻求庇护，它在那里成了一艘偷袭舰的补给油轮，由伊塔本公司控制。它在弗里茨·施泰因克劳斯船长的指挥下离开了港口。施泰因克劳斯从前是帝国海军的一名水兵，曾在日德兰半岛效力于一艘巡洋舰。这艘油轮以 7 节的速度航行，由于维护糟糕，这已经是最快速度了。

猎户星座号与威尼图号会合了，施泰因克劳斯登上猎户星座号，商讨燃料和供应品的转移。在被介绍给维厄之后，施泰因克劳斯对于所有建议和要求，都是用英语回应"好，好"，于是人们亲切地把他称作"好好船长"。两艘船靠拢到一起，燃料很快从油轮上流进猎户星座号的油箱里。

维厄和施泰因克劳斯讨论了未来的计划，同意 6 月 18 日在南太平洋再次会合，考虑到油轮慢吞吞的速度，这已经是威尼图号能够到达约定地点的最早时间了。5 月 16 日，两艘船分手，猎户星座号继续朝西南方向驶往合恩角。

正当猎户星座号继续航行时，偷袭战逐步升级。亚特兰蒂斯号在南大西洋击沉了科学家号，在南非厄加勒斯角的门户通道布设了水雷，但没有造成损害。白羊星座号和雷神号都从基尔港启航，进入大西洋，但海军战争指挥部对辅助巡洋舰的行动知之甚少。由于偷袭舰舰长们很少让他们的无线电台打破沉默，柏林常

常只能通过破译英军的信号来得知具体细节。①

维厄记载了他的计划:"我打算绕过合恩角,为的是在 6 月 6 日或 7 日没有月亮的晚上执行布雷任务。这之后,我打算在威尼图号到达之前偷袭新西兰海域。"② 5 月 21 日,猎户星座号过了合恩角,进入太平洋,澳大利亚和新西兰没有一个人知道战争正在临近。

---

① Showell, *German Naval Code Breakers*, p. 72.
② AWM File, *Operations, Ger man and Japanese Ar med Merchant Cruisers* (AWM69 23/20).

3 豪拉基湾行动

现在,我们这里已经能看见新西兰了。有一项特殊任务等着我们:在奥克兰港入口处布设水雷。英国人丝毫不觉得要担心这样一次行动,因为他们知道,任何一艘通常类型的布雷艇都不可能跑到距离欧洲这么远的地方来冒险。我们因此能够在晚上万籁俱寂的时候着手行动。①

——德国偷袭舰猎户星座号随军记者

澳大利亚海军站

从战略上讲,澳大利亚坐落于一些重要的海上贸易航线的附近。英国海军部认识到了这一重要性,因此在1859年建立了澳大利亚海军站,行动范围包含澳洲大陆周围海域。1939年,海军站的活动范围向西延伸1500英里,扩大到了印度洋,向东过了新西兰和斐济;同时其北部边界包含了所罗门群岛,南部边界触

---

① NAA File, *"Kormoran" - Translation of Diaries* (B6121, 165K).

及南极海域。这片巨大的水域涵盖了南半球的四分之一。

澳大利亚海军站有着巨大的经济意义,因为有很多太平洋贸易航线汇合于悉尼和墨尔本,很多印度洋贸易航线汇合于西澳大利亚的弗里曼特尔。英国的战时经济需要来自澳大利亚和新西兰的进口物资,由于运载这些货物的货船在与北大西洋的护航舰队会合之前,通常是单独航行,它们将成为易受偷袭舰攻击的靶子。考虑到缺乏军舰和这片海域的辽阔浩瀚,盟国在保护澳大利亚海军站范围内的航运上所面对的前景极富挑战性。

澳大利亚皇家海军(RAN)正确地得出结论:偷袭舰会进入澳大利亚海军站,作战与计划局局长亨利·布瑞尔海军中校集中力量保护关键海域:

> 以这样一支小规模的海军,我们不得不把兵力集中于焦点区域和主要海港的入口。这一保护之外的船只由我们的管制部门含含糊糊地规定航线,希望能够迷惑敌人。①

海军情报局(RAN)局长鲁珀特·朗海军少校对于第一次世界大战期间没能阻止偷袭舰野狼号一直耿耿于怀。②因此,他想在澳大利亚附近一些孤立的小岛上建立海岸观察哨,以防止偷袭舰

---

① Burrell, *Mermaids Do Exist*, p. 76.
② 朗在1931年作为海军学院的学员加入澳大利亚皇家海军,第一次世界大战期间,他在军舰澳大利亚号和胡恩号上服役。1934年,他成了悉尼区的情报官,作为精明的一个例证,他正确地断定货船安妮丽丝·埃斯贝格尔号有额外的油箱,它后来成了一艘偷袭舰补给船。1939年8月25日,朗成为海军情报主管,战争期间,他在这个位置上掌控着澳大利亚的海军情报部门。

3 豪拉基湾行动

像野狼号那样把它们用作基地:

> 德国商船偷袭舰可能利用新几内亚的海港作为中途加油基地,从那里对澳大利亚海岸的船舶发起攻击;新几内亚和所罗门群岛,连同它们许许多多很少有人光顾的小海港,都非常适合这一目的。①

朗把在新几内亚和所罗门群岛的海岸观察哨网络增扩到覆盖澳大利亚的东北通道。莫尔兹比港海军情报部门的首脑埃里克·费尔特海军少校组织了这次增扩,他跑遍了新几内亚和南太平洋各地,招募新的海岸观察哨兵。1939 年 10 月,费尔特向朗通报:他的海岸观察哨只有 5% 的机会发现偷袭舰。但朗十分乐观地回复道:"我相当满意地注意到了这些安排,很高兴地发现你能在如此短的时间里覆盖这样大的区域。"②

1940 年 5 月,亚特兰蒂斯号的水雷让海军情报局确信,偷袭舰的活动很快就会到达澳大利亚海军站。③ 海军部决定,在澳大利亚海军站,有 3 艘巡洋舰和两艘武装商船就足以抵挡偷袭舰了,于是放出重巡洋舰澳大利亚号和堪培拉号去其他海军站服务。④ 布瑞尔把这次减少兵力看作一次有计划的冒险:"我们认识到海军站的兵力减少带有一定程度的风险,尤其是对于那些没有护航的船

---

① Winter, *The Intrigue Master*, p. 37.
② Winter, *The Intrigue Master*, p. 40.
③ Burrell, *Mermaids Do Exist*, p. 82.
④ 这些船是巡洋舰堪培拉号、珀斯号和阿德莱德号,还有武装商船巡洋舰马努拉号和西拉利亚号。

只来说。然而,与已知的敌人战斗证明这一冒险是有道理的。"①

与此同时,在新西兰,海军参谋长威廉·帕里海军准将提出了警告:

> 正如在上一次战争中那样,没有什么东西阻止这艘船或其他偷袭舰在新西兰海岸外布雷。现役的4艘扫雷艇完全不足以对付敌军的布雷活动,确保哪怕是适度的安全。发现敌军布雷区的最早警报很可能是一艘或多艘船只的毁灭。②

新西兰皇家空军(RNZAF)以国内为基地的空军中队保护航运而执行海上巡逻任务,但是,由于新西兰没有远程飞机,塔斯曼帝国航空公司的水上飞机阿瓦鲁阿号和奥特亚罗瓦号开始到查塔姆群岛和克马德克群岛巡逻。很多次太平无事的飞行使得新西兰的机组人员有些沾沾自喜,但是,塔斯曼海的平静很快就会被打破。

战争到达新西兰

猎户星座号通过合恩角之后,继续向西,穿越太平洋,一直保持在常规贸易航线的南边,以避免被发觉。瞭望哨只发现了海角鸽和信天翁,船员们最初遇到的天气比预想的更加温和,但很

---

① Burrell, *Mermaids Do Exist*, p. 81.
② Waters, *The Royal New Zealand Navy*, pp. 169–70.

3 豪拉基湾行动

快,他们就感觉到了寒冷的南极风。当偷袭舰继续驶过空荡荡的海域时,维厄放松了严格的海军纪律,为的是创造同志的友谊之感。几个水兵创建了一个俱乐部,基于他们的集体知识教授不同的课程。士兵们还把业余时间耗在电影厅、藏书室和小教堂里。

维厄计划趁新月期月黑风高之夜,去奥克兰的门户通道布设水雷,但猎户星座号逆着太平洋的顶头风,航行缓慢,这让他的时间表彻底作废。然而,他计算依然会有充足的黑夜,可以继续他的使命。

猎户星座号继续沿着奥克兰的门户豪拉基湾航行,伪装成荷兰－非洲轮船公司的一艘无名货船:红色的烟囱,黄褐色的桅杆。1940年6月13日,偷袭舰进入新西兰海域,与此同时,技术人员已经通过插入溶解塞,拧紧触手,调整深度设置,准备好触发锚雷。水兵们还准备好了布雷平台,隐藏在船尾的伪装之下。

让维厄大吃一惊的是,从当地广播电台的新闻中偶然听到新西兰皇家空军侦查飞行的日程安排,并发现那天下午没有执行飞行任务。[①] 他还得知,新西兰巡洋舰阿喀琉斯号和武装商船赫克托耳号正停泊在奥克兰港。

那天下午,太阳从远处火山尖的后面落下去了,布雷官沃恩霍尔茨海军上尉向维厄报告,所有水雷准备就绪。那天晚上,月光下的能见度延伸至10英里之外,气象学家盖尔博士预计情况不会改善。

当猎户星座号接近它的第一个目标区域时,船员们看到了

---

① Weyher and Ehrlich, *The Black Raider*, pp. 169–70.

伪旗行动
第二次世界大战中的德国偷袭舰

一个信号站和灯火通明的居维叶灯塔。维厄注意到,"距离居维叶灯塔最近只能到 8 德国海里,再靠近就不可能不被信号站发现"①。19 时 26 分,第一颗水雷顺着下水轨道滑入大海,当偷袭舰按照仔细规划的之字形路线向前航行时,更多的水雷放下了水。水雷漂浮在水面上,缚在锚链上的锚向下拉,锚到达海底时,水雷便处于水面之下的位置。当灯塔例行公事地照亮偷袭舰的左舷时,船员们便屏住呼吸,有些水手本能地低头躲闪。据维厄的讲述,他的活动没有引起怀疑,很快便在居维叶岛的东南水域布好了 15 颗水雷。

猎户星座号通过合恩角之后,继续向西穿过太平洋,1940 年 6 月 13 日进入新西兰海域,在奥克兰的入口布设水雷。

猎户星座号开始在大巴里尔岛以东布设第二个布雷区,又有 45 颗水雷落入大海。偷袭舰避开黑乎乎的两艘船,继续朝豪拉基

---

① Waters, *German Raiders in the Pacific*, p. 4.

3 豪拉基湾行动

湾的北入口航行。到达大巴里尔岛与莫科希纳乌群岛之间的通道之后,船员们把57颗水雷放入水中。

午夜之后,猎户星座号在莫科希纳乌群岛以北按照半圆形的图案布下了52颗水雷;同时,领航官赫兹海军上尉使用灯塔作为指向标。偷袭舰朝着西北方向驶往马罗蒂里群岛,水兵们在那里布下了最后59颗水雷。天气变为多云小雨,提供了额外的隐蔽,当最后的水雷滑入大海时,瞭望哨发现一艘船径直朝布雷区驶来。尽管要过48小时水雷才进入准备引爆的状态,但是,有缺陷的定时装置可能让它们立即进入引爆状态,过早爆炸将会危及偷袭舰自身。当那艘船驶过布雷区时,维厄屏住呼吸,但没有出现爆炸,船继续朝奥克兰方向航行。

布下228颗水雷之后,没有被发觉,猎户星座号全速逃离,朝东北方向驶往克马德克群岛。维厄打算巡逻奥克兰-旧金山航线和悉尼-萨摩亚-檀香山航线,但他首先需要与油轮威尼图号会合,补充燃料。

6月15日,猎户星座号的无线电室在收听关于水雷的消息,但没有报告。下午,瞭望哨发现了克马德克群岛和一艘大型蒸汽船,但维厄并没有追击,因为猎户星座号依然在敌军飞机的航程范围内。阿拉多式水上飞机第二天进行侦查飞行,当飞机降落时,一阵大浪把它卷入水下,不过,飞行员温特费尔特中尉和侦察兵帕斯勒死里逃生,毫发无损。水上飞机的浮筒使它没有沉没,可以被修复。维厄给威尼图号发出信号,命令它到库克群岛以南新的地点会合,但没有收到答复。

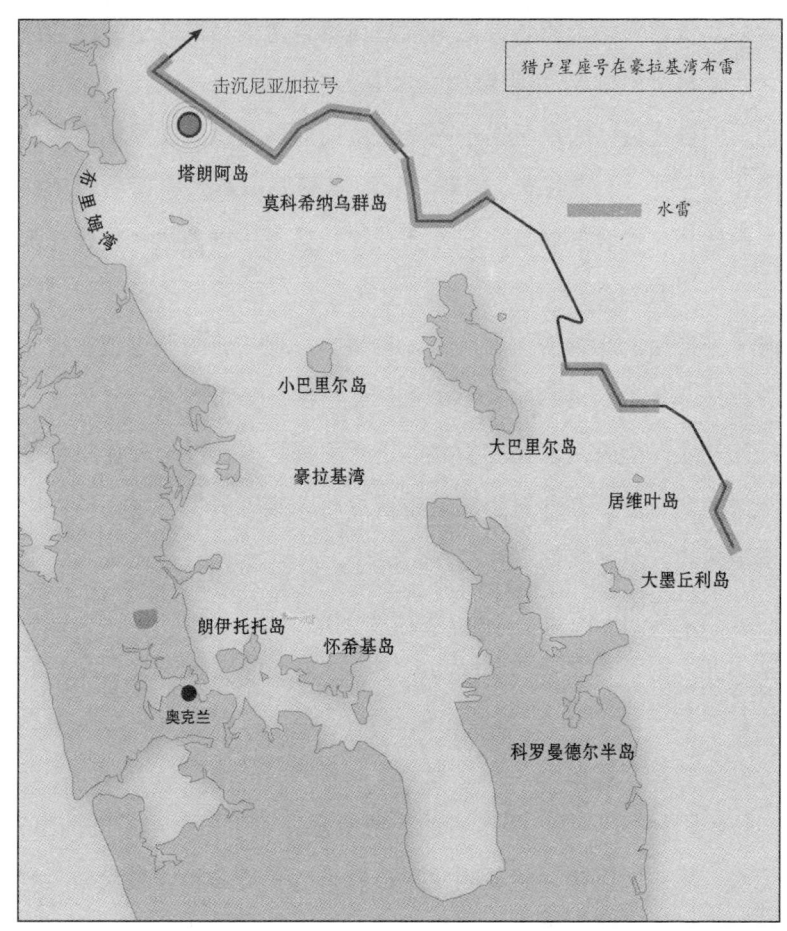

6月18日晚上，轮机长科尔什上尉向维厄报告，猎户星座号的速度必须降到5节，并持续几个小时，以便他紧急修理，但没等维厄答复，瞭望哨便发现了一艘货船的灯光。通常，只有中立国家的船只夜间航行时才会亮起和平灯，但在一些遥远的海域，盟国船只也做同样的事。科尔什向维厄报告，要到午夜才能恢复全速前进。猎户星座号减慢了速度，好让修理工作得以进行。

3 豪拉基湾行动

在技术人员修复了发动机之后,猎户星座号加快了速度,沿着一条截击航线驶向那艘货船,为避免怀疑而逐步靠近。维厄回到他的海图室,考虑战术,但是,3时44分,信号官费尔古特海军少尉带来一个紧急信息。无线电室收听到:"尼亚加拉号紧急呼救……2号舱爆炸,位置马罗蒂里……发动机失灵,2号舱进满了水。船从头部开始下沉。放下救生艇。"[1]猎户星座号的水雷认领了一个受害者。

劳埃德船舶年鉴告诉维厄,尼亚加拉号是加拿大－澳大利亚轮船公司的一艘客轮,但他暂时没有理会这一功绩,而是把心思集中在那艘货船上。他在清新的微风中啜饮着早晨的咖啡,偷袭舰减速尾随着猎物。一小时后,当两艘船相隔3000米并肩前行时,德国人获得一个更好的视角,没有看到中立国的标志。

5781吨的挪威货船热带海洋号从悉尼启航,装载着小麦驶往巴拿马。奥斯特伯格船长没有感觉到任何危险,但是,当他看见德国海军的旗帜正在升起时,情况突然变了。一声警告炮之后,紧接着是停船并关闭无线电的命令。奥斯特伯格船长没有理睬,热带海洋号继续保持它的航向。一阵连发的炮弹险些击中货船,之后,他决定停船。大副德拉维克后来回忆起当时的遭遇:

> 当时我在海图室里,由于我还是热带海洋号的无线电操作员,我认为最好是不要冒险,于是我关闭了无线电。偷袭舰开了两炮,落在我们船的周围,我们因此熄灭了发动机。[2]

---

[1] Waters, *The Royal New Zealand Navy*, p. 120.
[2] *Weekly Intelligence Report*, Number 30, 4 October 1940.

从 13415 吨的客轮尼亚加拉号上放下的救生艇。1940 年 6 月 19 日,这艘船正从奥克兰驶往温哥华,在布里姆角与莫科希瑙群岛之间撞上了两颗水雷

拉施克中尉率领的登船搜查队占领了热带海洋号。奥斯特伯格船长告诉拉施克,他在运输小麦去美国,声明了中立国的身份。在登船搜查队搜查货船时,不顾船上的服务员奥斯特伯格太太的抗议,一艘汽艇把奥斯特伯格船长和德拉维克带到猎户星座号上。德国人发现一些文件证明这艘船持有的是英国许可证之后,维厄宣布扣押这艘货船:

> 根据货物清单,发货人是澳大利亚小麦局,由澳大利亚联邦银行执行核算,租船者是英国政府。货物明显是运往英国,可以认为是禁运品。①

---

① AWM File, *Operations, German and Japanese Armed Merchant Cruisers* (AWM69 23/20).

3 豪拉基湾行动

维厄让艾肖尔斯特中尉取代奥斯特伯格指挥热带海洋号,然后把注意力重新集中在尼亚加拉号上。敌人如今会对他的存在发出警报,而且肯定会派出所有可用的军舰追击。由于热带海洋号没有广播遇袭警报,盟军没有办法确定猎户星座号的当前位置,但它依然会遭到追击。

猎户星座号的水雷

6月19日3时40分,415吨的尼亚加拉号在布里姆角与莫科希纳乌群岛之间撞上两颗水雷。这艘船当时正从奥克兰驶往温哥华,船上的货物包括来自南非的8吨金锭,价值250万英镑,还有少量的武器军火。熟练水手雷·纳尔逊还记得,水雷爆炸后他被震醒了:

猎户星座号留下的水雷最终挣脱了系泊杆漂流。1940年和1941年,有很多水雷冲到了新西兰和澳大利亚的海岸上,这颗水雷是在曼努考港发现的。

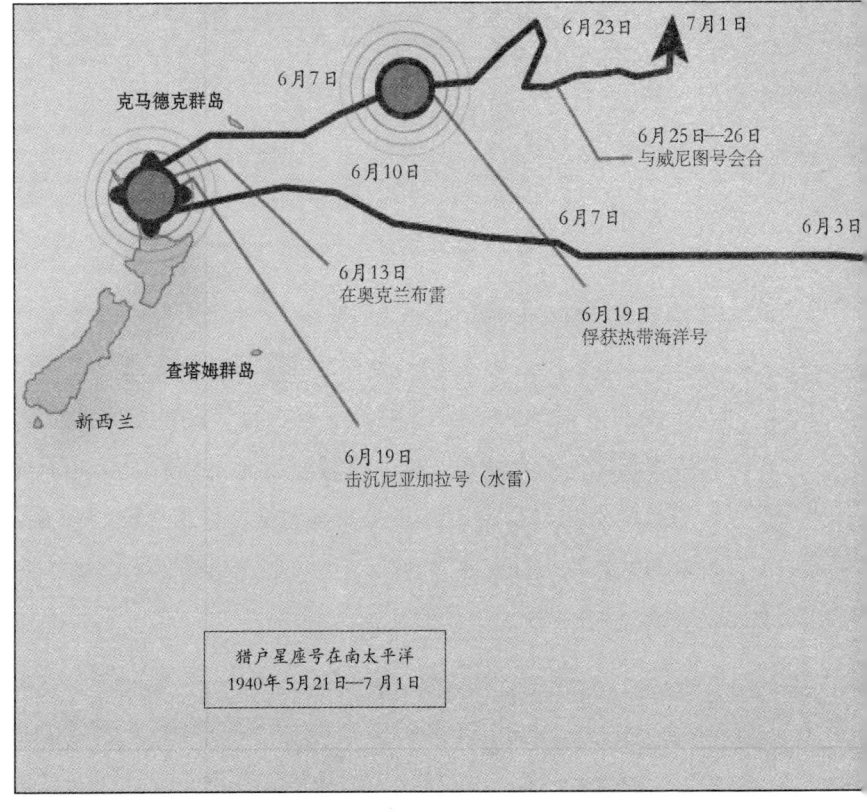

猎户星座号在南太平洋
1940年5月21日—7月1日

我尽快跑出了船舱。自然是一片混乱。船的前部损害相当严重。2号货舱承受了爆炸的冲击。那个区域的甲板被炸成了碎片。①

威廉·马丁船长命令纳尔逊关闭船头住宿区域的所有舷窗，但汹涌而进的海水让他无法做到。正当这艘客轮从船首开始迅速

---

① Maynard, *Niagara's Gold*, p. 19.

3 豪拉基湾行动

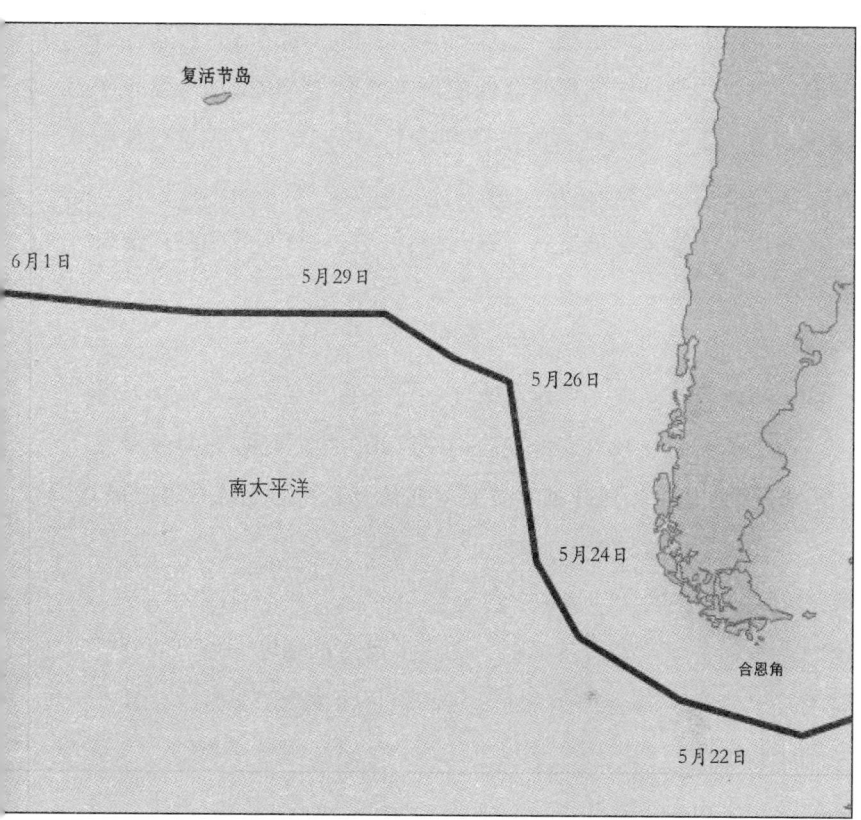

沉没时,马丁船长决定弃船。船员们一直沉着镇静,帮助乘客们登上救生艇。船上的护士门罗修女描述了她所经历的磨难:

> 救生艇逐渐在遇难的尼亚加拉号周围漂散开来。这艘巨大的老船似乎稳住了,所有人都希望它能幸存下来。半个小时后,防水隔离壁想必在压力下土崩瓦解,因为它缓慢地直立起来,滑入水面之下。面对这艘老船的消失,人们悲从中来。①

---

① Maynard, *Niagara's Gold*, p. 20.

伪旗行动
第二次世界大战中的德国偷袭舰

惠灵顿无线电台截获尼亚加拉号的求救信号之后，阿喀琉斯号离开奥克兰港，驶向那艘客轮的报告地点。阿喀琉斯号发现了18艘救生艇，而客轮旺格内拉号救起了349名乘客。扫雷艇詹姆斯·卡斯格拉夫号和托马斯·库雷尔号赶到，发现了德国水雷。

彼得·弗雷泽总理宣布了这一事件，正如海军战争指挥部所记载的：

> 新西兰总理弗雷泽发表了一份公告，宣布［尼亚加拉号的］损失是一颗水雷造成的……因此，"36号舰"［猎户星座号］（维尼）按照计划在最早可能的时刻到达它的布雷海域，并实现了非常可喜的成功。①

海军部关闭了新西兰港口，熄灭了所有的海岸导航灯。海上贸易陷于停顿，海边的仓库全部告满，货物堆到了码头上。新西兰的无线电台停止广播关于侦查飞行的信息。在塔斯曼那边，澳大利亚皇家海军把客轮斯特拉斯莫尔号限制在港口内，船上有超过400人的部队。

扫雷艇瓦卡库拉号、詹姆斯·卡斯格拉夫号、托马斯·库雷尔号和汉弗莱号清扫了奥克兰的门户通道，后来，未来主义者号和诺拉·尼文号清扫了惠灵顿和利特尔顿的通道。两周后，海军部重新开放了主要的航运通道，到9月，扫雷艇已经发现了131颗水雷。②

---

① NLA Microfilm, *Kriegstagebuch der Seekriegsleitung*, 1939–45 (MFM 1712).
② Tonson, "HMS Puriri 1938, NZ Navy".

3　豪拉基湾行动

猎户星座号剩下的水雷最终脱离了锚地，漂流而去，很多水雷被冲到新西兰和澳大利亚的海岸上。8月，渔船阿胡里里号在墨丘利群岛的理查兹岩礁附近发现了一颗漂流的水雷，把它拖进墨丘利湾，安全地引爆了。蒸汽船周期号8月在博坦尼湾发现了3颗疑似水雷，导致悉尼港关闭，并派出扫雷艇搜寻这一海域。①

1941年，水雷陆续被发现。1月，一颗水雷漂到新西兰北岛科罗曼德港附近的岸上，一个海军小分队在那里处理了它。3月，托马斯·库雷尔号在卡沃岛水域平岩附近摧毁了一个水雷。

猎户星座号的布雷区还导致一场悲剧。1941年5月14日，新西兰扫雷艇大风号和牡荆号清扫了布里姆角附近海域。②牡荆号撞上一颗水雷，迅速沉没。5名水手丧生，但大风号救出了幸存者。一个调查委员会得出的结论是，牡荆号的失事要归因于大风号的上级军官，因为"他没能执行一次有组织的搜索，没能恰当地掌控牡荆号"③。

到1941年6月，自年初以来在新西兰海域发现了24颗猎户星座号布下的水雷，但是，还有更多的水雷陆续出现。当扫雷艇酋长号、大风号、瑞塔号和莫里泰号在布里姆角附近发现10颗水雷、在马罗蒂里附近发现17颗水雷之后，海军部评论道："非常值得称赞的扫雷工作，而且常常是在非常不利的天气条件下完成的。"④

---

① Gill, *Royal Australian Navy, 1939-1942*, p. 159.
② 牡荆号从前是锚轮船公司一艘927吨的船，被新西兰政府征用，在1941年4月9日作为一艘扫雷艇服役。
③ Waters, *The Royal New Zealand Navy*, p. 180.
④ Waters, *The Royal New Zealand Navy*, p. 184.

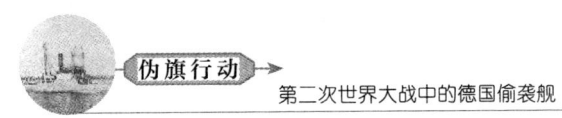

猎户星座号的水雷只炸沉了尼亚加拉号和牡荆号,但维厄留下的印象有所不同。新西兰的一个无线电台报告,鲍恩港号报的是一次全损险。① 俘虏们后来错误地告诉他,这艘船撞上一颗水雷,但它实际上是搁浅了。② 俘虏们还错误地告诉维厄,蒸汽船巴尔坦尼克号在科尔维尔海峡撞上一颗水雷之后沉没。③

当尼亚加拉号在海底 60 英寻深的地方静止不动时,英格兰银行要求英国海军部找回那批贵重的货物:黄金。1941 年底,约翰·约翰斯顿船长在阔刀号上领导了一次引人注目的打捞行动。潜水员进行了 300 多次下潜,找回 590 块金条中的 555 块,斯蒂芬·罗斯基尔船长对这次行动大加赞扬:

> 随后,在依旧存在很多水雷的强大洋流中,从 438 英尺深处的一艘大船的内部,找回 10 吨黄金中的绝大部分,这是曾经执行过的海上打捞中最引人注目的壮举之一。④

战后,1953 年 5 月,约翰斯顿率领打捞船前桅号,回到尼亚加拉号的长眠之地,搜寻剩下的 35 根金条。⑤ 这一回,他的潜水员找回了 30 根金条,但还有 5 根留在那艘客轮内部的某个地方。

---

① NAA file, *German Naval Operations in Australasia* (MP1049/5, 2026/19/44).
② Weyher and Ehrlich, *The Black Raider*, p. 84.
③ NAA file, *German Naval Operations in Australasia* (MP1049/5, 2026/19/44).
④ Roskill, *The War at Sea 1939-1945: Volume One*, p. 283.
⑤ Maynard, *Niagara's Gold*, p. 146.

3 豪拉基湾行动

搜寻塔斯曼偷袭者

尼亚加拉号的沉没让盟军警觉到一艘偷袭舰的存在，很多的船舰、飞机和海岸观察哨都在搜寻这个不速之客。新西兰皇家空军的飞机巡逻了奥克兰、库克海峡、利特尔顿和奥塔哥的通道；由于航程不足，民用水上飞机阿瓦鲁阿号和奥特亚罗瓦号便执行远程巡逻，但没能发现这个如今已经臭名昭著的"塔斯曼偷袭者"。

武装商船赫克托耳号从奥克兰启航，巡逻进入库克海峡的东部通道，阿喀琉斯号和阿瓦鲁阿号则搜寻克马德克群岛附近的海域。阿喀琉斯号到达拉乌尔岛，随后向南航行至克马德克群岛的麦考利岛和柯蒂斯岛，巡逻了柯蒂斯岛和奇斯曼岛之间的斯特拉通道。一无所获之后，阿喀琉斯号返回奥克兰，赫克托耳号在没有发现偷袭者的踪迹之后便驶往惠灵顿。

澳大利亚海域的行动集中于保护巴斯海峡；巡洋舰珀斯号巡逻西部通道，武装商船马努拉号守卫东边，而澳大利亚皇家空军（RAAF）的哈森机组和汉森机组则巡逻海峡上空。

猎户星座号和热带海洋号在此期间继续前往库克群岛以南与威尼图号会合，不过没有收到来自油轮的信号确认新的位置。无线电最后收到微弱的确认信号，会合将在6月25日，这使两艘船的船员全都大声欢呼起来。威尼图号绕过合恩角，完成了漫长的航行，给偷袭舰和它缴获的敌船加油。

猎户星座号上的俘虏们适应了新生活，正如哈斯比号的阿伦

第二次世界大战中的德国偷袭舰

德尔船长后来回忆的那样:

> 是的,事实证明他们足够人道,尽管他们犯下了谋杀罪。船上的监狱官给了我一盒美国香烟和一听英国香烟,他十分客气的向我道歉,不能给我一瓶威士忌。可是食品,除了德国香肠之外,我们几乎什么都没有,那玩意儿真恐怖。①

"好好船长"施泰因克劳斯和威尼图号上的一半船员登上猎户星座号看电影,但维厄有一个秘而不宣的动机,提出让施泰因克劳斯指挥热带海洋号,航行到欧洲去。施泰因克劳斯的答复还是典型性的"好,好",威尼图号的大副丹尼尔接管油轮的指挥权。

热带海洋号接收了燃料和补给,以及新的船员,其中11个人来自猎户星座号,17个来自威尼图号,他们夺走了船上所有有用的物品,比如小麦、面粉、油漆和收音机,转交给了偷袭舰。猎户星座号上的55个盟国俘虏登上被俘获的船,之前阿伦德尔船长给维厄写了一封信:

> 我希望代表我本人、军官和船员们表示感激,感谢我们作为俘虏在您的船上所受到的对待。我们受到的关照在目前环境下要算是最好的,没有任何抱怨。我还想感谢医生们,他们对伤病员给予了最好的、最仁慈的照料。②

---

① "Big Raider Described", *The New York Times*, 7 December 1940.
② NLA Microfilm, *Records 1939-44 of the Oberkommando der Marine/Seekriegsleitung*, OKM/SKL (M333–336).

3 豪拉基湾行动

1940年7月1日,维厄和猎户星座号离开新西兰海域,向北驶入南太平洋,寻找新的受害者。

6月30日,热带海洋号启航,猎户星座号的船员给予了三声欢呼。维厄朝南太平洋的方向航行,要是在那里运气不好的话,他就会进入珊瑚海。偷袭舰第二天与威尼图号分手了,猎户星座号向南航行,寻找新的倒霉蛋。

4
企鹅号最早的胜利

> 所有偷袭舰舰长当中,最有魄力、最成功的是企鹅号的克吕德尔。[1]
> ——西线安全部队司令官海军中将弗里德里希·卢格

突围

1940年6月,企鹅号由26名军官和375名水兵组成的全体船员完成了最后的准备工作。克吕德尔命令先在印度洋攻击敌人的航运,然后到澳大利亚海域布雷,并袭击南极的挪威捕鲸船队。偷袭舰武装了6门5.9英寸大炮[2],藏在借助平衡物打开的钢质舱板的后面,还有一门75毫米大炮,一门双座37毫米大炮,以及4门四座20毫米大炮,藏在假冒的通风设备、水箱和货箱里面。[3] 它的4个双座鱼雷发射管装在船桥两侧的甲板上,货舱里

---

[1] Ruge, *Sea Warfare 1939-1945*, p. 138.
[2] 3门大炮装在船首,两门在烟囱后面,最后一门在船尾附近。
[3] 75毫米大炮装在船首,双座37毫米大炮朝着船尾,两门20毫米防空炮紧挨着舰桥,另外两门紧挨着船尾。

4　企鹅号最早的胜利

装有 300 颗水雷和两架过时的亨克尔式水上飞机。①

6月15日，企鹅号伪装成一艘货船从哥滕哈芬启航，两天后到达丹麦的洛兰岛海域，与"四号突破舰"会合，后者是一艘开路舰，旨在引爆护航舰前面的水雷，还有两艘鱼雷艇将护送偷袭舰通过丹麦的大贝尔特海峡。早晨，这支小型舰队抵达丹麦与瑞典之间的卡特加特海峡。

四号突破舰离开之后，企鹅号和鱼雷艇绕过日德兰半岛，进入挪威与丹麦之间的斯卡格拉克海峡，然后朝着北海的方向航行，与此同时，一架护航的多尼尔18型水上飞机和两架战斗机出现在头顶上空。两艘扫雷艇增强了护航的力量，这支小型舰队沿着挪威海岸向北航行，随后抵达卑尔根。鱼雷艇撤了，而企鹅号和扫雷艇则继续向北，进入瑟居伦峡湾，克吕德尔在那里把偷袭舰伪装成苏联货船彼得舒拉号。

6月23日，船员们与强风搏斗，而扫雷艇承受不了这样的天气，打道回府了。很短一段时间之后，瞭望哨发现了一个潜望镜，当一道波浪起伏翻滚时便马上看出那是一艘潜艇。由于海军战争指挥部已经命令所有U型潜艇远离企鹅号的航线，因此这艘潜艇必定是英国的。克吕德尔希望，当偷袭舰向北角行驶时，它的苏联伪装会被人相信。潜艇浮出水面，追了过来，在乌云密布的大海上，一会儿消失不见，一会儿又重新出现。

潜艇指挥台上一个水兵发出信号："什么船？"克吕德尔没有理睬，紧接着是"停航，否则我们就开火"。克吕德尔还是没

---

① 亨克尔双翼飞机专为海上侦察而设计，但不适合于远海。它们可以飞到每小时335公里，装备了一挺MG15机关枪和两颗110磅的炸弹。

有理睬这一信息,希望糟糕的天气使得潜艇没有办法稳定到足以有效地使用武器。潜艇发射了3颗鱼雷,没有击中企鹅号。它追赶了一个小时,然后消失不见了。

企鹅号转向西北,朝着扬马延岛航行。克吕德尔计划在岛附近的大雾中藏起来,等待丹麦海峡恶劣天气进一步发展,一旦进入大西洋,就会在西北非海域佛得角附近给U-A号潜艇重新补给。① 潜艇指挥官海军少校科豪斯最近在冰岛西南击沉了武装商船安扎尼亚号。英国皇家海军减少了北海巡逻舰队,为的是给丹麦撤退提供更多的军舰,随着安扎尼亚号的葬身海底,英国人便没有军舰保护丹麦海峡了。②

6月24日,瞭望哨发现了扬马延岛,但是,改善的天气阻止了大片雾层的形成。然而,当企鹅号驶近格陵兰岛时,大雾出现了,克吕德尔命令走西南航线,朝着丹麦海峡航行。

第二天,大雾消散,德国海军的一艘气象船预报气锋正在接近的警告,这会导致恶劣的天气,企鹅号的气象专家乌尔里希·罗尔博士建议等待。克吕德尔同意了,3天后,暖和的气锋到达,产生了低矮的乌云和倾盆大雨。偷袭舰重新开始驶往丹麦海峡的航程,穿过冰冷的大雨、波涛汹涌的海面和冰山的迷宫。③ 7月1日,企鹅号进入北大西洋,克吕德尔拆开一盒香烟,递给舰桥上的每一个人,以庆祝这项成绩。

---

① U-A号潜艇有不同于大多数U型潜艇的呼号,因为它从前是一艘外国船,是土耳其潜艇巴蒂雷号。

② Edwards, *Beware Raiders!*, p. 10.

③ Schmalenbach, *German Raiders*, p. 76.

4 企鹅号最早的胜利

在大西洋

7月6日,正当企鹅号向南驶往加拿大-利物浦航线时,瞭望哨发现了纽芬兰岛以东的一艘客轮。领航官麦克尔森上尉相信它是武装商船卡马尼亚号,偷袭舰避开了这艘可疑的军舰。

企鹅号在晴朗的天气和清晰的能见度中接近大西洋的主要护航路线。穿过亚速尔群岛之后,克吕德尔决定把企鹅号伪装成希腊货船卡索斯号,因为苏联船只在这些海域并不常见。与此同时,海军战争指挥部命令他在圣佩德罗和圣保罗群岩西北的遥远海域与U-A号潜艇会合。①

7月17日,企鹅号到达会合地点,U-A号潜艇第二天到达。这艘U型潜艇最近击沉了两艘挪威船,但没有鱼雷了,而且也需要燃料。潜艇的船员们登上企鹅号,洗了个澡,吃点更好的东西,他们邀请偷袭舰上的一群人去潜艇参观了一趟。强劲的大风让克吕德尔和科豪斯相信,应该向南航行,在更平静的海面转交补给。两天后,他们再次会合。偷袭舰的船员们用橡皮筏把鱼雷及其他补给转交给了U-A号潜艇,这是第一次辅助巡洋舰给一艘U型潜艇提供补给。

7月25日,企鹅号拖着U-A号潜艇沿东南方向朝非洲航行,为的是节省潜艇的燃料。夜里,瞭望哨发现了灯光,潜艇独自前去侦查,半夜回来了。科豪斯朝一艘敌人的油轮发射了一颗鱼雷,但没有打中。这次挫折之后,偷袭舰拖着潜艇重新向南航行,直至抵达弗里敦的纬度,那里是护航舰的集合点。潜艇独自

---

① NLA Microfilm, *Kriegstagebuch der Seekriegsleitung*, 1939–45 (MFM 1712).

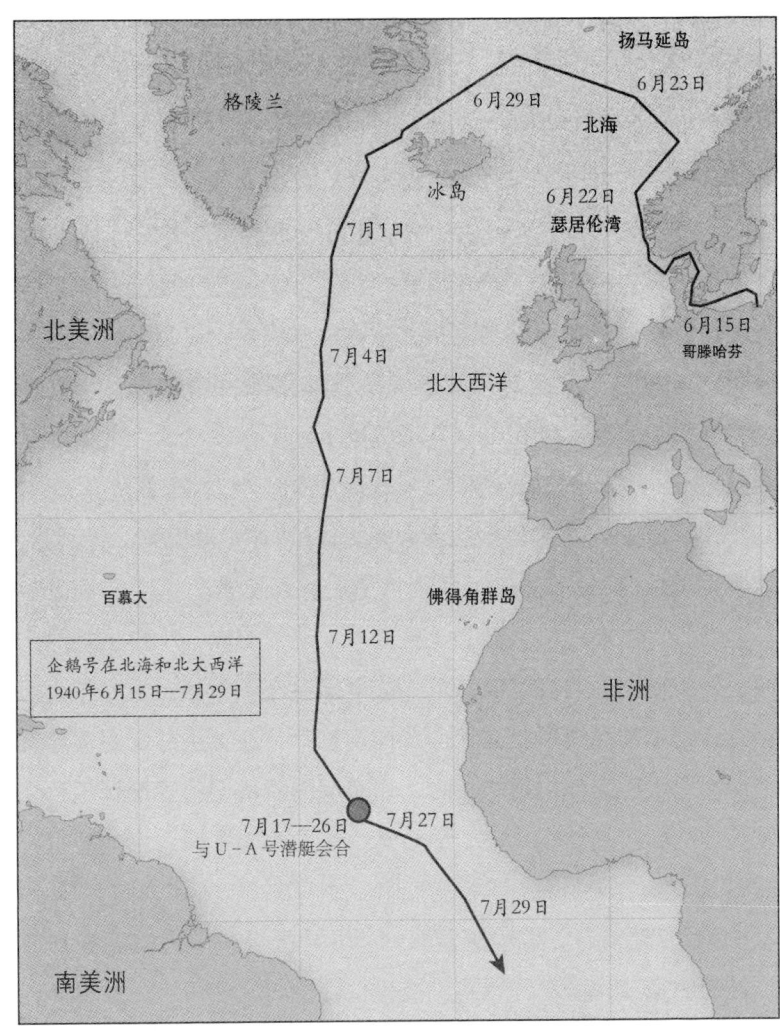

朝弗里敦航行,但是,出了故障的机器迫使科豪斯打道回府,不过,在抵达基尔港之前,他用企鹅号给的鱼雷击沉了4艘货船。①

---

① 1944年5月,U-A号潜艇退役,1945年5月3日被凿沉。

4　企鹅号最早的胜利

宠物企鹅在企鹅号上的游泳池里

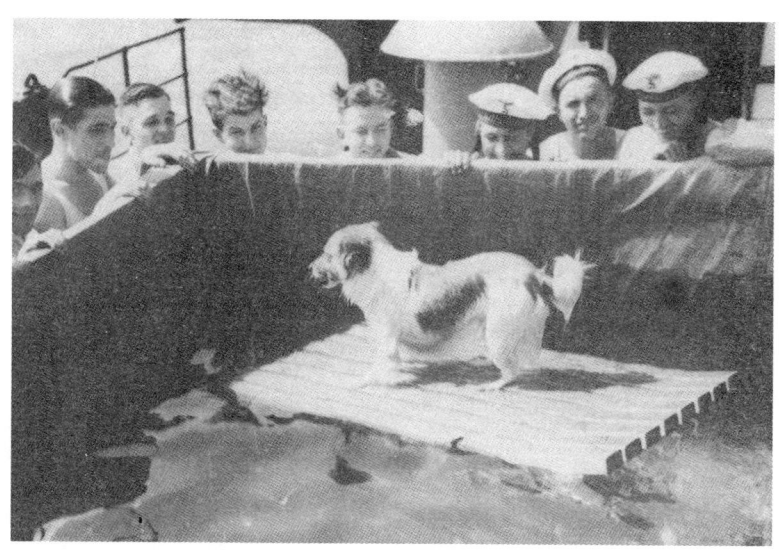

企鹅号上的水兵们逗游泳池里的宠物狗玩

企鹅号继续朝东南方向航行，进入南大西洋。克吕德尔由从信号得知，在1300英里之外的里约热内卢西南海域，英国武装商船阿尔坎塔拉号与雷神号正在交战。雷神号由奥托·凯勒上校指挥，之前在巴西附近俘获了荷兰货船克托索诺号，并击沉了4艘货船。雷神号朝阿尔坎塔拉号开了炮，后者失去速度，让凯勒得以逃之夭夭。

7月31日，在晴朗的天气里，企鹅号的瞭望哨发现了阿森松岛西北300英里处有一艘货船，正在平行的航线上相向航行。如果那是一艘敌船，克吕德尔就会出击，而不干扰它的无线电，因为遇袭警报会把盟军的军舰从雷神号那里引开。克吕德尔假设盟军不会怀疑两艘辅助巡洋舰会如此靠近地行动，这样一来，他就可以帮助雷神号逃脱。

5358吨的英国货船拉里纳加的多明戈号装载着谷物从布兰卡港驶往弗里敦，打算与一艘护航舰会合，然后驶往纽卡斯尔。威廉·查尔姆斯船长发现了一艘船，但看见挂着希腊国旗之后便松了一口气，只是当它开始转向时才担心起来。他再次仔细查看了那艘船，得出结论：油漆得太好，不可能是希腊船。于是他下令全速前进，并右满舵。货船的烟囱里冒出浓浓的黑烟，同时无线电官尼尔·莫里森广播了遇袭警报，艉炮操作组奔向那门过时的4英寸加农炮。

企鹅号保持截击航向，追赶两个小时后，距离接近2.5英里。克吕德尔可以看见敌船的艉炮手在监视偷袭舰，但他们没有开火。他升起德国海军旗，放了一响示警炮，命令拉里纳加的多

4 企鹅号最早的胜利

明戈号停止前进。当货船继续逃走并广播遇袭警报时,德国炮手开火了,一阵连发炮弹落在货船的船桥附近,引发多处起火。艉炮手们进行还击,但一发炮弹也没打中,漂流的货船最后停下了,查尔姆斯船长决定弃船。

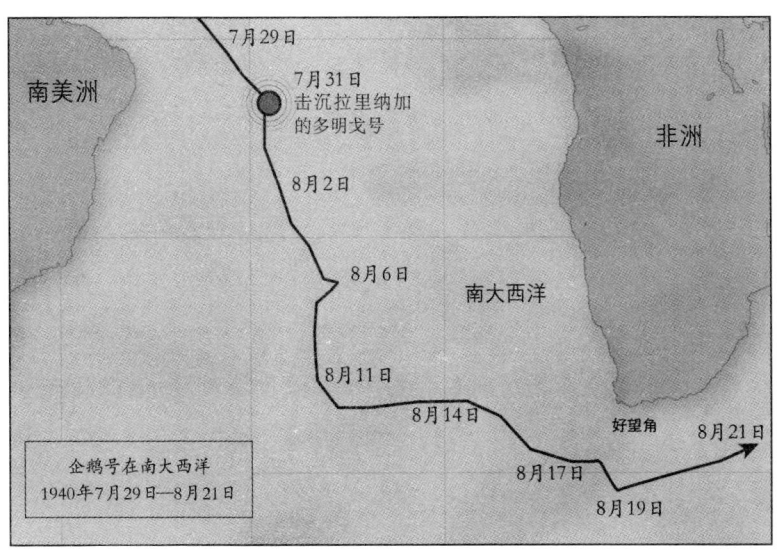

克吕德尔下令停火,埃里希·沃宁中尉率领登船搜查队搜查了正在燃烧的货船,温泽尔医生帮助了受伤的水手们。德国人撤离了幸存者,然后放了几个定时炸药包。登船搜查队回到摩托艇上,但发动机不能发动。当爆炸倒计时接近时,水手长劳奇疯狂地试图修好发动机,只剩下两分钟,水兵们打算划船离开,但汹涌的海浪使得船无法前进。结果没有爆炸,发动机起死回生之后,浑身哆嗦的搜查队回到了偷袭舰。

克吕德尔用一颗鱼雷击沉了拉里纳加的多明戈号,32 名幸存

者全都成了企鹅号的俘虏，包括断了两条腿的无线电官。8名水手丧生，4名受伤。

企鹅号的无线电室从繁忙的无线电通信中偶然听到，南大西洋海军站已经收到拉里纳加的多明戈号的遇袭警报。英国巡洋舰多塞特号正前往报告位置，同时英国巡洋舰坎伯兰号在特里斯坦－达库尼亚东北海域巡逻。克吕德尔打算帮助雷神号的计划成功了，因为盟军相信，是同一艘偷袭舰制造了这两起事件。[①]企鹅号向南航行，英国巡洋舰搜寻，结果无功而返。

8月12日，企鹅号到达特里斯坦－达库尼亚附近，船员们体验到了咆哮西风带着寒冷刺骨的南风。克吕德尔相信，他很有可能在印度洋发现一艘形单影只的商船，他的预感完全正确。意大利的宣战迫使英国皇家海军把它大多数反偷袭行动的军舰转到了地中海，显著减少了它在印度洋的存在。英国人还关闭了苏伊士运河，重新规划航运路线，绕过好望角，使商船朝着企鹅号的方向驶去。

"19 科"

英国海军部越来越担心德国的偷袭舰，于是交给帕特里克·比斯利中尉一项任务：分析关于敌军辅助巡洋舰的情报。[②]比斯利是作战情报中心的一名情报官，1939 年 6 月从剑桥大学

---

① Showell, *German Naval Code Breakers*, pp. 72–73.
② McLachlan, *Room 39*, p. 275.

4 企鹅号最早的胜利

毕业后加入皇家海军。在海军情报局神秘朦胧的世界里,他和伊恩·弗莱明成了朋友,后者是海军情报局局长约翰·戈弗雷少将的私人助理。①

比斯利的团队"19科"对辅助巡洋舰几乎一无所知,它们的存在并不能得到证实,因为误期的船有可能沦为传统袭击者——U型潜艇或自然危险——的受害者。7月18日,比斯利证实了它们的存在,因为一艘救生艇在西印度群岛登陆,袭击他们的是赫尔穆特·冯·鲁克特舍尔上校指挥的白羊星座号。在截击克罗斯芬号、戴维斯号和约翰国王号之后,在一次野蛮而愚蠢的行动中,鲁克特舍尔把40个盟国水手丢弃在一艘救生艇上,距离小安的列斯群岛240英里,这让比斯利有了关于辅助巡洋舰的最早的目击者陈述。②

白羊星座号后来击沉了挪威油轮博利厄号,鲁克特舍尔拒绝搭救救生艇上的船员。幸运的是,一艘油轮后来发现了这些船员。偷袭舰击沉盎格鲁撒克逊号之后,鲁克特舍尔再次拒绝营救幸存者。一艘救生艇70天后到达巴哈马群岛,但船上的8个人只有两个人幸存,另外一艘救生艇再也没有人看见。白羊星座号俘获安东尼奥斯·尚德里号之后,鲁克特舍尔把它的29个船员丢弃在救生艇上。尽管一艘葡萄牙货船救起了他们,但还是有7

---

① 6月13日,戈弗雷派弗莱明去图尔,跟法国海军总司令让·达尔朗上将澄清海军情报。和达尔朗会谈之后,弗莱明通过比斯利建立的无线电联系向戈弗雷报告,法国人不会把他们的舰队交给德国人。Rankin, *Ian Fleming's Commandos*, p. 79.

② "19科"相信,白羊星座号是一艘11 000吨的船,能跑到20节,装备了6英寸大炮。幸存者还描述了偷袭舰的伪装,以及船员们如何搭起假烟囱,改变船尾的形状。

个人丧生。10月31日,偷袭舰抵达布雷斯特,结束了它的野蛮航行。①

考虑到它们的行动极其分散,无线电几乎完全沉默,"19科"很难追踪辅助巡洋舰。比斯利后来回忆道:"最早试图锁定像雷神号或企鹅号这样一些船的位置或追踪其活动的努力,看起来糟糕得令人伤心。"②他面对的是一个悲剧性的现实:大多数时候他不得不等到在劫难逃的商船广播遇袭警报之后,才能确定偷袭舰的位置。然而,随着时间的推移,情报的逐渐积累使他能够对偷袭行动形成一定的概念:

> 最早的方法只能是历史的方法;假设某些事件是同一艘船干的,而另外一些事件,由于时间和距离的因素,则必须与第二或第三艘偷袭舰联系起来……当每一艘新的偷袭舰的存在被确定时,我们便分派给它一个区别性的字母,因为在这一阶段,它们的德语名称当然是不知道的。③

猎户星座号被英国人称作"偷袭舰A",彗星号是"偷袭舰B",亚特兰蒂斯号是"偷袭舰C",白羊星座号是"偷袭舰D",雷神号是"偷袭舰E",企鹅号是"偷袭舰F"。比斯利的偷袭舰报告慢慢变得更详细了,正如海军情报局的唐纳德·麦克拉克伦

---

① 白羊星座号再也没有充当偷袭舰,退役之后,在战后幸存下来,却被交给英国人,他们把它改名为尤利西斯号。后来在西德注册为菲岑海姆号,而在1955年10月3日搁浅,彻底报废了。

② McLachlan, *Room 39*, p. 276.

③ Beesly, *Very Special Intelligence*, pp. 45–46.

4 企鹅号最早的胜利

中校所记载的那样:

> 比斯利在"19科"的同事们为海军舰队准备的每一期《每周情报回顾》都包含了最新的事实、轮廓和可能性;每一艘偷袭舰的履历逐步建立起来,识别出它们的舰长,描述了它们的战术。①

这些报告之所以有用,主要是由于其历史价值,因为预料一艘偷袭舰的下一步行动,依旧纯粹是连估带猜。麦克拉克伦后来回忆:"NID[海军情报局]最费劲的积累、最频繁的修订,莫过于关于偷袭舰的情报。"②

阿尔坎塔拉号与雷神号之间的战斗使得有一点变得很清楚:德国的辅助巡洋舰在武器装备上完全超过了英国的武装民船。尽管只有传统的巡洋舰才有足够的机会击沉德国偷袭舰,但是,由于在北大西洋和地中海的义务,英国皇家海军没有足够的军舰去有效地追寻它们,而且,少量可用的巡洋舰都集中于巡逻焦点区域。③阿加上校描述了这些很不充足的措施:

> 最好的反制措施是在每一片海域组织军舰"追猎集群",强大到足以对付全副武装的德国偷袭舰,但这要花时间。与此同时,我们的商船不得不吞下苦药,它们勇敢地做到了,

---

① McLachlan, *Room 39*, p. 278.
② Ibid. pp. 277–78.
③ Miller, *War at Sea*, p. 142.

常常付出很大的生命牺牲。①

皇家海军等待一个QQQQ信号，这样的信号可能提供一个击沉偷袭舰的机会。

马达加斯加一夜

1940年8月19日，企鹅号绕过好望角，进入印度洋。空闲时间里，船员们经常看电影，弗里德里希·加布中尉描述了一次这样的场合：

> 在最近的一部电影里，有一个放荡女子在表演脱衣舞。老头［克吕德尔］当时在场，愤怒地命令她重新把衣服穿上，这个问题十分简单地处理了；放映员所要做的只是把电影倒回去。大家普遍的意见是，老头还不老，他只是想再看一遍罢了。②

企鹅号朝东北方向驶往马达加斯加，避开亚特兰蒂斯号的行动海域。罗格最近在印度洋取得了巨大的成功，俘获了提瓦那号和巴格达城号，击沉了九文台号和塔列朗号。8月26日，当企鹅号接近马达加斯加时，克吕德尔命令维尔纳中尉飞行一次侦查任务。漆着英国标志的亨克尔式水上飞机起飞了，下午，侦察兵沃

---

① Mohr and Sellwood, *Phantom Raider*, p. 222.
② Brennecke, *Ghost Cruiser H.K. 33*, p. 80.

4 企鹅号最早的胜利

尔特·穆勒发现了一艘油轮。

没有武装的 7616 吨挪威油轮菲勒弗捷尔号正从波斯湾驶往开普敦,装载着航空燃油,有 39 个水手。船长约瑟夫·诺尔比在九文台号沉没后已经得到印度洋有偷袭舰的警报。两天前,他的无线电台截获了金城号发出的遇袭警报,金城号是亚特兰蒂斯号的另一个受害者,在菲勒弗捷尔号东北方向 600 英里处被击沉。诺尔比船长提高警惕,继续航行,他相信危险很遥远。

诺尔比船长站在菲勒弗捷尔号的船桥上,发现了一架水上飞机。当飞机从头顶飞过时,他看到了英国标志,并挥了挥手。他松了一口气,相信附近必定有一艘英国巡洋舰。飞机消失不见了。

一个小时后,水上飞机又回来了,绕着菲勒弗捷尔号飞行,穆勒发射了一颗信号弹,要他注意,并扔下了一封信,诺尔比船长读了这封信:

> 由于附近有敌人的偷袭舰,请把航向改为 180 度,距离 140 英里。从那一点开始,航向取为北 31 度、东 37 度。然后,你们会得到进一步的信息。不要使用无线电。签字霍普金斯,英国军舰坎伯兰号指挥官。①

诺尔比船长遵从了,菲勒弗捷尔号掉转方向,径直驶往 140 英里之外的企鹅号。维尔纳当然注意到了油轮的转向,便飞走了,相信已经完成了自己的使命。然而,诺尔比船长很快就感到

---

① Edwards, *Beware Raiders!*, p. 32.

疑惑,一艘英国巡洋舰为什么想和他的油轮会合?重新阅读那封信之后,他注意到上面的英文很蹩脚,看起来不可信,于是他改变了航向,希望到达一个安全港口。

飞机回到企鹅号之后,克吕德尔设定了驶往菲勒弗捷尔号的航向,但在傍晚的时候,当油轮还不见踪影时,他开始有些担心。维尔纳再次起飞,但没有找到油轮,只好返回偷袭舰。

17时20分,诺尔比船长觉得足够安全,于是广播了遇袭警报。企鹅号的无线电台截听到了信号,定向仪显示,油轮正在逃往非洲。只剩一个小时太阳就要落山了,克吕德尔想出一个大胆的计划。维尔纳只要朝着信号的方向飞行,就可以找到油轮的位置,摧毁油轮的无线电天线,然后登船,用枪逼着命令停船。克吕德尔证明了冒险是有道理的:

> 我意识到我在要求飞机和机组成员做什么,我在天黑之前把它派了出去,命令它在黑暗中降落在汹涌的海面上,旁边是一艘不熟悉的、可能是敌人的蒸汽船,并和它保持接触,直至偷袭舰抵达,那是在夜间确保俘获那艘油轮的唯一方式。①

水上飞机起飞了。维尔纳发现了菲勒弗捷尔号,用一个爪钩一下子就摧毁了它的无线电天线。第二次从船上经过时,他在船边扔下一颗炸弹,并用机枪扫射油轮,这使得诺尔比船长把船停下来。维尔纳几乎耗光了燃油,降落在船的前面,并发出信号:

---

① Woodward, *The Secret Raiders*, p. 128.

4　企鹅号最早的胜利

"停在这里别动。巡洋舰坎伯兰号将和你一起航行。把你的灯亮起来。"①诺尔比船长服从了,他担心飞机上的机关枪可能击燃船上的航空燃油。紧张的对峙持续了两个小时,直至企鹅号赶到,维尔纳发出信号:"我们都在这儿。嗨,嗨。"②

沃宁中尉率领登船搜查队占领了油轮,找到了它的秘密文件和电码本。接管被俘船的船员上了船,挪威人转移到了偷袭舰上。克吕德尔决定离开这一海域,偷袭舰向南航行,菲勒弗捷尔号跟在后面。

3时3分,瞭望哨发现了一个黑乎乎的影子,随后,一艘油轮的轮廓变得清晰可见。克吕德尔命令转到截击航向,而菲勒弗捷尔号依旧跟在后面。企鹅号过了船尾,对油轮的左舷船尾选取了进攻的位置。克吕德尔命令停船,并发射了一响示警炮。

6901吨的油轮不列颠指挥官号正装着压舱物从法尔茅斯经开普敦驶往阿巴丹岛,船上有46个水手。它装备着一门4英寸大炮,一门12磅加农炮和几挺机关枪。船长约翰·桑顿在睡觉,直至有人敲门,说二副米奇森叫他到船桥上去。正当他爬上舷梯时,听到一发炮弹落在水中,到达船桥后,他看见大约2英里之外的一艘船发出的信号:"立即停航。"无线电官沃森跑向无线电室,广播了遇袭警报,鲸湾港海岸电台收到了这一信号。③

企鹅号的探照灯照到站在艉炮旁边的水手之后,克吕德尔命令炮手开火,但第一波连发炮没有打中不列颠指挥官号。桑顿船

---

① Edwards, *Beware Raiders!*, p. 34.
② Woodward, *The Secret Raiders*, p. 128.
③ Edwards, *Beware Raiders!*, p. 53.

长命令右满舵全速前进,但没有开炮还击,希望避免进一步的侵犯。沃森发出又一个信号,声称他的船被炮弹击中了,开普敦电台收到了信号。作为回应,英国巡洋舰科伦坡号和海王星号以及英国海军的武装商船阿拉瓦号、澳大利亚海军的卡尼贝拉号向这一海域会合。

企鹅号连续炮轰不列颠指挥官号,桑顿船长知道他的警报被接收,于是决定弃船。克吕德尔下令停火,并向油轮发出信号:"我会击沉你们的船,给你们15分钟时间弃船。"① 油轮上的船员从偷袭舰看不见的右舷侧放下了两艘救生艇,水手们向西划,以避免在黑暗中被俘。

15分钟后,一颗鱼雷击中了不列颠指挥官号,导致前桅倒塌。油轮朝左舷倾侧,但依然漂浮着。企鹅号的炮手击沉受损的油轮之后,德国人发现了两艘救生艇,46个水手成了俘虏。克吕德尔向桑顿船长做了自我介绍:

> 他把我叫到驾驶舱,问我为什么在他告知不要发送信号后还是发出了无线电信息……他似乎非常关心求救信息是不是已经发出,并对我说,商船海员不是水兵,他们无权危及海员的生命。船员如果有任何一个人被杀,那就是我的责任。②

克吕德尔误判了盟国水手的自发性,他们甘愿冒着生命危险,广播遇袭警报。他关于一场绅士风度的"俘获敌船之战"的

---

① Edwards, *Beware Raiders!*, p. 54.
② Ibid. p. 55.

4 企鹅号最早的胜利

浪漫观念逐渐消失之后,战争便呈现出更冷酷的格调。

企鹅号朝东南方向逃去,但5分钟后,瞭望哨又发现了一艘船。偷袭舰向左转舵,绕过它的船尾,然后从右舷接近它。5008吨的挪威货船摩尔维肯号正装着压舱物从开普敦驶往加尔各答,船上有35名船员。克吕德尔命令停船,并发射了一响示警炮。船长安东·诺瓦尔斯升起挪威国旗,船停了下来。登船搜查队发现,这些挪威人十分配合,当他们告诉诺瓦尔斯船长他的船将会被击沉时,他主动提出带着这艘船去德国,而不是眼睁睁地看着它沉没。然而,皇家海军紧追不舍,克吕德尔没有足够的时间组织起接管被俘船的船员,于是,挪威人被转移到偷袭舰上,登船搜查队炸沉了摩尔维肯号。

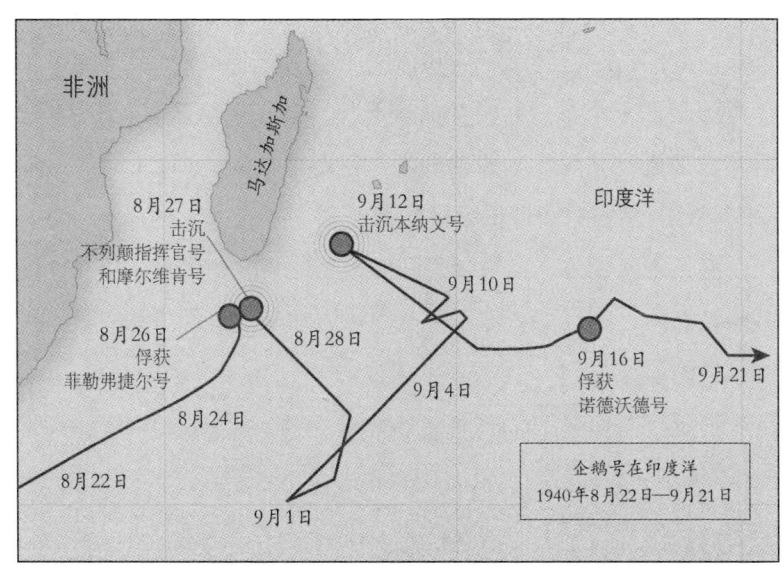

麦克尔森上尉是诺瓦尔斯船长的老朋友,他把这位俘虏带到

自己的船舱里。起初，诺瓦尔斯船长十分愤怒，因为麦克尔森没有阻止炸沉他的船；麦克尔森辩解，说他曾试图说服克吕德尔不要这样做，但他的船长一锤定音。诺瓦尔斯船长接受了这一解释，两个朋友握手言和。①

一个小时后，菲勒弗捷尔号的接管船员向克吕德尔报告，发现一艘巨大的敌人货船，但他决定不第四次去测试自己的好运。他决定炸沉菲勒弗捷尔号，因为他没有足够的时间为这艘船驶往欧洲做准备。但炸药包没能炸沉那艘油轮，于是，偷袭舰的大炮点燃了船上的航空燃油。一个火球升上天空，偷袭舰朝东南方向逃跑。

南非的飞机从德班和马普托起飞，搜寻莫桑比克海峡；几架安森斯式水上飞机从开普敦起飞，执行巡逻任务，但没能发现企鹅号。②卡尼贝拉号到达不列颠指挥官号的报告位置，但只发现一片浮油。皇家海军没能定位偷袭舰，印度分舰队哀叹："除非它们非常接近行动现场，否则的话，速度很慢的A.M.C［武装商船巡洋舰］就没有多少机会接触它。"③

克吕德尔相信，盟军会假设他正在逃离这一海域，于是决定就躲藏在附近的远海，然后再返回马达加斯加，那是敌人最不可能预料的事。

---

① Brennecke, *Ghost Cruiser H.K. 33*, pp. 92–93.
② Turner, Gordon-Cumming and Betzler, *War in the Southern Oceans 1939-45*, p. 40.
③ Ibid. p. 59.

4 企鹅号最早的胜利

回到马达加斯加

8月31日,企鹅号避开了蓝烟囱轮船公司的一艘大型客轮,克吕德尔怀疑那是一艘武装商船巡洋舰。他决定把偷袭舰伪装成挪威货船特拉法加号,因为诺瓦尔斯船长告诉他:"希腊只有几艘好船,而且这些好船都不在东方。"①

企鹅号朝东北方向驶往马达加斯加,5天后,水上飞机尝试着执行了一次侦查飞行,但汹涌的海浪使得它的引擎散了架,点燃了燃料,迫得维尔纳和穆勒跳入大海。船员们把两个飞行员救了上来,但水上飞机毁了。尽管货舱里还有一架亨克尔式水上飞机,但只有在晴好的天气里才能把它装配起来。

9月9日,克吕德尔从求救信号得知,亚特兰蒂斯号正在印度洋别的什么地方袭击货船贝纳蒂号。这个消息让他很高兴,因为它会把敌人的注意力从他这儿引开。企鹅号继续向马达加斯加航行,9月12日拂晓之后不久,瞭望哨发现了一艘货船。

苏格兰边行轮船公司5872吨的货船本埃文号正驶往伦敦,装着一船来自马尼拉、新加坡的橡胶和大麻纤维。遵照公司的传统,这艘船的48个水手由苏格兰军官和华人服务员及机舱工人组成。船长汤姆森知道印度洋有一艘偷袭舰在活跃,但是,收听到贝纳蒂号的求救信号之后,他觉得放心了,因为这一事件发生在600英里之外。

正当本埃文号以12节的速度向西南偏西方向行驶时,实习

---

① Woodward, *The Secret Raiders*, p. 131.

船员格雷厄姆·施皮尔斯发现一艘船正在接近。大副詹姆斯·卡梅隆在船桥上指挥，汤姆森船长在自己的船舱里睡觉。当施皮尔斯看到挪威国旗时，松了一口气。尽管两艘船正在会合，但他一直保持着自己的航向，根据《国际碰撞规则》，特拉法加号必须转向。然而，它并没有试图纠正自己的航向，当距离接近到1英里时，本埃文号吹哨发出危险信号。汤姆森船长来到船桥上，下令右满舵，以避免碰撞。英国水手们随后看见德国海军军旗正在升起。汤姆森船长发出警报，舻炮手们跑向4英寸加农炮和防空炮。

企鹅号发射了一响示警炮，但汤姆森船长决定战斗。当克吕德尔看到舻炮手们正在准备武器时，便命令他的炮手开火。舻炮还击，一发炮弹击中了偷袭舰，穿透了船体，击穿了船员们的住处，与水雷擦身而过，最终落在司炉工的食堂里。炮弹没有爆炸，海军士官施特赖尔利用炮弹钻透的一个窟窿把它扔到了船外。

一阵连发炮弹击中了本埃文号的船桥，炸死了汤姆森船长和几个军官，包括卡梅隆，大多数舻炮手遭遇了同样的命运。炮弹还摧毁了货船的主桅杆和无线电天线，烟囱坍塌在甲板上。本埃文号的大火不可能扑灭，船停下来之后，克吕德尔下令停火，并派出救生艇营救幸存者。温泽尔医生和沃宁登上了熊熊燃烧的货船，帮助伤员和被烧伤者。[①] 救援行动结束之后，企鹅号的炮手们击沉了受损的货船。7个英国水手和18个华人水手成了俘虏，23个人丧生。克吕德尔为死在偷袭舰上的3个盟国水手举行了海葬。

企鹅号朝东南方向驶往澳大利亚，9月16日，瞭望哨发现了

---

① Bennett and Bennett, *Survivors*, p. 112.

4　企鹅号最早的胜利

4111吨的挪威货船诺德沃德号,这艘船正装载着小麦从澳大利亚驶往伊丽莎白港。企鹅号鸣炮示警后,亨利·汉森船长没有抵抗,德国人俘获了诺德沃德号,平安无事。克吕德尔让接管被俘船的船员登上了货船,由汉斯·诺伊迈尔中尉指挥。企鹅号的所有俘虏都转移到了这艘被俘船上,除了桑顿船长、查尔姆斯船长及其他几个关键人员之外。偷袭舰给被俘敌船补充了燃料、淡水和食物,还有船员们的家书。诺德沃德号启航离去,12月21日安全抵达波尔多。①

---

① 诺德沃德号后来充当了一艘供应舰和一艘U型潜艇补给舰,但1944年12月28日,它在挪威的莫斯港被一架英国飞机击沉了。

5

东北航道

这名俘虏声称，他在"45号舰"[彗星号]上被告知，这艘船通过向北绕过俄罗斯而到达太平洋。有人告诉他，有一段时期，偷袭舰牢牢地陷在冰里，是俄国的破冰船把它救了出来。……这个故事听上去似乎不大可能，但其他俘虏也重复了同样的故事。①

——皇家海军讯问报告，1941年5月

北极航线

纳粹与苏联的条约为德国海军制造了一些令人感兴趣的机会，雷德尔将军想利用这一外交结盟的改变，寻求使用俄国海军基地的可能性，作为交换，德国提供更高级的海军技术。② 他还想让苏联人为辅助巡洋舰提供支持，因此，德国驻莫斯科海军武官

---

① *Interrogation of Survivors from Raider 33 (PINGUIN)*, p. 46.
② Philbin, *The Lure of Neptune*, p. 42.

5 东北航道

诺伯特·冯·巴巴克上校与苏联海军官员提起这一想法,后者同意帮忙。①

1940年1月,巴巴克告知柏林一个大有希望的机会。困在远东的德国货船可以通过东北航道返回国内,那是西伯利亚以北连接欧洲与亚洲的北极海域。②由于冰层很厚,这条航道一年当中大部分时间是关闭的,但在夏天,船只可以在破冰船的帮助下尝试走这条航道。一条安全地进入太平洋的海上通道使得货船能够从日本回国,装载极其重要的货物,也让从德国出发的偷袭舰能够绕过英国的封锁。正如海军战争指挥部清楚地理解的那样:"进出通道上有一条西北航道作为'后门',因此极其有用。商船袭击舰已经临时配备了破冰的必要设备。"③

3月18日,巴巴克正式要求得到让一艘辅助巡洋舰通过这条航道的许可:

> 我们提出这个问题大约在3月中旬之初,这在政治上是不利的,由于这个原因,我不能冒险让莫洛托夫注意到这一信息,而是不得不根据大使的建议,利用我和苏联海军之间的直接联系。这样一来,公告就不是100%合法。④

苏联人同意了,并告诉巴巴克,破冰船将于7月15日在巴伦支海的瓦伊加奇岛与偷袭舰会合,报酬是85万卢布。海军战

---

① Philbin, *The Lure of Neptune*, p. 63.
② Ibid. p. 133.
③ NLA Microfilm, *Kriegstagebuch der Seekriegsleitung*, 1939–45 (MFM 1712).
④ NAA File, *Raider "B" No 45 "Komet"* (B6121, 164G).

争指挥部选择彗星号来尝试这次航行。①

北极偷袭舰

1940年6月，彗星号完成测试，船员由20名军官和250名水兵组成，他们为通过东北航道的航行做好了准备。埃森的主要行动区域将是澳大利亚和新西兰附近海域，还有印度洋，但他也可以在更广阔的太平洋和南大西洋行动。他还得到命令，在澳大利亚、新西兰或南非的港口通道布设水雷。

彗星号武装着6门5.9英寸大炮，一门60毫米炮装在船首，还有5门防空炮和6个鱼雷发射管。货舱里装有30颗磁性水雷，一艘高速布雷艇陨石号，以及一架阿拉多式水上飞机。

彗星号装备了6门5.9英寸大炮，还有一门60毫米大炮装在船首。② 它的防空武器包括一门双座37毫米大炮和4门四座20

---

① NLA Microfilm, *Kriegstagebuch der Seekriegsleitung, 1939–45* (MFM 1712).
② 4门大炮位于船首和舰桥之间，一门在烟囱后面，另一门在船尾。

5 东北航道

毫米加农炮。① 它还有 4 个水上鱼雷发射管,装在船桥两侧的两个双底座上,以及两个水下鱼雷发射管。偷袭舰的货舱里装有 30 颗磁性水雷,一艘高速布雷舰流星号,以及一架水上飞机。由于通过东北航道的最大的苏联船只是 4000 吨,所以,3287 吨的最小偷袭舰彗星号十分适合尝试这趟航行。② 它的船首被加固,有一个为北极条件而专门设计的特殊螺旋桨,额外的气缸和加热器将保护船员们抵御西北利亚的严寒气候。③

7 月 3 日,彗星号伪装成货船多瑙河号从哥滕哈芬启航,两艘扫雷艇护送它通过丹麦的大贝尔特海峡。偷袭舰接下来通过挪威与丹麦之间的斯卡格拉克海峡,然后沿着挪威海岸向北航行。埃森下令与油轮埃索号会合,后者将陪伴偷袭舰,装载额外的燃料和供应品。然而,油轮在 7 月 4 日搁浅之后,被迫返回卑尔根。彗星号不得不独自航行,但埃森在卑尔根停了下来,装载埃索号上的北极设备。

7 月 12 日,伪装成苏联货船德涅夫号的彗星号通过北角,向东穿过巴伦支海,与破冰船会合。巴巴克故意没有与苏联人确定相关的安排,为的是不让他们有任何机会撤销这一行动,因此 "'45 号舰'(彗星号)突然出现在预定的会合地让他们大吃一惊"④。

由于天气比预料的更加寒冷,东北航道尚未开放,彗星号只

---

① 37 毫米大炮装在船尾,20 毫米加农炮位于船首和船尾附近。
② Philbin, *The Lure of Neptune*, p. 135.
③ *Weekly Intelligence Report Raider Supplement*, Number 3.
④ NAA File, *Raider "B" No 45 "Komet"* (B6121, 164G).

好在巴伦支海等待。埃森富有成效地利用了这段时间训练船员，为偷袭舰的破冰航行做一些其他准备工作。他获得一个纪律严明的名声，船员们都知道，如果船没有恰当地发挥功能，他们就会有麻烦。① 在不值班的时候，船员们就看电影、听唱片和读书。军官和军士们还组织了自己的社交集会，有时候会邀请埃森。②

8月1日，苏联人宣布，偷袭舰将会陪伴从摩尔曼斯克驶来的第二艘护航舰。③ 然而，这艘护航舰并没有带上彗星号，它离开之后，巴巴克评论道：

> 推测起来，故意做出这些虚假陈述的理由是，俄国人想让"45号舰"一直完全与其他交易隔离。将来，应当记住，俄国人所有的情报都完全或部分是假的。④

8月13日，苏联人通知巴巴克，彗星号将在马托奇金海峡与破冰船列宁号会合，后者会护送偷袭舰通过喀拉海。偷袭舰再次伪装成多瑙河号，8月21日与破冰船会合。⑤ 苏联船长建议抓紧点儿，因为东北航道由于冰面变化多端随时可能关闭。两艘船通过喀拉海，朝着维尔基茨基海峡驶去。列宁号为偷袭舰开辟了一条

---

① Muggenthaler, *German Raiders of World War II*, p. 58.
② Ibid. p. 56.
③ NLA Microfilm, *Kriegstagebuch der Seekriegsleitung*, 1939–45 (MFM 1712).
④ NAA File, *Raider "B" No 45 "Komet"* (B6121, 164G).
⑤ 列宁号是一艘先进的破冰船，是极地探险家奥托·斯弗德鲁普的北极探险队的旗舰。它在1921年帮助建立了冰上通道。

5 东北航道

路,通过部分已经融化并松动的冰层。埃森和船员们发现,自己正置身于一个厚冰和寒风的阴冷世界里。当偷袭舰紧挨着冰山擦身而过时,船员们被整个船身发出的尖厉刺耳的响声弄得神经非常紧张。

彗星号跟在列宁号的后面,航行了12英里,第二天通过喀拉海。但是,由于不得不等待破冰船斯大林号护送通过这条航道的下一阶段,船员们在列宁号船员警惕的注视下冒险上岸。在斯大林号到达之前,列宁号接到了新的命令,护送彗星号去一个新的会合地点——在拉普捷夫海维尔基茨基海峡的那边。8月25日,两艘船进入海峡,过了西伯利亚最北端的切柳斯金角之后,与斯大林号会合了。埃森登上斯大林号,与贝隆索夫船长商讨通过航道事宜,后者让他看了最新的海图和海冰预报。会议之后,苏联人用伏特加来庆祝。德国人是按照中欧时间行动的,埃森发现,他是在早晨6时整喝酒。

列宁号离开了,彗星号跟在斯大林号后面朝西南方向驶往拉普捷夫海。偷袭舰穿过大雾时航行得很慢,那天晚上,大雾把能见度降低到接近于零。有时候,德国人根本看不见破冰船,迫使他们不得不跟着破冰船的雾角声走,直至能够看见它的探照灯隐约闪现。埃森对苏联人的冷漠矜持钦佩不已,彗星号上的水手卡尔-赫尔曼·穆勒注意到:"俄国人安静、沉着而实在。关系很融洽……我们喜欢他们。我们看出他们都是好人。"[1]

---

[1] Rees, *World War Two Behind Closed Doors*, p. 75.

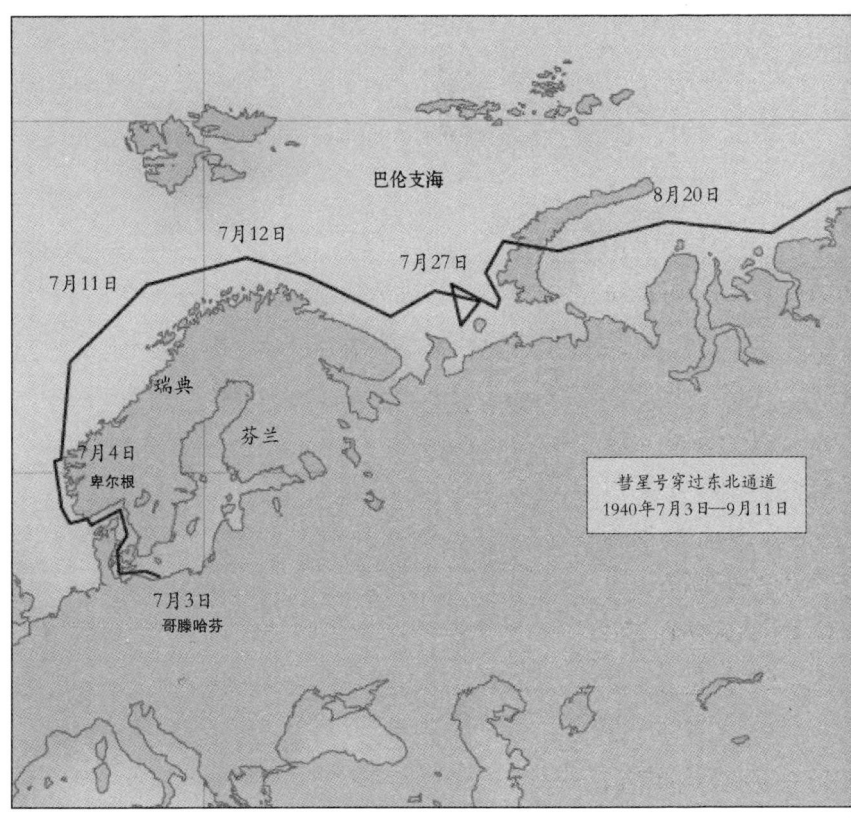

8月27日，两艘船进入拉普捷夫海的开阔水域，航行很顺利，在24个小时内穿过了170英里的海冰。斯大林号离开了，埃森发出了感谢的信号。彗星号独自继续航行，一旦过了熊岛，就会与破冰船卡冈诺维奇号会合，后者会护送它通过东北航道的最后阶段。

彗星号进入无冰的桑尼科夫海峡，然后朝东南方向航行，穿过东西伯利亚海，8月29日与卡冈诺维奇号会合。破冰船护送偷袭舰通过了厚厚的冰层，埃森后来回忆起当时越来越糟糕的条件：

5 东北航道

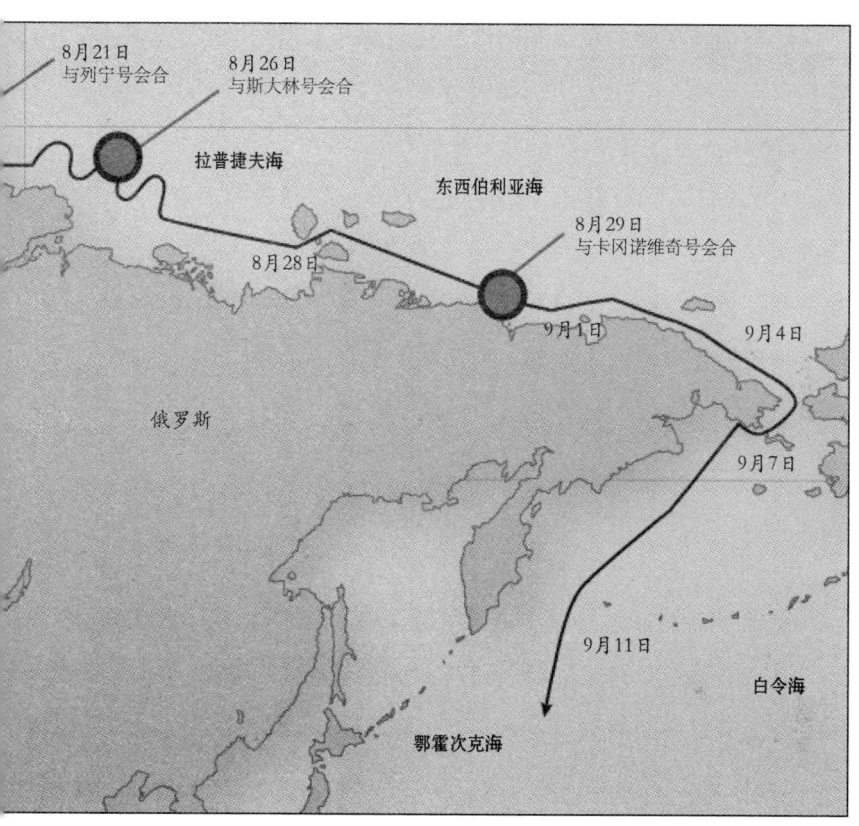

在这些北纬地区，海员身上能够发生的每一件事情，我们都碰上了……强风夹杂着雪雹，强有力的冲流，偶尔还有黑暗，只有探照灯才能穿透。我们连续不断地被可怕的冰体牢牢地卡住。①

---

① *Weekly Intelligence Report Raider Supplement*, Number 3.

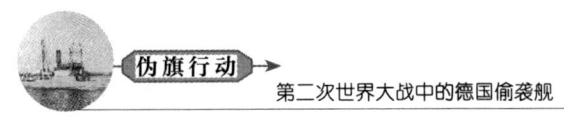

船员们与呼啸的强风和冰冷的雪雹搏斗,黑暗中,他们只能看到卡冈诺维奇号上发出的微弱昏黄的灯光。彗星号屡次三番地不能动弹,只得完全依靠破冰船来解救它。

9月1日,天气好转,彗星号面前是一片开阔的海域,一路驶向太平洋的门户白令海峡。卡冈诺维奇号的船长米里肖夫登上偷袭舰,通知埃森,来自莫斯科的新命令指示他护送偷袭舰穿过冰层覆盖的东北航道,返回欧洲海域。这是因为担心这一海域有美国海军,但埃森不打算服从这一命令:

> 我非常平静地对待这一信息,没有表现出任何兴奋或沮丧,但在我的内心里,感觉完全不同。经历了所有这一切,现在,自由的海域很快就会出现在我面前。只剩400海里,我就会通过!现在要掉头回去,这不是选项,即使违反海军最高司令部的命令,我也要自己采取行动。①

埃森建议先把命令搞清楚再说,米里肖夫同意了。第二天,埃森通知米里肖夫,由于没有收到新的命令,他会独自继续向东航行,但米里肖夫借口需要更多时间来证实命令。埃森知道,苏联人的帮助将不再是必要的,并且怀疑,所谓"新命令",不过是一种外交策略,以便在彗星号穿越这条冰封航道举世皆知时,苏联人能够否认参与其中。苏联的态度确实变了,因为外交部已

---

① Rees, *World War Two Behind Closed Doors*, p. 76.

5 东北航道

经知道彗星号是一艘偷袭舰,并试图破坏这一行动。

彗星号重新开始航行,卡冈诺维奇号没有阻挠,它尾随偷袭舰很短一段时间。偷袭舰进入楚科奇海,然后抵达白令海峡。9月10日抵达太平洋之后,埃森命令向南航行,驶往澳大利亚。

彗星号完成了一次史诗般的航行,穿过了东北航道,航程3300英里,埃森反思道:"此行对我来说已经足够了;我再也不会愿意来第二次了。"① 与此同时,在莫斯科,巴巴克感谢库兹涅佐夫海军上将让彗星号穿过这条冰封的航道。② 苏联的水兵给巴巴克留下了深刻的印象:

> 必须特别称赞俄国船员,他们在这条航线航行了8年,一般来说很少有协助,有时候任何协助都没有。他们有着不可遏制的乐观和巨大的航海冲劲。③

彗星号是战争期间穿过这条冰封航道的唯一一艘德国船只,当德苏关系很快恶化时,通往远东的安全航线的期望就再也没有实现了。

苏联的帮助一直是秘密的。1941年5月,英国皇家海军俘虏了一个德国水兵,他知道彗星号的航行,但英国人不相信他的故

---

① Muggenthaler, *German Raiders of World War II*, p. 59.
② 巴巴克一直在莫斯科担任海军武官,直至德国入侵,后来在海军总司令部和海军战争指挥部效力。战后他幸存下来,作为一个苏联问题专家,美国人在"回形针行动"之后把他送到美国,连同其他一些掌握有用的技能和知识的德国人。
③ NAA File, *Raider "B" No 45 "Komet"* (B6121, 164G).

事。① 在德国入侵俄国之后，苏联驻伦敦军事代表团的首脑哈尔拉莫夫海军少将告诉英国人，认为苏联政府帮助了一艘偷袭舰通过这条冰封的航道是"没有根据的"。②英国人起初相信了苏联的保证，但皇家海军的情报人员证实了北极航行的传闻。③英国人为了维护"大联盟"，最终对苏联在支持彗星号上所扮演的角色睁一只眼闭一只眼。

---

① *Interrogation of Survivors from Raider 33 (PINGUIN)*, p. 46.
② NAA File, *Raider "B" No 45 "Komet"* (B6121, 164G).
③ *Weekly Intelligence Report Raider Supplement*, Number 3.

6
塔斯曼偷袭者

> 有很多个人英雄主义和忍耐力的故事,出自英国商船在海上与敌船的冲突。……这些故事讲到英国蒸汽船"图拉基纳"号在实力悬殊的情况下在塔斯曼海上英勇战斗。……这个故事将会活在海上英国人,特别是英国商船队的光荣史册里。[①]
>
> ——澳大利亚海军秘书阿尔弗雷德·纳克维斯

南太平洋

1940年7月,猎户星座号在逃离新西兰水域之后,驶往塔希提岛和社会群岛。船员们体验了南回归线的灼热,由于这增加了甲板上的紧张关系,维厄允许军官和手下的士兵喝酒,以减少士兵之间的摩擦。

猎户星座号被发动机的毛病所困扰,于是停船修理,这让维厄焦虑不安,因为机械问题严重限制了他的行动自由。这艘偷袭舰沿着汤加岛、萨摩亚岛和凤凰岛航线巡航了两周,只遇上一些

---

① NAA File, *Enemy Laying of Mines* (A5954, 531/2).

小帆船。而且,尽管距离异国风情的热带地区很近,但船员们几乎是生活在空无一物的茫茫大海上。

1940年7月,猎户座号离开新西兰海域,7月28日在吉尔伯特岛和埃利斯岛之间与威尼图号会合,补充燃料。

7月21日晚上,在银色的月光下,瞭望哨看见斐济北海岸的一座灯塔。维厄计划使用阿拉多式水上飞机侦查苏瓦港,但那天夜里,汹涌的海浪使得水上飞机无法起飞。维厄考虑让一支海岸小分队登陆,去摧毁苏瓦港的军事设施和船只,但转念觉得这是对当前静止不动的一个不明智的反应。在截听到一艘敌军巡逻舰就在附近的信号之后,维厄决定沿着苏瓦-横滨航线向西北航行。

7月28日,猎户星座号在吉尔伯特岛和埃利斯群岛之间与威尼图号会合,油船给偷袭舰补充了燃料。维厄告诉丹尼尔船长,威尼图号将作为一艘侦查舰与自己相伴而行,两艘船接下来沿西南方向驶往圣克鲁斯群岛。

6 塔斯曼偷袭者

海军武官

雷德尔海军上将请求日本海军批准,允许德国补给舰使用日本控制地区的锚泊地。① 日本人答复,他们想在严格中立的原则之内维持友好关系,而且,严格意义上讲,德国不能在日本的领土上建立基地,但他们愿意提供补给。② 然而,日本当局后来同意德国船只使用中太平洋日本控制的的岛屿作为锚泊地。③

德国驻日本海军武官保罗·温内克海军少将先前已经命令在北大西洋的袖珍战列舰德意志号,经由跨西伯利亚铁路——承蒙《纳粹苏联条约》的关照——抵达东京。④ 他管理着伊塔本公司的补给网络,为偷袭舰补给舰的航行做准备。⑤ 停泊在神户的沙恩霍斯特号成了一艘补给舰,提供给偷袭舰的一批批补给和装备开始从德国通过苏联运达。海军号也被派往日本,舰长道在施佩伯爵号巡航期间曾指挥补给舰阿尔特马克号,他将培训补给舰的船员。⑥

温内克准备好了偷袭舰补给舰雷根斯堡号、易北河号、库尔默兰号和安纳利斯·埃斯贝格尔号,日本人的支持变得更加顺手。伊施马雅舰长告诉温内克,易北河号和雷根斯堡号将被允许启航,而不会提前向港口当局宣布;还警告温内克,一些盟国武装

---

① Chapman, *The Price of Admiralty: Volume One*, p. 53.
② Ibid. p. 60.
③ Ibid. p. 78.
④ 第一次世界大战期间,温内克在巡洋舰美因茨号上服役,这艘舰在黑尔戈兰湾战役中被击沉之后,他被关押在荷兰。战后,温内克先后在扫雷艇、鱼雷艇和驱逐舰上服役。在1933 至 1938 年之间,他也是德国驻日本海军武官。
⑤ Chapman, *The Price of Admiralty: Volume One*, p. 123.
⑥ Ibid. p. 145.

商船活跃在日本以南海域。

温内克从报道猎户星座号战绩的报纸上得知太平洋上的偷袭舰行动：

> 我第一次——而且是间接地——听说一艘德国辅助巡洋舰在澳大利亚海域的存在。我相信对驻东京的海军武官——他最终会对这些船舰的补给负有责任——来说，有一点是至关重要的——应当正式告知他：目前有多少及何种辅助巡洋舰在海上，或者至少是关于在东亚附近行动的这些船舰。[1]

温内克并没有意识到，海军战争指挥部对偷袭舰的行动也知之甚少，因为舰长们很少打破无线电沉默。

珊瑚海

8月4日，猎户星座号和威尼图号驶入珊瑚海。3天后，油船给偷袭舰补充了燃料，但它的发动机很快坏了，只好掉头驶往日本。维厄很担心，因为柏林没有告知已收到他详细描述航线的信息，他俘获的热带海洋号会驶往法国，于是他发信号给德国驻东京大使馆。[2] 温内克收到了这一信息，他的工作团队在猎户星座号与柏林之间转发信号。[3] 威尼图号9月1日抵达神户之后，丹尼

---

[1] Chapman, *The Price of Admiralty: Volume One*, p. 157.
[2] NLA Microfilm, *Kriegstagebuch der Seekriegsleitung*, 1939–45 (MFM 1712).
[3] Chapman, *The Price of Admiralty: Volume One*, p. 179.

6 塔斯曼偷袭者

尔船长继续驶往东京,把猎户星座号的一份作战日志副本和维厄的补给需求清单交给了温内克。①

猎户星座号驶往布里斯班,维厄计划袭击新喀里多尼亚、斐济、檀香山和巴拿马航线上的船只。当偷袭舰接近时,无线电室注意到侦察飞机与地面基地之间越来越频繁的无线电通信。在收听到采访澳大利亚皇家空军军官的无线电消息之后,维厄指出:"澳大利亚空军用连续不断的侦查飞行控制着近岸水域,直至海上100 英里。船只被护航至 20 英里。轰炸机时刻处于待命状态。"②

8 月 10 日,瞭望哨发现了一艘货船,维厄命令逐步调整至截击航向。舰桥指挥官认出那艘货船是英国磷酸盐管理局拥有的特里奥纳号。下午,猎户星座号左转舵,进入进攻位置,但特里奥纳号改变了航线,消失在一场雨雹中。它的船长并没有广播遇袭警报,极有可能是遵循航线命令以避开其他船只,而没有认识到真正的危险。维厄大发慈悲,不想继续追赶,那样几乎肯定会使对方发出遇袭警报。

维厄决定不在布里斯班附近行动,猎户星座号沿东北方向驶往努美阿。无线电室偷听到了澳大利亚皇家海军的信号,询问一艘美国蒸汽船是否看见一架失踪的飞机。这一信息暗示,空中巡逻如今飞到远离海岸 150 英里的地方。维厄反思:"决定在布里斯班附近只逗留很短一段时间被证明是正确的。"③8 月 13 日,偷

---

① 威尼图号在 1942 年 4 月卖给了日本,成了精工丸号。1944 年 2 月 22 日,美国潜艇吹嘘者号在科蒂通道水域把它击沉了。

② AWM File, *Operations, German and Japanese Armed Merchant Cruisers* (AWM69 23/20).

③ Ibid.

袭舰抵达努美阿海岸外,船员们看见了岛上的山峦和镇上的灯光。第二天,阿拉多式水上飞机从海港上空飞过,温特费尔特中尉在码头边发现了4艘船,以及街道和广场上的公众集会。维厄从无线电新闻中得知,这场平民骚乱是"自由法兰西"的一次抗议维希政权示威。

1940年8月16日,法国货船诺图号在努美阿西南被猎户星座号击沉。右侧是澳大利亚皇家海军的辅助扫雷艇巴鲣号。

8月16日下午,瞭望哨发现一艘蒸汽船正驶往努美阿,维厄下令转到拦截航向。日落之后,那艘货船左转舵,航行灯表明它极有可能是中立国的。当猎户星座号横过来的时候,维厄发信号问:"什么船?"艘货船答复道:"诺图号。"

2489吨的小蒸汽船诺图号从纽卡斯尔启航,装载着煤驶往努美阿。船长路易斯·热戈认为猎户星座号是另一艘货船,直至他收到停船命令。他没有理睬,但一发示警炮说服了他服从命令。登船搜查队到达之后,法国人才认识到和他们打交道的是德国人。尽管法国被维希政权统治,但维厄还是俘获了诺图号,因为

6 塔斯曼偷袭者

它从一个敌国港口启航,还因为努美阿似乎肯定正在举行集会支持"自由法兰西"①。

维厄决定击沉诺图号,它的 37 名水手和一名乘客——巴黎-努美阿镍公司的总裁保罗·沃伊斯登上了猎户星座号。在炸药包爆炸之后,货船没有沉没,于是炮手朝它开了火,新喀里多尼亚水手阿尔丰斯·维拉目睹了当时的情景:

> 一半船员被带上了德国船,同时几个军官接管了航海日志、文件等。另外一半船员进了第二艘小船。他们从舱室和舱口里看着我们。我们隔着 2000 米的距离听到大炮开火的声音,并被告知我们的船被击沉了。②

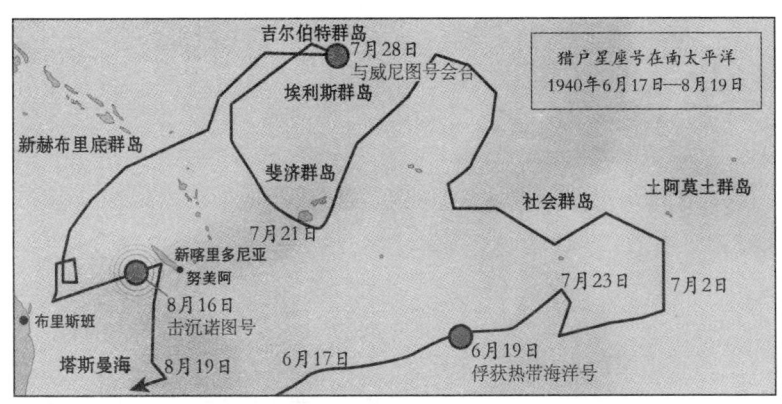

德国人给了热戈和沃伊斯一间舱室,让 8 名高级船员住进另

---

① 9 月 19 日,在澳大利亚皇家海军军舰阿德莱德号提供的炮艇外交支持下,戴高乐支持者的一次成功政变之后,努美阿加入"自由法兰西"。猎户星座号间接地帮助了自由法兰西的事业,因为为了避免给人留下任何吞并的印象,澳大利亚巡洋舰"按官方说法"只是为了搜索一艘德国偷袭舰。Gill, *Royal Australian Navy, 1939-1942*, p. 263.

② NAA File, *Pacific Ocean Raiders* (B6121, 165T).

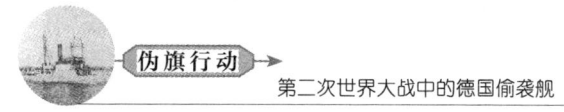

一间舱室,而船员们则住在货舱里。维厄在无线电室拦截到发给诺图号的信号之后决定离开珊瑚海。在诺图号延误一周之后,澳大利亚皇家空军出动哈得逊战机搜寻诺图号,没有发现任何踪迹。

塔斯曼海

驶入塔斯曼海之后,猎户星座号继续朝南驶向新西兰。8月20日,在威灵顿以西350英里处,天气变得寒冷,海浪汹涌。下午,瞭望哨发现一艘货船正从一场雨雹中出现。维厄计划在天黑之前缓缓地追上它,当距离越来越近时,一门巨大的艉炮清晰可见。偷袭舰慢慢地接近货船,后者频繁地消失在雨雹中,不一会儿又出现了。

新西兰海运公司8706吨的货船图拉基纳号从威灵顿启航驶往悉尼,装载着铅、小麦和羊毛。① 詹姆斯·莱尔德船长发现了猎户星座号,当他被告知附近没有其他船只时,他不由得怀疑起来。他决定逃跑,图拉基纳号左满舵转向。

1940年8月20日,猎户星座号袭击了新西兰海运公司的货船图拉基纳号。这是塔斯曼海有史以来第一场海战。

---

① Waters, *Ordeal by Sea*, p. xiii.

6　塔斯曼偷袭者

猎户星座号跟在图拉基纳号后面,当距离接近 5500 米时,维厄命令图拉基纳号停船,但莱尔德船长继续逃跑。当货船在落日中呈现出黑色的轮廓、提供了一个很好的靶子时,偷袭舰开火了。无线电官西德尼·琼斯广播了遇袭警报,布里斯班和查塔姆群岛的电台都接收到了。①

莱尔德船长命令那门 4.7 英寸舰炮还击,水手曼德尔在前桅的顶端指导它瞄准。这场决斗成了有史以来塔斯曼海上的第一场海战。管轮斯莱特后来回忆了这次交战:

> 我想我们让"德国佬"大吃一惊。他们把一盏探照灯对准我们的炮手,试图让他们看不见。探照灯的光柱刚刚扫上甲板、落在大炮上,我们就开火了,德国人把探照灯关掉了。②

图拉基纳号的舰炮险些命中猎户星座号,而偷袭舰的炮手们则把炮火集中对准货船的无线电室,但由于汹涌的海浪使得瞄准很困难,最初几发炮弹都没打中。然而,他们的炮弹很快击中了货船,正如斯莱特后来回忆的那样:

> 一发炮弹轰断了前中桅,一发击中了舰桥,一发击中了厨房,刚好在烟囱的前面,另一发在我们的住处爆炸,还有

---

① NAA File, *Tasman Sea Reconnaissance (Aug-Sept)* (B6121, 153V).
② NAA File, *MV Turakina, Sinking of* (B6121, 153N).

伪旗行动
第二次世界大战中的德国偷袭舰

一发击中了主桅舱顶上海军学员的舱室。①

琼斯尽管受了伤,但仍继续播出遇袭警报,直至一发炮弹击中了天线,无线电彻底失效了。前桅倒掉之后,曼德尔再也不能在他的优势位置上指导瞄准,艉炮就不再开火了。

图拉基纳号变成一艘熊熊燃烧的废船。维厄下令停止开火,靠得更近了一些,但货船的艉炮再次开火。猎户星座号还击,更多炮弹击中了在劫难逃的图拉基纳号,但艉炮手击中了偷袭舰的船体。偷袭舰的22毫米防空炮把快速曳光弹打进已经严重受损的货船,到这个时候,它的57名水手已经有一半被杀。莱尔德船长头部受伤,走到主甲板上,命令炮手们继续开火,但三副约翰·马莱特报告,大炮再也不能瞄准偷袭舰了。莱尔德船长很不情愿地决定弃船。② 两艘左舷救生艇被摧毁了,船员们放下一艘右舷救生艇,很快就沉没了。一些水手把身负重伤的琼斯放进最后一艘救生艇,而另一些水手则纷纷跳入大海中。

维厄发射了一颗鱼雷,击中了图拉基纳号的船尾,没有爆炸,第二颗鱼雷击中船体爆炸了。货船两分钟后沉没。猎户星座号唯一的损害是伪装板被打瘪了。

猎户星座号的船员从救生艇上救起了14个人。维厄花了6个小时搜寻其他人,即使几乎可以肯定有敌舰正在追击,当有些船员抱怨时,他斥责了他们,并声称,营救身处险境的人是水手

---

① NAA File, *MV Turakina, Sinking of* (B6121, 153N).
② Muggenthaler, *German Raiders of World War II*, p. 62.

· 106 ·

6 塔斯曼偷袭者

的责任。① 远海使得水手没法下水帮助营救,但是,当船员们听到求救的呼喊声,还是丢下一个系着绳索的橡皮筏,把幸存者从海里拖上来。他们又救起了7个人,到午夜的时候,维厄舰长才停止了搜救。然而,当偷袭舰离开时,船员们又听到了一声求救呼喊,他们救起一个水手,后者问:"这是在哪儿?我们的大炮打得很好。"② 猎户星座号全速向南,逃往大澳洲湾。

船员们救起了21个幸存者,包括7个伤员,拉夫勒医生对他们进行了治疗。当爱德华·斯威尼登上猎户星座号时,大吃一惊:德国人给他端来了热茶。③ 36个人被杀,包括琼斯。据信,莱尔德船长死于鱼雷爆炸。斯莱特后来解释了莱尔德船长战斗到死的理由:

> 莱尔德船长恪守他曾经发下的誓言:如果遭到偷袭舰袭击,他将让他的船战斗到最后一刻。他的行为可能被认为是堂吉诃德式的,但莱尔德船长是一个严厉的苏格兰人。给了他一门大炮让他用来保卫自己的船,他就决心使用它,不计成败。④

斯威尼后来回忆起德国人对他们的勇气的反应:"袭击我们的人赞扬我们不顾实力悬殊顽强战斗的勇气,但认为我们都是发

---

① Muggenthaler, *German Raiders of World War II*, p. 62.
② Weyher and Ehrlich, *The Black Raider*, p. 94.
③ Monteath, *POW*, p. 40.
④ NAA File, *MV Turakina, Sinking of* (B6121, 153N).

了疯的英国人。"① 第二天早晨，曼德尔死于重伤，维厄为他举行了海葬。莱尔德船长和琼斯后来因为出色的表现而受到表彰，而马莱特被授予大英帝国勋章。琼斯和马莱特还被授予劳埃德海上勇士勋章。

收到图拉基纳号的遇袭警报之后，澳大利亚和新西兰当局暂停了跨塔斯曼海的航运，并命令附近所有商船驶往最近的港口。澳大利亚皇家海军推迟护航舰队 US 4 启航前往中东，而它的护航舰阿喀琉斯号和珀斯号则去搜寻入侵者。阿喀琉斯号从威灵顿启航，驶向图拉基纳号的报告位置。水上飞机阿瓦鲁阿号飞往报告位置，与此同时，奥特亚罗瓦号和澳大利亚帝国水上飞机向南巡逻相关海域。阿喀琉斯号没有发现图拉基纳号的任何踪迹，之后，帕里海军准将直奔三王群岛。威灵顿的海军情报团队根据探寻报告得出结论：有一艘偷袭舰在坎贝尔岛附近。帕里海军准将因此掉头向南。然而，那天早晨，他得知无线电方位更有可能源自北大西洋，这让他相信袭击舰已经向北逃窜。② 阿喀琉斯号巡逻了奥克兰的入口，然后返回威灵顿。"塔斯曼偷袭者"消失不见了。

大澳洲湾

猎户星座号继续向西北航行，8 月 22 日，一架德哈维兰轰炸机发现了它，盘旋了一圈，飞走了，什么事也没发生。接下来

---

① British Broadcasting Cor poration, "WW2 People's War, A Merchant Seaman's Survival".

② Waters, *The Royal New Zealand Navy*, p. 130.

6 塔斯曼偷袭者

的两天里，偷袭舰颠簸着驶入"咆哮西风带"，然后绕过霍巴特以南200英里处的塔斯马尼亚岛，驶入大澳洲湾。偷袭舰驶过40英尺高的海浪和一场持续了5天的风暴。几架巡逻飞机从头顶上飞过，但偷袭舰依然借助雨雹和低矮的云层，藏得严严实实，根本看不见。

8月30日，猎户星座号靠近了南澳大利亚海岸，然后掉头向西，驶往西澳大利亚的奥尔巴尼。澳大利亚的广播电台款待了偷袭舰的船员，正如维厄后来回忆的：

> 当船上的无线电室耗尽了留声机唱片储备时，他拧开了澳大利亚的电台……让船员们深感惊奇的是，电台里播放的是德国民歌、军事进行曲和古典音乐，翻来覆去地播放。[①]

自从图拉基纳号之后再也没有遭遇敌船，维厄记录道："一次又一次，我们穿过从开普敦到南澳大利亚港口的航线，穿过从亚丁经由鲁汶角至南澳大利亚的航线，没有看到一艘船。"[②] 然而，他决定把5个钢啤酒桶仿制成水雷，投到奥尔巴尼的入口水域。

9月2日，猎户星座号驶向奥尔巴尼，同时船员们在准备仿制水雷，给啤酒桶装填足够的水泥，好让它们刚好漂浮在水面之下。他们用铅做成触角，每个水雷都装有炸药，只要碰到触角就会引爆。正当船员们装配水雷时，船的颠簸翻滚导致一位机械师掉了一个扳手，引爆了一颗水雷，炸伤了兰伯特·哈德斯和卡

---

① Weyher and Ehrlich, *The Black Raider*, pp. 90–100.
② Waters, *German Raiders in the Pacific*, p. 8.

尔·普茨。哈德斯的小臂被炸掉，死于缺血，这是第一次有船员死亡。普茨失去了左眼，一块钢片嵌入他的右眼里，医生没法移除。

20点30分，船员们开始放下仿造水雷，就在伊克利普斯岛灯塔的眼皮底下，距离奥尔巴尼港20英里。在他们把水雷放入水之后，猎户星座号便朝西南方向逃跑。

猎户星座号驶往弗里曼特尔，因为维厄打算躲藏在糟糕的天气里接近那个港口。9月3日，澳大利亚皇家空军的一架哈得逊战机出现在头顶上空，绕着偷袭舰兜了两圈。一群"平民"在甲板上朝飞机挥手，飞机离开了。那架哈得逊战机正在巡逻护航舰队US 4的航线，澳大利亚海军当局正确地认为那艘船就是一艘偷袭舰。①

猎户星座号的无线电侦察装置探测到巴瑟尔顿飞机6次起飞，看来是在搜寻偷袭舰。维厄已经丧失了突然袭击的条件，迫切需要到达安全水域，但还有40英里，他的船才能跑出敌机的搜索范围。不一会儿，一架飞机出现了，而偷袭舰躲藏在一场雨雹中。半道上，船员们听到两架飞机飞过，但看不见。下午，又听到两架飞机的声音，但密集的大雨把偷袭舰藏得严严实实。当偷袭舰驶出澳大利亚皇家空军的搜索范围时，船员们松了一口气。

仿造水雷

12月8日，一个名叫弗雷德里克·道格拉斯的渔民在埃斯佩兰斯附近的海滩上发现一个金属物，并向警察报告了他的发现。

---

① Plowman, *Across the Sea to War*, p. 148.

6　塔斯曼偷袭者

西澳大利亚警察局的警官约翰·布朗——他也是一个海岸警卫哨——进行了调查,并通报给弗里曼特尔的海军情报部门。① 布朗警官警告当地人不要接近那个物品,但那些好奇的人还是跑过来看,有两个人甚至去抓它的引线。克劳德·乔勒斯②上士和澳大利亚皇家空军的一个摄影师从弗里曼特尔赶来鉴别那个物品,布朗警官开车送他们去海滩。乔勒斯得出结论,它是一颗水雷,但认不出是什么类型:

> 我们驱车去 11 英里海滩,在那里发现了水雷,拍了几张照片。我得出的结论是,从序列号看它是德国的;7 这个数字是用欧洲人的方式写的:一个破折号画过干线。③

海军部命令乔勒斯把那颗水雷埋在一个秘密地点,等待如何处理它的进一步指示。一个月之后,他回来,用炸药摧毁了它。④ 公众对这个小插曲一无所知,因为审查制度不允许当地报纸发表相关报道。⑤ 对维厄来说,不幸的是,他的仿造水雷没有给航运造成任何破坏,却导致他的一名船员在准备这些水雷时被炸身亡。付出了很高的代价,却毫无结果。

---

① NAA File, *German Mine (Dummy) Recovered* (B6121, 283K).
② 第一次世界大战期间,乔勒斯在英国皇家海军战列舰复仇号上服役,1926 年移民澳大利亚。2011 年 5 月 5 日以 110 岁的高龄去世时,他是最后一个记录在案的第一次世界大战的老兵,也是最后一个在两次世界大战中服役的退伍老兵。2011 年 12 月,澳大利亚皇家海军从英国购买了皇家舰队辅助船拉格斯湾号,让它作为澳大利亚皇家海军军舰乔勒斯号服役,以纪念他。
③ Choules, *The Last of the Last*, p. 162.
④ NAA File, *German Mine (Dummy) Recovered* (B6121, 283K).
⑤ Ibid.

"庇护地 A"

9月7日,无线电新闻让维尼得知,英国潜艇逃学者号在比斯开湾截击了他俘获的热带海洋号。在潜艇向那艘船发出盘问口令之后,"好好船长"施泰因克劳斯命令船员弄沉他们的船。逃学者号救起了哈斯比号的幸存者、奥斯特伯格船长和他的妻子,但把德国人和挪威人丢在救生艇上。一架桑德兰式水上飞机第二天救起了挪威人,德国人后来在西班牙登陆。

海军战争指挥部命令猎户星座号在日本控制的马绍尔群岛的埃林拉普拉普环礁(代号"庇护地 A")与补给舰雷根斯堡号会合。彗星号也接到命令,驶往埃林拉普拉普,在墨西哥的补给舰威悉河号也是如此。北德意志-劳埃德航运公司的货船雷根斯堡号在日本成了一艘偷袭舰补给舰,它将给猎户星座号补充补给,并为它提供机器设备,帮助修复它的发动机。雷根斯堡号的水手查尔斯·诺亚克描述了这次航行的准备工作:"所有这一切的进行都相当保密,有明确的指示不要向任何人提及。"[①] 9月27日,雷根斯堡号离开横滨,伪装成一艘日本货船向南航行。

维尼计划经由大澳洲湾返回太平洋,打算在阿德莱德以南截击敌船,然后掉头向北,驶往埃林拉普拉普。当猎户星座号向东航行时,船员们在甲板上集合,维尼颁发了30个铁十字勋章,这些勋章是为了表彰豪拉基湾布雷行动而分配给这艘偷袭舰的。在偷袭舰绕过塔斯马尼亚岛、进入塔斯曼海之后,船员们体验到

---

① Noack, *Adventure on the German Raider Komet*, p. 14.

了更暖和的天气。俘虏们在甲板上锻炼,享受新鲜的空气。图拉

猎户星座号布下的一颗模拟水雷,是用啤酒桶做成的,1940年在西澳大利亚的奥尔巴尼附近被发现。

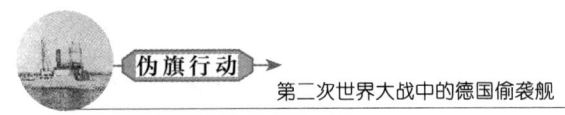

基纳号的俘虏在舰桥上嬉戏,打发时间,而沃伊斯在教诺图号的船员恒星导航。

9月21日,猎户星座号在悉尼与新西兰之间航行了一半,维厄在这片海域巡逻了5天,没有任何收获。经历了这次失望之后,偷袭舰驶往克马德克群岛,9月27日到达那里。这时候,船员们发现了麦考利岛,以及它巨大的垂直峭壁和植被茂盛的顶部,那里建造了一间棚屋,为遭遇海难的水手提供紧急庇护所。

在太平洋的另一侧,加拿大的武装商船罗伯特王子号在墨西哥附近海域俘获了威悉河号。正当它驶往埃林拉普拉普时,海军战争指挥部担心会合地受到连累,命令其他船只改道驶往加罗林群岛的拉莫特雷克环礁(庇护地Y)。补给舰库尔默兰号取代了威悉河号,在日本人安排的空袭演习的掩护下,离开神户港。

维厄不得不首先在马绍尔群岛与雷根斯堡号会合,补充燃料,然后驶往加罗林群岛。过了圣克鲁斯岛之后,维厄决定把猎户星座号伪装成日本货船前桥丸号,船员们在船体上涂上了从横滨生产的一份柯达广告上抄来的日本字。10月10日,偷袭舰到达埃林拉普拉普,与雷根斯堡号会合。猎户星座号在雷根斯堡抛锚,背景是白色的海滩、绿色的丛林和当地人的棚屋。拉夫勒率领一支海岸小分队,肩负着收集椰子的使命,这是航行开始以来水手们第一次踏上海岸。偷袭舰接收了燃料及其他补给品,包括日本的啤酒和香烟。受伤的水手普茨转到雷根斯堡号上,好让他能在日本接受外科手术。

猎户星座号和雷根斯堡号两天后离开埃林拉普拉普环礁,朝着东南方向驶往拉莫特雷克环礁。速度更快的雷根斯堡号在前面

6 塔斯曼偷袭者

航行，维厄在船运航线附近巡游，准备在到达会合地之前截击新的受害者。

10月14日，猎户星座号驶近加罗林群岛，在黎明前的黑暗中，瞭望哨发现了一束红光。那艘船的和平灯表明它极有可能是美国船或日本船，但靠得更近之后，月光下看不到中立国的标志。维厄命令它停船，但那艘船并没有答复。偷袭舰发射了两响示警炮之后，那艘船表明自己是灵伍德号。

7302吨的挪威商船灵伍德号正从上海驶往大洋岛，去装载磷酸盐。船长阿尔弗雷德·帕克以为自己是被一艘英国军舰截停的，所以他为登船搜查队降下了绳梯。在水兵们爬上甲板之后，无线电操作者打开他的舱门，舱内的灯光照亮了甲板。随后，挪威人突然明白和他们打交道的是德国人。帕克船长投降了，登船搜查队缴获了他的文件和电台。帕克船长提出抗议，但灵伍德号打算驶往牙买加的英国殖民地。灵伍德号35名水手成了猎户星座号的俘虏。热戈船长和沃伊斯告诉帕克船长，他们已经当了两个月的俘虏，但他们受到的对待很公正。登船搜查队弄沉了灵伍德号。

猎户星座号第二天追逐一艘蒸汽船，但锅炉问题减缓了它的速度，失望的维厄只好让那艘船跑掉了。他再也不能拖延发动机的维修了，偷袭舰继续驶往"庇护地Y"。

获取情报

在猎户星座号威胁太平洋的同时，"19科"开始提交更完备的偷袭舰报告：

偷袭舰都是改装过的商船,大概有很多共同特征。它们似乎在7000至9000吨位之间,属于货船类型,速度最少是16节。它们有两门以上5.5英寸重炮,4门以上4英寸大炮,还有双重用途的多管高射炮(20毫米大炮)和机关炮……这些大炮被隐藏得很好,外观上,偷袭舰呈现出完全无害的样

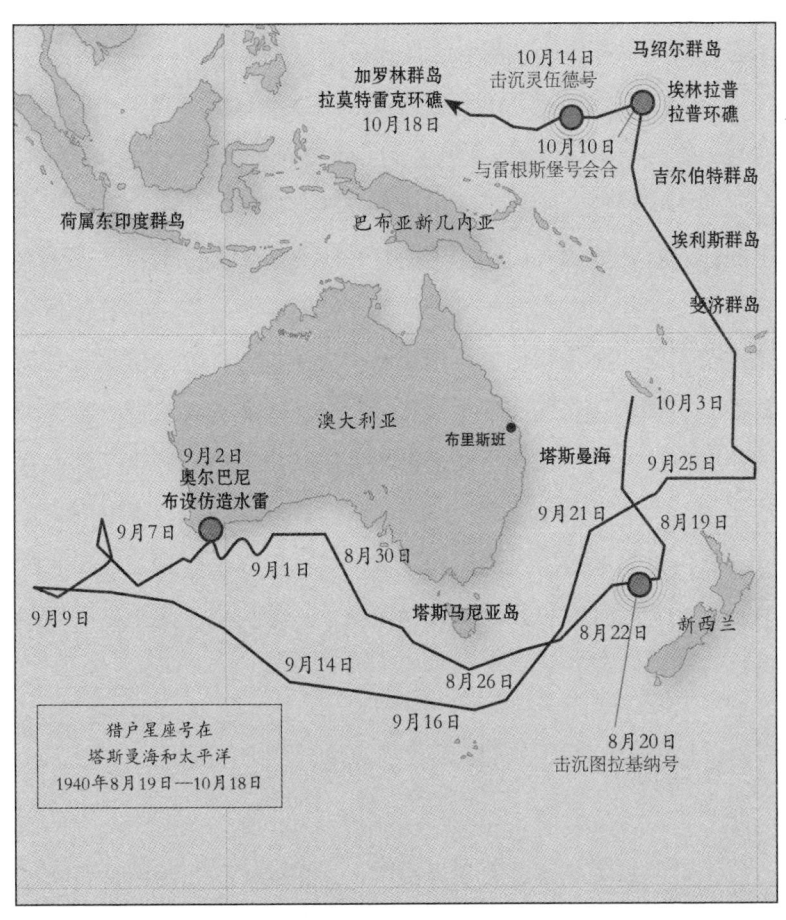

6 塔斯曼偷袭者

子,被伪装成瑞典或其他中立国的船只。①

英国人低估了它们的火力,高估了它们的速度。有些情报是从热带海洋号被救起的幸存者那里获得的。② 英国人还得知更多关于偷袭舰补给舰及其与日本的关系的情况,并正确地得出结论:眼下在神户的油船威尼图号给猎户星座号补充过燃料。③ 然而,偷袭舰继续威胁着公海,然后消失得无影无踪,盟军似乎没有能力制止它们。

---

① *Weekly Intelligence Report*, Number 30, 4 October 1940.
② AWM File, *Operations, German and Japanese Armed Merchant Cruisers* (AWM69 23/20).
③ *Weekly Intelligence Report*, Number 29, 27 September 1940.

7

远东舰队

  这些纳粹监狱船（猎户星座号和彗星号）冒充日本名字，并不是"地狱船"。我们不可能抱怨受到的对待，但对一艘人满为患的船来说，食物总是短缺的。起初，我们吃不了生的咸肉或香肠，但令人吃惊的是，当你饿了的时候，就吃得下了。①

——匿名的盟国俘虏

庇护地 Y

  在 1940 年 9 月进入太平洋之后，彗星号伪装成苏联货船德涅夫号，朝西南方向驶往日本。船员们不再在俄国人的注视之下，重新开始战斗训练。强风和附近的一场台风导致了恶劣的天气，但偷袭舰挺了过来，只受到很小的损害。它设定了驶往马绍尔群岛的航向，去埃林拉普拉普环礁（庇护地 A）与猎户星座号、库尔默兰号和威悉河号会合。② 埃森决定把他的偷袭舰伪装成

---

① NAA File, *Public Relations Bulletin* (A8681, 1940/337).
② Chapman, *The Price of Admiralty: Volume Two and Three*, p. 266.

7 远东舰队

日本货船万叶丸号,因为俄国船在这些海域并不常见。

在德国汉堡,货船库尔默兰号在太平洋上给辅助巡洋舰彗星号和猎户星座号充当补给舰,并在 1940 年 12 月随同它们袭击了瑙鲁岛。1941 年 10 月,它在印度洋给鸬鹚号提供支持。

彗星号在 9 月 27 日过了马里亚纳群岛之后,埃森得知会合地如今改在加罗林群岛的拉莫特雷克环礁(庇护地 Y),因为威悉河号的被俘连累了埃林拉普拉普环礁。偷袭舰 3 天后抵达加罗林群岛,但是来早了,埃森决定巡逻新不列颠以北的俾斯麦群岛。偷袭舰掉头向南,它的阿拉多式水上飞机飞了一趟巡逻使命,便坠毁在大海里。到达新不列颠外海之后,彗星号花了几天时间巡逻这片水域,但毫无结果,以致士气低落。

10 月 14 日,彗星号抵达拉莫特雷克环礁,第二天在一个泻湖与伪装成日本货船东京丸号的库尔默兰号会合。这艘汉堡-美洲航运公司的货船在战争开始时便在神户寻求庇护，它在那里成了一艘偷袭舰补给舰，由威廉·佩施恩德上尉指挥。它给彗星号补充了燃料和补给品。

10月18日，伪装成前桥丸号的猎户星座号和雷根斯堡号抵达拉莫特雷克环礁。当这两艘船接近泻湖时，瞭望哨发现了日本客轮帕劳丸号。德国船跟着它进入泻湖，他们在那里还看见了彗星号和库尔默兰号。帕劳丸号播出一个模糊不清的信号，船上的乘客们开始给德国船拍照。

帕劳丸号离开了泻湖，但不一会儿，又来了一艘日本帆船，在彗星号旁边抛了锚。一位日本官员登上偷袭舰，宣称日本不会容忍任何侵害其中立的行为。埃森声称，这些德国船只都是偷越封锁线的偷渡船，正在回国的途中，但停止了交换燃料和补给。他解释道，日本标识只是打算欺骗英国皇家海军，然后声称，根据《三国同盟条约》①，德国和日本是盟友。他从库尔默兰号和雷根斯堡号上拿出了真实可信的日本出港许可文件。日本官员离开了，看样子似乎很满意。

维厄向埃森建议，猎户星座号和彗星号应当一起行动，因为考虑到发动机糟糕的状况，很难单独执行巡洋舰的任务；如果两艘偷袭舰一起工作，这个问题就不存在了。埃森同意了，海军战争指挥部批准它们一起行动，直至1940年底。库尔默兰号也会

---

① 1940年9月27日，德国、日本和意大利签署了《三国同盟条约》，这让德国海军对于日本对其偷袭舰的暗中支持充满了希望。日本海军开始把德国偷袭舰行动看作争取自身利益的一种手段，如果后来参战的话，德国海军在印度洋的力量会推迟英国进攻日本领地。Krug, Hirama, Sander and Niestle, *Reluctant Allies*, p. 51.

7 远东舰队

作为一艘侦察舰陪伴两艘偷袭舰。

当雷根斯堡的船员探访彗星号时,查尔斯·诺亚克要求调到偷袭舰上去:

> 我非常吃惊,可以说是被深深打动了,偷袭舰船员们的友好情谊立即让我在情感上失去了平衡,不仅对我们如此,而且他们之间也是这样。同样让我印象深刻的是船员们的纪律和秩序。哦,是的,我想成为他们中的一员。①

诺亚克参加了海军,加入彗星号船员的行列,连同雷根斯堡号另外几个水手一起。

埃森作为高级别的指挥官,把这支小型舰队命名为"远东舰队",以纪念第一次世界大战中马克西米连·冯·施佩的巡洋舰队。10月20日,这支小型舰队离开拉莫特雷克环礁,向南航行,而雷根斯堡号则向北驶往横滨。7天后抵达那里,海军武官温内克少将对船员们的努力表示了感谢。在仿造水雷爆炸中受伤的、来自猎户星座号的船员普茨上了岸,经过外科手术之后康复了。

朗伊塔尼号事件

远东舰队排成横队朝西南方向驶往新西兰-巴拿马航线,彗星号在左,猎户星座号在右,库尔默兰号居中。库尔默兰号设定航

---

① Noack, *Adventure on the German Raider Komet*, pp. 24–25.

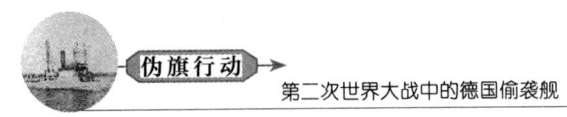

伪旗行动 ▶ 第二次世界大战中的德国偷袭舰

向和速度,夜里,这三艘船保持在可视距离之内,以防意外失散。

维厄对帕劳丸号乘客拍摄的照片感到担心,决定改变猎户星座号的伪装。船员们给它涂上了新的黑漆,用一个假舱口替换了隐藏5号炮的假甲板室,并加长了前甲板。

舰队接下来在新赫布里底群岛和斐济之间向南航行。11月3日晚上,猎户星座号的瞭望哨发现了克马德克群岛西北250英里处的一艘船。维厄发信号问:"什么船?"没有收到答复,他下令发射了一响示警炮,对方回答是"埃尔伍德城号"。探照灯下显示那是一艘货船,船体上画着一幅巨大的美国国旗。德国人大发慈悲,埃尔伍德城号继续它的航程,并广播遇到一艘可疑船只的信号,但埃森从中看到了积极的一面:"让人们都知道一艘德国辅助巡洋舰在这一海域行动会导致意外的焦虑。"①

舰队花了4天时间巡逻新西兰以东400英里的水域,一无所获,于是,德国人决定巡逻威灵顿航线。② 11月24日,舰队到达查塔姆群岛,没有遇到任何船只,埃森建议袭击敌人在瑙鲁的磷酸盐工业。维厄同意了,舰队掉头向北。

11月25日,彗星号瞭望哨在黎明前的黑暗中看到了一艘船。新西兰的546吨小蒸汽船霍姆伍德号从怀唐伊启航,驶往利特尔顿,船上装载着绵羊和羊毛。彗星号靠了过去,发射了一响示警炮,迫使船长詹姆斯·米勒下令停船,一支登船搜查队控制了蒸汽船,没有遇到任何抵抗。德国人找到霍姆伍德号的密码本,把

---

① Woodward, *The Secret Raiders*, p. 87.
② Waters, *German Raiders in the Pacific*, p. 10.

7　远东舰队

绵羊分给了自己的几艘船，添加了鲜肉，大家很欢迎。这一事件恢复了船员们的士气，因为这是彗星号第一次遭遇敌船。埃森炸沉了这艘蒸汽船，由于它没有广播遇难信号，盟国对德国人距离新西兰如此之近一无所知。

霍姆伍德号的17个船员和12名乘客，包括4个女人和5个孩子，在彗星号上开始了他们作为俘虏的新生活。轮机长阿伯内西后来回忆起他们登上甲板的情景：

> 我们不得不爬上绳梯，这对女士们来说完全是一次折磨。全体船员在甲板上迎接我们，很多水手给我们拍照片。孩子们装在一个篮子里拉上来，非常害怕，但他们很快就鼓起了勇气；德国水手对他们非常和蔼，给了他们一些巧克力和饼干。①

埃森讯问了米勒船长，他后来对德国人评价很高：

> 我必须说，在审问期间，这艘船上的军官们在各个方面都非常体贴，以最绅士的方式完成了整个过程。傍晚7:30，我被带去见（埃森）中校，他对不得不弄沉我的船表示了遗憾，但他说这就是战争，作为一个海员和绅士，他个人不存在任何恶意。②

---

① NAA File, *Pacific Ocean Raiders* (B6121, 165T).
② Ibid.

伪旗行动
第二次世界大战中的德国偷袭舰

舰队继续向北航行。11月27日03:00,猎户星座号的瞭望哨发现东开普东北300英里处有一艘船,但在阴沉的大雨中看上去只是一个巨大的影子。库尔默兰号后撤,好让两艘偷袭舰去应付眼下的局势。维厄和埃森相信他们遭遇的是一艘敌人的巡洋舰,因为体量巨大,而且逃跑的希望似乎不大,于是他们决定袭击。[1] 猎户星座号缓慢地接近那艘被怀疑是巡洋舰的船,而彗星号从相反的方向接近。在猎户星座号打开探照灯之后,维厄看到那是一艘客轮,有两门艉炮和几门小型防空炮。

新西兰海运公司拥有的16712吨班客轮朗伊塔尼号3天前离开奥克兰,经由巴拿马运河驶往利物浦,装载着黄油、猪肉、羊肉、奶酪、可可豆和45根银条。船上有大约200名船员和111名乘客,包括36个女人、15名新西兰海军航空兵新兵和新西兰皇家空军的18名士兵。船桥上的军官们看到两艘正在靠近的船只之后,叫来船长莱昂内尔·厄普顿。船长穿着睡衣来了,命令全速前进,并改变航向,远离猎户星座号。

由于朗伊塔尼号企图逃跑,两艘偷袭舰开炮示警。客轮上的无线电操作员诺曼·哈利特广播了遇袭警报,猎户星座号的信号员截听了这一信息之后,维厄决定开火。猎户星座号的第一轮炮火击中了客轮的船尾,破坏了无线电室,来自彗星号的炮弹严重破坏了它的驾驶装置和发动机。船员们修好了主发报机之后,哈利特发出了遇袭警报,新西兰的海岸无线电台接收到了警报。

---

[1] AWM File, *Operations, German and Japanese Armed Merchant Cruisers* (AWM69 23/20).

7　远东舰队

朗伊塔尼号的艉炮没有还击,因为厄普顿船长知道警报已经被接收,他担心毫无意义的生命损失。① 两位乘客——英国红十字会的护士贝特西·桑德巴奇和杰拉尔丁·埃奇描述了受到袭击时的情形:

> 当第一阵炮火击中我们的船侧时,突然间出现了一阵稀里哗啦的碎裂声。在舱壁被击穿时坠落玻璃的嘈杂声之外,传来一个女人刺耳的尖叫声。在一团漆黑中,一个男人可怜巴巴地喊道:"救命!我的胳臂炸掉了。"②

厄普顿船长决定弃船:"船桥遭受了严重损害,探照灯刺目的强光在黎明中对准了我们,使得测定距离毫无希望。"③ 朗伊塔尼号停了下来,但是,当两艘偷袭舰继续开火时,厄普顿船长发信号说船上有妇女和儿童,炮火停止了。

维厄和埃森派出了登船搜查队登上朗伊塔尼号,发现了一份海军部的报告,准确地描述了猎户星座号,还有一幅轮廓草图。维厄正确地推测这一信息来自热带海洋号的幸存者。登船搜查队指挥撤退,客轮的船员把伤者放进救生艇里,然后把它们降到水里。梅滕斯记录了新俘虏到达彗星号的情形:

> 大多数乘客依旧穿着睡衣,女人用毛毯和大衣裹着睡

---

① "Rangitane's Call for Help", *The Argus*, 4 January 1941.
② Sandbach and Edge, *Prison Life on a Pacific Raider*, p. 98.
③ Ibid. p. 98.

伪旗行动 第二次世界大战中的德国偷袭舰

衣,他们很冷,浑身哆嗦。我们尽自己最大的努力让他们振作起来,但彗星号乍一看想必非常恐怖。前一天,我们宰杀了从霍姆伍德号上缴获的 200 只绵羊,甲板上依然血糊糊的,胡乱堆放着内脏、毛皮和骨头。在朗伊塔尼号上经历了那样的场景之后,这不是一幕美好的景象。大概有些乘客认为我们有屠杀俘虏的习惯。①

1940 年 11 月 27 日,东角东南大约 300 英里处,猎户星座号袭击了客轮朗伊塔尼号,当时,客轮正经由巴拿马运河驶往利物浦。船上有大约 200 名船员和 111 名乘客,包括 36 名妇女。

女招待伊丽莎白·普拉姆不顾自己受伤,照顾女性乘客,把乘客们从她们的住处引导到救生艇上。登上了彗星号,她就拒绝接受医学护理,直到其他人都得到治疗之后。在她昏倒之后,医生们发现她的身体上布满了弹片。② 普拉姆后来被授予大英帝国劳

---

① "Captive of the Sea", *The Sun-Herald*, 25 October 1953.
② Waters, *Ordeal by Sea*, p. 48.

7 远东舰队

埃德海上勇士勋章。船上的厨师威廉·弗朗西斯也因为从熊熊燃烧的住处救出了两个女人,并帮助一个受伤的乘客登上救生艇而被授予勋章。机械师约翰·沃克也被授予勋章,因为他在炮火之下帮助水手们登上救生艇,并在他们的救生艇倾覆之后救起了一个水手。①

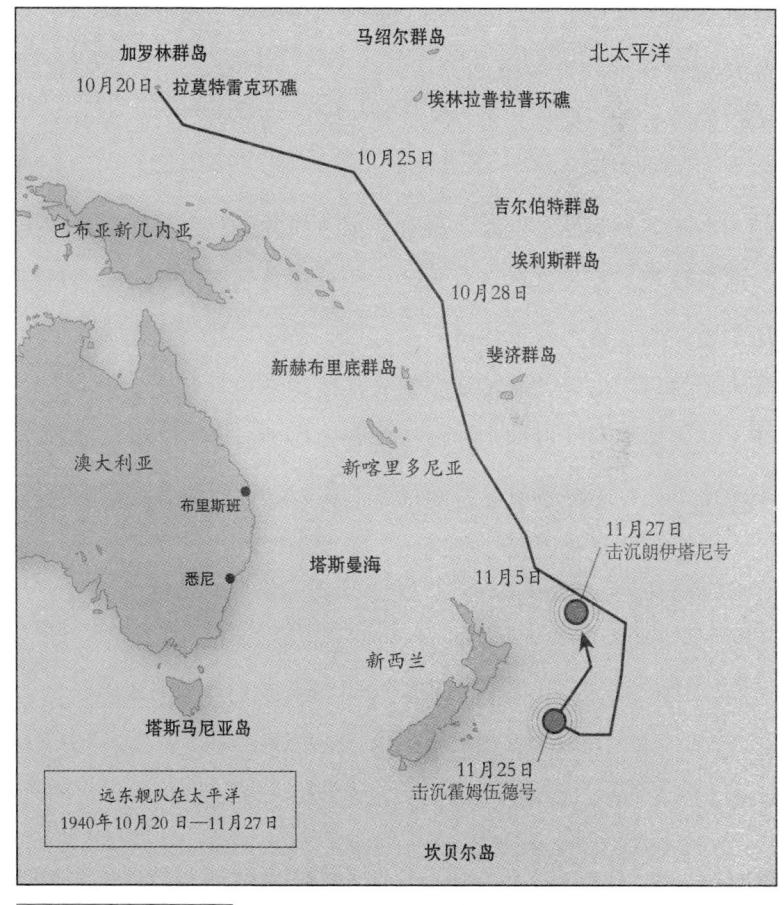

① Waters, *Ordeal by Sea*, p. 48.

伪旗行动
第二次世界大战中的德国偷袭舰

德国人没有时间抢救朗伊塔尼号上的货物,因为他们知道遇袭警报已经被接收。刚刚把乘客和船员们营救上来,彗星号便发射鱼雷把客轮炸着了,最后用炮火把它击沉。朗伊塔尼号倾覆了,消失在波涛之下。①

新西兰海军当局收到朗伊塔尼号的遇难信号之后,巡洋舰阿喀琉斯号便离开了利特尔顿港,驶向报告位置。与此同时,正从苏瓦驶往瑙鲁的武装商船莫诺怀号也改变航向,向报告位置驶去。扫雷艇普利里号从奥克兰启航,装载着毛毯、食物和其他补给品,去搜寻幸存者。

由于沉船发生在新西兰皇家空军飞机的航程之外,于是水上飞机奥特亚罗瓦号从奥克兰起飞,一直搜寻到天黑,没有看到任何东西。阿瓦鲁阿号抵达奥克兰之后,下午早些时候起飞,但运气也不好。第二天,奥特亚罗瓦号从朗伊塔尼号所在位置的上空飞过,发现了一些浮油和残骸,阿喀琉斯随后发现了更多的箱子和救生圈。②巡洋舰搜寻了幸存者,然后驶往北角,巡逻奥克兰的门户;普利里号返回了奥克兰。偷袭舰再一次威胁了新西兰海域,然后消失得无影无踪。

---

① 朗伊塔尼号的确切伤亡不为人知。新西兰《正史》声称,有5名乘客和5名船员丧生。澳大利亚的《正史》声称,有11人被杀。新西兰轮船公司的历史声称,客轮上有9名船员丧生,后来又有两个人死于重伤。

② Tonson, "HMS Puriri 1938, NZ Navy".

7　远东舰队

太平洋上的战俘船

远东舰队全速向东北方向逃窜。那天晚上，猎户星座号的瞭望哨发现了一架低空飞行的飞机，维厄注意到，"尽管透过薄雾，能见度很好，但在黑咕隆冬的海面上，那架飞机看不见船"[①]。这架飞机想必是水上飞机奥特亚罗瓦号或阿瓦鲁阿号。

猎户星座号有了92名新俘虏，包括16名女人。卫兵护送桑德巴奇和埃奇去了他们在吃水线之下的新住处。几个小时后，一位军官在一张桌子旁落座，讯问女俘虏，问了一些关于这次航行的问题，以及一般的航运信息。审问者问桑德巴奇和埃奇，她们是否听说过关于德国偷袭舰的事情："我们中的一个回答了这个问题：我们从前听说过很多关于施佩伯爵号的故事，但他对这个回答不以为意，只是哈哈大笑，说：'那是很久以前的事了。'"[②] 并非所有的审讯都是以这种方式进行的。在震惊中喝了一点威士忌之后，新西兰海军航空兵描述了他们的基地和组织。卫兵们发现了一本日记，一个海军航空兵说了新西兰皇家空军在尼亚加拉号沉没之后如何被改组。[③]

拉夫勒探访了猎户星座号上的囚犯们，处理了一下轻伤者，并要求4名护士去医务室帮助照顾伤员。她们同意之后，他给了她们一副纸牌，以消解无聊。

---

① Waters, *German Raiders in the Pacific*, p. 21.
② Sandbach and Edge, *Prison Life on a Pacific Raider*, p. 108.
③ Weyher and Ehrlich, *The Black Raider*, p. 127.

伪旗行动
第二次世界大战中的德国偷袭舰

赫伯特-琼斯小姐——她把一些英国孩子撤离到新西兰之后正打道回府——受了重伤,后背上留有一块弹片,一片肺被撕裂了。拉夫勒为她倾尽所能,但她还是死了。另一个受伤的俘虏、水手丹·哈特利也死于重伤。猎户星座号停船举行葬礼,俘虏们聚集在甲板上,德国海军军旗下半旗致哀。桑德巴奇和埃奇后来回忆起这场葬礼:

大约150名水兵在甲板的一侧列队肃立。他们穿着干净的白色制服,看上去整洁漂亮,以立正的姿势笔直地站成两排;他们帽子上的黑丝带在微风中飘扬,上面有金色字母的"德国海军"字样。在长长的前排里,站着大约60名军官,穿着整洁的深色制服,全都戴着灰色的手套。[1]

维厄宣读了悼词:

我们认为赫伯特-琼斯小姐是为国捐躯,正如手拿武器的士兵战死阵前。我们认为她的离去是壮烈牺牲,正如成千上万的军人为了他们的国家和人民而流血沙场……我们现在将把死者放到我们的生存环境——永恒大海——的怀抱。[2]

俘虏当中一群波兰女招待住在猎户星座号没有通风设备的中

---

[1] Sandbach and Edge, *Prison Life on a Pacific Raider*, p. 113.
[2] NAA File, *"Kor moran" (Raider No 41) "G"-German AMC* (B6121, 164L).

7 远东舰队

层舱,这让她们的环境闷热而潮湿。维厄注意到了她们的态度:

> 她们有些人整天躺在吊床上,四仰八叉地躺在地板上,不屑于船上的日常事务,不干例行工作。卫兵们由于这个隔间里混杂的臭味而不敢进门。对于警卫的职责,其中一些更有教养的女士表现出她们的同情——向他们展示自己的光屁股。①

远东舰队停了下来,以便在三艘船之间平均地分配俘虏。大多数军人俘虏登上了彗星号,他们在那里接收了牙刷、肥皂、毛巾和香烟。警卫给了他们一些象棋和书,几个高级军官还得到了甲板椅,很多俘虏玩牌打发时间。阿伯内西开始有些敬佩那些警卫:"德国军官都是些非常正派的家伙,一直对我们嘘寒问暖,实际上我们对他们的友好深感吃惊。"② 猎户星座号上的女性俘虏登上了库尔默兰号,她们发现那里的生活更舒适一些。她们在某些时间可以到外面散步,玩甲板网球。卫兵们还叫她们当心,不要重复"地狱船"阿尔特马克号的公关丑闻。当舰队继续向北行使时,俘虏们等着看给自己安排了怎样的命运。

---

① Weyher and Ehrlich, *The Black Raider*, pp. 128–29.
② NAA File, *Pacific Ocean Raiders* (B6121, 165T).

8
澳大利亚布雷区

12个月以来,很多澳大利亚人都认为这场战争有点遥远。我们国家海岸上的这些灾难让战争近在咫尺。然而,公众大可不必惊慌。海军已经着手处理这个问题,其典型的彻底性不会有任何纰漏。[①]

——澳大利亚总理罗伯特·孟席斯

1940年11月11日

斯多尔斯塔德号

在企鹅号威胁马达加斯加附近海域之后,克吕德尔计划在澳大利亚海域布设水雷,但他的日程安排由于要为俘获的诺德沃德号航行欧洲做准备而推迟了。因此,他在1940年9月下旬朔月期没法行动,但10月下旬会有另外一次机会。在准备期间,克吕德尔和他的领航员麦克尔森上尉研究了澳大利亚各港口的海

---

① "Minefield Discovered Off Coast", *The Argus*, 11 November 1940.

8 澳大利亚布雷区

图,并有了一项大胆的计划,打算进行六次协同布雷行动,让海运彻底陷入混乱。然而,这项计划成败在于需要完成所有布雷区,并在炸沉船只之前逃离这一海域。这是一次十分困难的任务,因为水雷在武装之前只能设定 48 小时的延迟。因此,克吕德尔需要俘获另一艘船,把它用作辅助布雷舰。

企鹅号继续向东,越过印度洋,驶向澳大利亚,途中经过南回归线。机械师们组装了备用亨克尔式水上飞机,因为克吕德尔要每天进行侦查飞行,好让寻找布雷舰的机会最大化。但在接下来的几天里,水上飞机没有发现任何船只。在这段安静的时间里,船员们的空闲时间都耗在读书和看电影上。克吕德尔弄了一间娱乐室,有舒适的椅子,每次有 8 个人可以在那里享受一周的休假,免于任何职责,除了战斗岗位之外。

没能发现任何受害者之后,克吕德尔掉头驶向爪哇,希望在巽他海峡的航线上俘获战利品。搜寻结束于 10 月 7 日,瞭望哨在圣诞岛以南发现了一艘油轮。克吕德尔命令停船。毫无武装的 8998 吨的挪威油轮斯多尔斯塔德号正从婆罗洲驶往墨尔本。船长埃吉尔·威尔姆森服从了克吕德尔的命令,登船搜查队控制了这艘油轮,没有发生任何意外;他们发现 36 名挪威水手非常配合。

斯多尔斯塔德号很适合改为一艘布雷舰,因为一艘油轮驶往澳大利亚海域,不会引起太多的怀疑;盟军部队瞭望哨搜寻的是可疑的货船。克吕德尔把它改名为信风号。两艘船抵达爪哇与澳大利亚之间的偏僻海域,船员们把油轮的住宿舱改造成了水雷舱,放进 110 颗水雷。

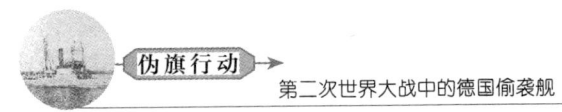

伪旗行动
第二次世界大战中的德国偷袭舰

克吕德尔让沃宁中尉指挥信风号,船员由 3 名军官和 17 名水手组成,有 5 个挪威志愿者管理机舱。10 月 12 日,两艘船结伴启航,克吕德尔发出信号:"辅助布雷舰信风号接下来执行先前的命令。祝你们好运。Auf Wiedersehen(德语:再见)。"①沃宁答复道:"收到。谢谢!也祝你们好运。我们将按指示执行命令。"②

企鹅号计划经由大澳洲湾,接近澳大利亚东海岸,然后在纽卡斯尔、悉尼、霍巴特和阿德莱德的入口处布雷,而信风号将会在塔斯马尼亚与澳洲大陆之间的巴斯海峡布雷。

德国船员在挪威油轮斯多尔斯塔德号上。1940 年 10 月 7 日,企鹅号向东穿过印度洋,俘获了这艘油轮。克吕德尔舰长把它改名为信风号,计划用它在巴斯海峡布设水雷。

---

① Brennecke, *Ghost Cruiser H.K. 33*, p. 108.
② Ibid. p. 108.

8 澳大利亚布雷区

澳大利亚行动

企鹅号进入大澳洲湾,继续向东航行,然后绕过南边的塔斯马尼亚。进入塔斯曼海之后,企鹅号向北行驶,10月28日转向西南。那天夜里,克吕德尔计划在史蒂芬斯、纽卡斯尔和悉尼这几个港口的入口布设水雷。偷袭舰在一个黑咕隆冬、乌云密布的夜晚接近了海岸。船员们看到了史蒂芬斯港和纽卡斯尔灯塔的灯光,克吕德尔表示:"很惊讶地看到纽卡斯尔及其导航设备被照得如此通亮。"[1] 20:13,第一颗水雷在凯瑟琳山附近下水了,与此同时,麦克尔森标出了航线,用灯塔作为灯标,很快布下了10颗水雷。

企鹅号进一步靠近海岸,在凯瑟琳山的西边布下10颗水雷,与此同时,纽卡斯尔和悉尼的探照灯照亮了夜空。偷袭舰掉头向西,朝纳兰海岬灯塔驶去,船员们布下另外10颗水雷,完成了纽卡斯尔布雷区的任务。在克吕德尔设定以14节的速度朝东南方向驶往悉尼的航向之后,午夜之前,就在布罗肯湾的正东边,企鹅号在悉尼的入口布下了10颗水雷。偷袭舰朝东南方向逃去,很快就看不见悉尼的探照灯了。企鹅号向塔斯马尼亚驶去,克吕德尔计划在霍巴特港的入口执行第二次布雷任务。

10月31日夜,企鹅号绕过塔斯马尼亚,在能见度很低的大雾弥漫的雨中接近了霍巴特港附近的布鲁尼岛。[2] 维尔纳·哈塞尔曼博士描绘了海域的自然之美:

---

[1] "Vessels Sank as WWII Closed In", *The Herald*, 4 December 2004.
[2] AWM File, *Operations, German and Japanese Armed Merchant Cruisers* (AWM69 23/20).

伪旗行动
第二次世界大战中的德国偷袭舰

俘虏们在被俘获的挪威油轮斯多尔斯塔德号的前甲板上,他们正在被转运到法国去。

天空薄雾迷蒙,但比我们之前在航行中见过的色彩更丰富。鱼跃出水面,薄薄的白色云层下反射出血红的落日。闪电变戏法似的在暮色中变幻出拱门、穹顶和令人晕眩的高塔。①

19:00,瞭望哨看到了布鲁尼角灯塔,克吕德尔下令各就各位。一个小时后,布鲁尼角进入视线,船员们看到了恩特卡斯特克斯海峡两边的探照灯。当企鹅号接近时,测向设备发现风暴湾里面有一艘巡逻船,克吕德尔命令继续航行,加强警戒。21:20,船员们在海峡的入口放下了塔斯马尼亚布雷区的第一颗水雷,很快,又有 14 颗水雷下了水。

---

① Brennecke, *Ghost Cruiser H.K. 33*, p. 102.

8　澳大利亚布雷区

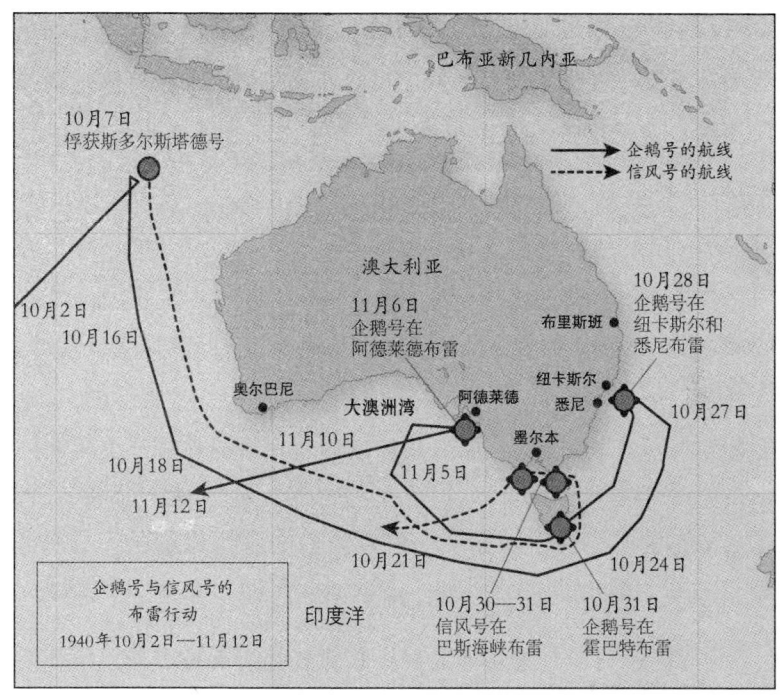

企鹅号向东驶往风暴湾，然后转向东北，朝海岸驶去，在霍巴特东南距离海岸 6 英里的地方布下 16 颗水雷；就在两台探照灯的眼皮底下。午夜之后，偷袭舰驶过亚瑟港，在福蒂斯丘附近布下 10 颗水雷，然后驶向阿德莱德的斯宾塞湾。

11 月 3 日，信风号向克吕德尔发出信号：已经成功地完成了使命。10 月 17 日，辅助布雷舰驶过鲁汶角，然后继续向东穿过大澳洲湾。绕过塔斯马尼亚之后，它掉头向北，驶往塔斯马尼亚与克拉克岛之间的班克斯海峡。沃宁不顾糟糕的天气和汹涌的海浪，按计划到达目标水域。10 月 29 日夜，信风号向北行驶，没有悬挂任何旗帜。沃宁站在舰桥上，装扮成一个挪威船长，与很多船只和渔船插肩而过。与此同时,卡尔·施密特和手下的船员在准备水雷。过了埃迪斯通岬之后,布雷舰朝西北方向驶往班克斯海峡,在巴伦角岛以南布下 5 颗水雷,在海峡里面布下 25 颗水雷。

第二天晚上,信风号进入通往墨尔本的门户巴斯海峡的东入口,在代尔岛东北布下 10 颗水雷,在岛的北边布下 10 颗。午夜刚过,船员们在陡峭岛以东又布下 10 颗水雷。布雷舰掉头向西,正当接近威尔逊岬灯塔时,灯塔内海军信号站的一盏灯问:"什么船?"沃宁答复道:"挪威油轮斯多尔斯塔德号,从美里驶往墨尔本。"① 灯塔上的人一直预期斯多尔斯塔德号会更早到达,并注意到糟糕的天气,推测起来,应该是天气导致油轮延误。之后,信风号在灯塔以南布下 10 颗水雷。

10 月 31 日驶过墨尔本之后,布雷舰接近奥特威角巴斯海峡的东入口。夜里,在奥特威角以南布下 5 颗水雷,在沃特尔山以南布下了 5 颗,然后转到西南,又布下 20 颗。沃宁和船员们看见房间里的灯光和路过的车辆,目睹这种心满意足的生活常态让他们有些想家。午夜,信风号布下最后 10 颗水雷,然后驶进大澳洲湾。

在此期间,企鹅号驶近阿德莱德的门户斯宾塞湾。11 月 6 日,它沿着北航线靠近海岸,等待夜幕降临,然后继续向东驶往南海王星岛。麦克尔森利用南海王星岛和坎加鲁岛的灯塔作为灯标,在斯宾塞岬外布下 30 颗水雷,在调查者海峡附近布下 10 颗

---

① Brennecke, *Ghost Cruiser H.K. 33*, p. 114.

8 澳大利亚布雷区

水雷，然后朝西南方向逃去。企鹅号和信风号在澳大利亚海域布下 230 颗水雷，没有引起任何怀疑，但布雷区不会隐瞒很久。

战争到达澳大利亚

11 月 7 日晚上，联邦轮船公司 10846 吨的货船剑桥号装载着锡从墨尔本驶往悉尼。在绕过威尔逊岬的时候，一声爆炸让货船摇晃起来，它撞上了信风号布下的一颗水雷。船长安吉尔决定弃船：

联邦轮船公司的货船剑桥号，1940 年 11 月 7 日在维多利亚海岸外被信风号布设的水雷击沉。企鹅号和信风号在澳大利亚海域共布设了 230 颗水雷。

我没有被爆炸所吓倒，船内的其他人也没有，但船尾翘起来了，立即开始下沉。天很黑，能见度很低，但有些船员

伪旗行动
第二次世界大战中的德国偷袭舰

后来说,数量可观的海水涌到了甲板上。①

剑桥号30分钟后沉没。船上的木匠约翰·金尼尔在回舱取他最近在墨尔本杯赛马上赢得的30英镑时淹死了。余下的57名船员登上了3艘救生艇,用灯光向威尔逊岬灯塔报告了沉船消息。海军部警告附近所有船只避开这一水域,以防可能存在的水雷。②扫雷艇沃里戈号、天鹅号、奥拉拉号和多拉文号驶往巴斯海峡。奥拉拉号救起了剑桥号的幸存者,让他们在韦尔什普尔上了岸。③奥拉拉号和多拉文号后来用步枪击沉了两颗水雷。沃里戈号和天鹅号在奥特威角附近发现了两颗水雷,贝里尔11号和戈尔兰盖号清扫了墨尔本附近海域。

11月8日,美国先驱轮船公司5883吨的货船雷维尔市号装载着铅、羊毛和铜从阿德莱德驶往墨尔本。19:30,在奥特威角以南6英里的地方,撞上了信风号布下的一颗水雷。船长阿瑟·克罗宁决定弃船。船的前部几乎立即沉没了,但船尾漂浮了大约45分钟,然后消失在波涛之下。雷维尔市号是在这场战争中第一艘沉没的美国轮船;机械师詹姆斯·布赖恩成了这场冲突中死在美国轮船上的第一个水手。奥特威角信号站的人目睹了货船在逐渐微弱的灯光中沉没,来自阿波罗湾的渔船从救生艇上救起了37名幸存者。沃里戈号、天鹅号和奥拉拉号第二天早晨赶到,发现了德国水雷。④

---

① Edwards, *Beware Raiders!*, p. 70.
② AWM File, *Minesweeping Operations* (AWM188, 72).
③ AWM File, *20th Minesweeping Flotilla* (AWM78, 377/1).
④ AWM File, *20th Minesweeping Flotilla* (AWM78, 377/1).

8 澳大利亚布雷区

海军部关闭了巴斯海峡,宣布从威尔逊岬到奥特威角的30英里海域为危险区域。繁忙的沿海蒸汽船是主要的民用运输工具,它们被限制在港口,正如《百眼巨人报》(The Argus)所宣布的那样:

> 昨天晚上,巴斯海峡客运局的官员说,所有服务暂停,等待进一步的通知。已经预订舱位的乘客可以取消预订,飞过(海峡)。①

11月14日,巴斯海峡重新开放,但德国海军让世界另一侧的一个主要海域禁闭了一个多星期。由于巴斯海峡水雷是在繁忙的水域布下的,却没有引起任何警觉,澳大利亚蒙受了奇耻大辱。

追猎偷袭舰

澳大利亚皇家海军着手搜寻那艘被怀疑的布雷舰,派皇家海军军舰堪培拉号、珀斯号和阿德莱德号搜索入侵者;澳大利亚皇家空军的飞机则巡逻沿海水域。没有发现敌人,这使皇家空军不得不安慰担惊受怕的公众:

> ……要用一道"空中骑兵"的封锁线把澳大利亚12000英里的海岸线围起来,让零散的偷袭舰任何时候都不能突破

---

① "Minefield Discovered Off Coast", *The Argus*, 11 November 1940.

封锁圈,那是不可能的。利用昏暗或风暴的掩饰,一艘"丢下水雷便跑"的偷袭舰可能溜过封锁线,但它必须突破空军巡逻的重围。自战争爆发以来,我们就一直维持着从不间断的监视。①

海上巡逻一直持续到11月13日,毫无结果。皇家空军看上去似乎束手无策,《每日电讯报》(*Daily Telegraph*)批评了空军的现状:

一艘英国货船和一艘美国货船在巴斯海峡触雷是决定性和灾难性的证据,证明了我们沿海巡逻的不足……敌人在巴斯海峡的布雷区为什么直到损失了两艘价值不菲的船只才被发现呢?答案是,皇家空军那些不知疲倦的人简直不能有效地巡逻,因为他们没有足够数量的合适飞机。②

公众日益增长的恐惧引发了更多要求持续空中巡逻的呼声,海军部秘书阿尔弗雷德·纳克维斯向部长威廉·"比利"·休斯解释,这样一项提议是不可能的:

持续不断的巡逻是最不经济的防御手段,这样做只能分散集中进攻的兵力,而我们的胜利依靠的是进攻……涉及的

---

① NAA File, *War - 1939 Bass Strait Shipping Service* (A1608, V61/2/2).
② "How Long Will Australia Put Up With This", *The Daily Telegraph*, 13 November 1940.

8 澳大利亚布雷区

兵力数量与它打算抵御的威胁不成比例。①

空军上将查尔斯·伯内特向战时内阁解释，要想持续不断地巡逻澳大利亚的重要航运水域，至少需要 500 架飞机。他还声称，由于其他的要求，只能执行偶尔的巡逻；失利部分程度上可以归因于缺乏经验的机组成员和地面人员。澳大利亚皇家空军基于空军海防指挥部获得的经验，修订了他们的巡逻方法。②

中立国船只雷维尔市号的沉没产生了一些外交后果，美国总领事阿尔伯特·道尔安慰澳大利亚政府：美国船只不会被禁止在澳大利亚海域营运。总理孟席斯保证，遭遇船难的美国人得到了立即救援。水手克罗宁、哈特、布鲁克斯和托马斯都表示感谢：

> 自我们被阿波罗湾的渔民救起之后，一直待在阿波罗湾的巴拉瑞特医院里。到达墨尔本之后，我们得到了澳大利亚朋友的各种关怀、体贴。我们对这种友善深表欣赏，不胜感谢。③

在澳大利亚，没有人能肯定水雷是如何布下的，媒体的猜测包括一些关于神秘潜艇和幽灵船的故事。海军情报部门主管朗中校相信，来自一些对德国友好的中立国家的船只负有责任。因此，他组织了对澳大利亚各港口中立国船只的搜查，由海关官员

---

① NAA File, *Enemy Laying of Mines and Enemy Raider Activity in Australian Waters* (A5954, 531/2).
② Gillison, *Royal Australian Air Force*, p. 133.
③ NAA File, *Loss of American Ship, "City of Rayville"* (A1608, E61/2/7).

和乔装打扮的海军情报官员担纲;这些不幸的家伙花了一年时间搜查隐藏的水雷,结果白费力气。

布雷区的遗产

1940年11月20日,扫雷艇戈尔兰盖号在与客轮邓特鲁恩号相撞之后沉没,全体船员和24名水兵葬身鱼腹。这艘扫雷艇在巴斯海峡执行任务之后,到菲利普港躲避恶劣天气。启航之后,通过南航道,邓特鲁恩号的瞭望哨没有看到它,等到发现的时候为时已晚。戈尔兰盖号成了澳大利亚皇家海军损失的第一艘船,连同所有人手,也是澳大利亚海军在这场战争期间损失的第一艘船。

澳大利亚货船宁宾号,1940年12月5日在悉尼附近的海上撞上企鹅号布设的水雷之后沉没。

8 澳大利亚布雷区

12月5日，南海岸轮船公司1052吨小型沿海轮船宁宾号从科夫斯港启航，驶往悉尼，在史蒂芬斯港外距离海岸大约8英里的地方撞上了企鹅号布下的一颗水雷。爆炸撕裂了船尾，不到5分钟它便沉没了，船长威廉·比桑特森和7名水手遇难。12名幸存者在茫茫大海上抱着轮船的碎片，后来被蒸汽船博纳尔博号救起，在悉尼上了岸。

海军部关闭了纽卡斯尔的港口，暂停了悉尼至纽卡斯尔航线的所有航行。澳大利亚皇家空军的5架飞机从里士满起飞，巡逻海岸，寻找敌人的布雷舰；扫雷艇乌奇号和白鲔号清扫了这一水域。

12月7日，联邦轮船公司10923吨的货船哈特福号从弗里曼特尔驶往阿德莱德，在斯宾塞湾的灾难角西南撞上了一颗水雷。爆炸毁掉了它的发动机，海水灌满了两个货舱。塔基特船长决定弃船，并发送了遇难信息，报告了他们的位置。一艘装载着有关人员的救生艇跟在漂浮船的后面，另外三艘救生艇驶往海王星岛，第二天平安登陆。拂晓时分，塔基特船长和救生艇上的水手登上哈特福号，挽救了轮船。拖船瓦托号和温达号把它拖到林肯港。尽管没有人员伤亡，但哈特福号一直停航到1942年1月。

海军部命令所有船只避开这一水域，并暂停了附近的航运。沃里戈号、天鹅号和奥拉拉号清扫了这一水域，澳大利亚皇家空军的飞机从里士满、拉弗顿、皮尔斯、达尔文、汤斯维尔和阿彻菲尔德起飞，巡逻沿海水域，搜寻早已失踪的敌船。

1941年1月4日，沃里戈号在霍巴特附近的风暴湾海域发现塔斯马尼亚布雷区，结果导致霍巴特港关闭。海军部命令所有船只

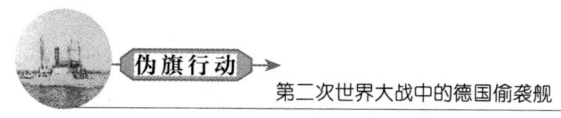
伪旗行动 ▶ 第二次世界大战中的德国偷袭舰

避开附近航道,塔斯马尼亚水域的扫雷行动集中清理这些航道。①

1941年初,未发现的水雷开始脱离系泊桩。巴斯海峡的水雷被冲到奥特威角附近的岸上,来自纽卡斯尔至悉尼布雷区的水雷向北漂流,大多数冲上了昆士兰海岸。扫雷艇从一个水域赶往另一个水域,让船员们疲于奔命。路过的商船也用步枪摧毁了很多漂浮的水雷,排雷部队的水兵摧毁了冲上岸的水雷。

3月26日,287吨的小型拖网渔船米林缪穆尔号在新南威尔士海岸外捕鱼,撞上了企鹅号布下的一颗水雷,一分钟后沉没。船主里克森和6名水手丧生,运煤船莫特莱克班克号从一艘救生艇上救起了5名幸存者。这次触雷发生在一片已经扫过雷的水域,很有可能是水雷的锚沉入一个凹陷处,没有被扫雷艇发现,却被米林缪穆尔号的渔网兜住了。

1941年7月14日,一颗水雷在阿德莱德东南的长滩港爆炸,排雷部队的水兵威廉·丹斯万和托马斯·托德被炸身亡。当时,这两个人试图引爆它,但没有爆炸。等待了规定要求的15分钟之后,他们接下来着手查看,但接近时,它爆炸了。丹斯万和托德成为最早在澳大利亚国土上阵亡的现役士兵,也是死于克吕德尔布下的水雷的最后两个人;这些水雷总共让43个人丧生。

来自澳大利亚的5颗水雷被冲上了新西兰的海岸。1942年10月18日,渔船不列颠尼亚号的道森船长在斯图尔特岛的珀伽索斯港发现了第一颗这样的水雷。道森船长用一根绳子把它拴住

---

① NAA File, *Enemy Laying of Mines and Enemy Raider Activity in Australian Waters* (A5954, 531/2).

8　澳大利亚布雷区

拖到岩石上，尼尔上尉带领的一支海军小分队把它销毁了。澳大利亚海域的扫雷行动一直继续到 1946 年，皇家海军的扫雷艇总共销毁了 98 颗德国水雷。①

---

① 扫雷艇 1941 年发现了 47 颗水雷，1942 年 13 颗，1943 年 16 颗，1944 年 3 颗，1945 和 1946 年各 1 颗。

9
印度洋追击

作为一个海员，每个人都在为国尽责。事实上，克吕德尔为我们做了他能做的事——他的手下人当中似乎有几个纳粹军官并非如此——但他没有对我们表现出怨恨，他说，他的时机总有一天会到来。[①]

——企鹅号上的俘虏哈里·斯蒂尔船长

弗里曼特尔以西

1940年11月15日，完成布雷任务之后，企鹅号和信风号在弗里曼特尔以西750英里处胜利会师。狂喜不已的船员们用喝杜松子酒来庆祝他们的辉煌成功。海军战争指挥部宣布，他们的行动"在计划、准备和执行上都是非常出色"[②]。雷德尔海军上将授予55枚铁十字勋章，让克吕德尔酌情颁发。

---

① Muggenthaler, *German Raiders of World War II*, p. 77.
② Ibid. p. 74.

9 印度洋追击

由于信风号的发动机状况糟糕,克吕德尔决定不把剩下的70颗水雷交给它去执行计划中的印度水域布雷使命。他把油轮用作一艘侦查舰,因此它再次成了斯多尔斯塔德号。沃宁中尉回到企鹅号上,18名德国人和20名挪威志愿者留在船上,由列维特中尉负责指挥。

1940年11月,在澳大利亚海域布设水雷之后,企鹅号与信风号一起驶入印度洋。

在执行计划中的突击南极水域、袭击敌国捕鲸船之前,克吕德尔有时间搜寻新的受害者。企鹅号的发动机需要一次彻底检修,机械师们完成了这一任务,没有停船,他们检修一台发动机,同时让另一台发动机以10节的速度推动偷袭舰。

企鹅号和斯多尔斯塔德号接下来深入印度洋。11月17日,瞭望哨发现了一艘货船,不到一个小时,机械师们便让两台发动机都运转起来,偷袭舰的速度提高到15节。在这个月黑风高的夜晚,货船消失在越来越黑的黑暗中,但不久之后,它再次出现,看上去是夜空背景上的一个剪影。克吕德尔让企鹅号进入进

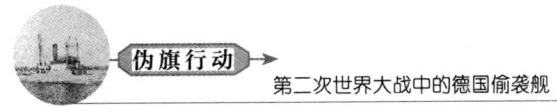

伪旗行动
第二次世界大战中的德国偷袭舰

攻位置，命令货船停船，并发射了一响示警炮。

英国印度轮船公司7920吨的货船瑙谢拉号正从阿德莱德驶往德班，装载着锌、小麦和羊毛，船员113人，大多数是东印度水手。船长科林斯对企鹅号的突然出现深感吃惊，根本没有料到在这遥远的海域会遇上一艘偷袭舰。四管轮贝娄和见习水手辛普森跑向4英寸艉炮，但科林斯船长要挽救生命，命令他们退下。①瑙谢拉号停下了，沃宁率领的登船搜查队上了船。检查了艉炮之后，他对船长的投降感到吃惊，特别是由于舰桥和无线电室里有沙袋和钢板装甲。在炸沉货船之前，俘虏们被转到了企鹅号，大管轮菲利普悲惨地掉入海里，淹死了。

接下来企鹅号朝西南航行，同时继续检修它的发动机。11月20日下午，瞭望哨发现了一艘货船，在机械师们让两台发动机都运转起来之后，偷袭舰以14节的速度靠了过去，但货船突然改变了航向。克吕德尔没有追赶，因为它的无线电一直保持安静，看来是遵照例行命令，避开其他船只。他打算用亨克尔式水上飞机摧毁它的无线电天线。货船消失之后，维尔纳中尉驾驶水上飞机起飞了，沃尔特·穆勒坐在观察员的位置上。

10123吨的英国货船迈莫阿号正从弗里曼特尔驶往英国，装载着钢、冻肉、黄油、小麦、纺织品和鸡蛋，共有87名水手。船长赫伯特·科克斯发现了烟雾，立即怀疑那是一艘偷袭舰，但没有广播遇袭警报，因为他不敢肯定。在那股烟消失之后，他觉得安全了，但没过多久，发现了一架水上飞机。

---

① Edwards, *Beware Raiders!*, p. 74.

9 印度洋追击

维尔纳从迈莫阿号上空飞过,用一个抓钩摧毁它的无线电天线,但没有成功。再次飞过时,穆勒丢下一个加重包裹,里面传递了这样一条信息:"立即关停发动机。不要使用无线电,如不服从,你们将遭到轰炸和炮击。"[1] 科克斯船长没理睬这一威胁,他的无线电广播了遇袭警报。[2] 维尔纳靠近货船扔下了两颗炸弹,船员们用步枪和一挺机枪开了火。水上飞机兜了一圈,开火还击,打伤了水手约翰·吉尔斯和马尔科姆·麦克莱恩。维尔纳在又一次飞过时终于摧毁了天线。在此期间,科克斯船长发现了企鹅号,掉转航向,朝东南航行。一场紧张的追击开始了。

在炮火打坏了水上飞机的油箱之后,维尔纳紧急迫降。他预期迈莫阿号会朝他驶来,但货船从旁边驶了过去,船员们在甲板上注视着水上飞机,一个水手还挥了挥手。见习水手萨丁顿爬上烟囱,装配了一个备用天线,无线电继续广播遇袭警报。有一段信息描述了偷袭舰的样子:"黑色船体,白箍,矮烟囱,短中桅。"[3]

克吕德尔不能去营救维尔纳和穆勒,而是派出一艘小艇和水上飞机待在一起。在此期间,斯多尔斯塔德号用无线电报告,在10英里之外发现了另一艘船。16:45,企鹅号的大炮进入射程之内,第一阵炮火逼近迈莫阿号。由于货船的 4 英寸艉炮达不到还击的射程,科克斯船长决定弃船。克吕德尔停止开火,登船搜查

---

[1] Muggenthaler, *German Raiders of World War II*, p. 75.
[2] NAA File, *Report Regarding Distress Signals from MV Maimoa* (MP1049/5, 2026/10/1065).
[3] Ibid.

队控制了货船。船员们被转移到偷袭舰上，克吕德尔炸沉了迈莫阿号，因为它没有足够的燃料开到欧洲。尽管有一场空袭的大戏，但并没有给货船造成致命的损害。维尔纳到俘虏们的住处，和那些刚才朝他开火的人一一握手，祝贺他们死里逃生。①

珀斯无线电台收到迈莫阿号的遇袭警报之后，一直在弗里曼特尔准备加入US 7护航舰队的澳大利亚军舰堪培拉号启航去追击入侵者。舰长哈罗德·法恩科姆决定勘察迈莫阿号报告位置的西北水域，他相信，偷袭舰正驶向开普敦至新加坡航线。②

布里斯班港号

新西兰港口轮船公司8739吨的货船布里斯班港号当时在迈莫阿号东北60英里处，截听到迈莫阿号的遇袭警报。这艘货船装备了两门6英寸舺炮、一门3英寸防空炮，装载着冻肉、黄油、奶酪和羊毛，正从阿德莱德驶往英国。船长哈里·斯蒂尔命令朝北航行，加倍警戒。17:00，瞭望哨发现一艘油轮之后，他认为那艘船是无害的，就消失在地平线上。③那艘船事实上是斯多尔斯塔德号，列维特中尉尾随着布里斯班港号，一直保持在视线之外，发信号向克吕德尔报告发现了一艘船。斯蒂尔船长整天都看到浓烟消失又出现，但他得出的结论是：这些烟来自一艘不定期

---

① Muggenthaler, *German Raiders of World War II*, p. 76.
② Gill, *Royal Australian Navy, 1939-1942*, p. 273.
③ NAA File, *SS "Port Wellington" and SS "Port Brisbane" - Sinking of* (B6121, 153J).

9 印度洋追击

货船。日落之后,布里斯班港号掉头向西,朝非洲的方向驶去,斯蒂尔船长觉得安全了,于是放松了警戒。① 一个小时后,四副阿米蒂奇报告,突然出现了一艘船,叫斯蒂尔船长上舰桥。

企鹅号在斯多尔斯塔德号的引导下,沿平行航线靠近布里斯班港号,让浓烟刚好保持在视线之内。日落之后,乌云密布的天气和没有月光的夜色隐藏了偷袭舰,它跑到货船的前面去了。当距离缩短到在 1 英里之内时,偷袭舰的船员打开了探照灯,准备好了大炮。

企鹅号发射了一响示警炮,越过布里斯班港号的船首。克吕德尔命令停船,紧接着发射了第二响示警炮。斯蒂尔船长下令全速前进,艉炮手们跑向大炮,与此同时,无线电操作员马吉广播遇袭警报:"布里斯班港号,可疑船只正向我们开炮。"② 海岸无线电台收到了信号。偷袭舰的大炮开火了,第一阵炮火击中了货船。斯蒂尔船长命令炮手们退下:

> 我很快认识到,让水手们站在大炮旁边是没有用的,任何人一开始装填炮弹,巡洋舰就会把甲班上的水手和大炮炸飞,所以我叫每个人都躲开。巡洋舰随后把火力集中在舰桥上,把舰桥点着了。③

---

① NAA File, SS "Port Wellington" and SS "Port Brisbane" - Sinking of (B6121, 153J).
② NAA File, Tasman Sea Reconnaissance (Aug-Sept) (B6121, 153V).
③ NAA File, SS "Port Wellington" and SS "Port Brisbane" - Sinking of (B6121, 153J).

伪旗行动
第二次世界大战中的德国偷袭舰

一发炮弹击中了无线电室，炸死了马吉。堪培拉号收到他的信号，法恩科姆调整航向，以26节的速度驶向出事地点，极大地提高了截击企鹅号的机会。

炮弹连续不断地轰击布里斯班港号，大火席卷了它的上甲板，没有任何逃跑的希望，斯蒂尔船长决定弃船。在劫难逃的货船停了下来，船员们放下3艘救生艇。企鹅号围住两艘救生艇，俘虏了5名水手和一名女性乘客诺拉·麦克肖恩；她在探访悉尼的亲戚之后回非洲的家。一个朋友曾警告她当心这次航行，但她坚持认为布里斯班港号是一艘"幸运船"[1]。登船搜查队弄沉了货船。

第三艘救生艇由二副爱德华·丁格尔指挥，在他确信船上26个人都希望逃跑之后，救生艇在黑暗中逃了出去。克吕德尔搜寻失踪的救生艇，部分出于人道主义的理由，也是为了不留下目击者——他们可能会描述偷袭舰。拂晓之前他放弃搜寻，逃离了这一水域。克吕德尔告诉斯蒂尔船长，他之所以结束搜寻，是因为无线电报告显示，有一艘敌方的巡洋舰正在接近。[2]

早晨，丁格尔的救生艇上的人发现自己孤零零地在浩瀚的海面上，丁格尔制订了一项计划：

> 天亮之后，我确定了我们的位置，建议向澳大利亚的方向航行，尽管在盛行风的条件下，到达那里的希望并不大。

---

[1] "Woman Victim of Raider", *The Argus*, 29 November 1940.
[2] Muggenthaler, *German Raiders of World War II*, p. 76.

9　印度洋追击

那天下午，我们决定利用有利的风向，改变航向，驶往毛里求斯。我提醒船员们打定主意，开始一段大约 40 天的航程。①

丁格尔首先搜寻了可能的幸存者，在残骸现场发现了敌人的两艘救生艇，这使得他可以把逃难者分配到 3 艘救生艇上。他还发现了邮包：

邮包里发现了几个包裹，装着小瓶的调味腌菜、圣诞节甜点、巧克力及其他可以吃的东西，是打算寄给海外的澳大利亚士兵们的。我了解澳大利亚人，知道他们会原谅我们自作主张取用原本打算寄给他们的礼物。②

堪培拉号很快赶到，救起了这些人，并搜寻了这片水域，但毫无所获，然后在 11 月 27 日返回了弗里曼特尔。

姊妹船

弄沉布里斯班港号之后，克吕德尔决定偷袭弗里曼特尔至开普敦航线，然后掉头向南驶往南极洲。机械师们维护着发动机的运转，水手们油漆了偷袭舰的船体，上层建筑涂成了黑色。

---

①　Edwards, *Beware Raiders!*, p. 81.
②　NAA File, *Censorship. Enemy Raider off Western Australian Coast* (A5954, 329/8).

伪旗行动

第二次世界大战中的德国偷袭舰

11月30日,企鹅号向西航行,中午之前,克吕德尔收到斯多尔斯塔德号的信号。那艘油轮一直在偷袭舰的前面侦查,它的瞭望哨发现了凯尔盖朗群岛以北500英里处有一艘货船。克吕德尔决定研究一番,6个小时后,瞭望哨发现了烟雾。克吕德尔让那团烟雾一直维持在视线之内,打算在晚上不加警告地摧毁它的无线电室。克吕德尔早就放弃了打一场绅士风度的"俘获敌船战争"的想法,因为让敌船无线电消声需要残酷无情的行动。偷袭舰跟在那团烟雾的后面,直至日落时分。天黑之后,没有和平灯出现,这表明那是一艘敌船。

1940年11月22日在印度洋,从澳大利亚皇家海军巡洋舰堪培拉号(图中看不见)上看到,一艘救生艇载着商船布里斯班港号的幸存者正在靠过来。前一天,这艘商船被企鹅号击沉。

9 印度洋追击

8301 吨的货船惠灵顿港号是布里斯班港号的姊妹船,正从阿德莱德驶往英国,装载着肉、黄油、奶酪、钢、小麦和羊毛。货船武装了两门 6 英寸舰炮,一门 3 英寸防空炮。船上有 82 名船员,还有 7 名女性乘客,是救世军的工作人员,她们在帮助疏散儿童之后正返回英国。

在认出了惠灵顿港号的身份之后,克吕德尔把斯蒂尔船长叫到舰桥上,把自己打算击沉那艘货船的意图告诉了他。斯蒂尔船长答复道,他的小舅子贝利大副在船上。他默默地希望贝利和船员们在即将到来的这场遭遇战中能够幸存下来。

1940 年 11 月 23 日,印度洋,布里斯班港号的幸存者在军舰堪培拉号上。

距离靠近到不足 1 英里时,惠灵顿港号突然左满舵,因为四副吉尔汉姆发现了企鹅号的剪影。克吕德尔命令炮手开火,第一阵炮火击中了无线电室和舵机,导致巨大的火光在夜空中升起。

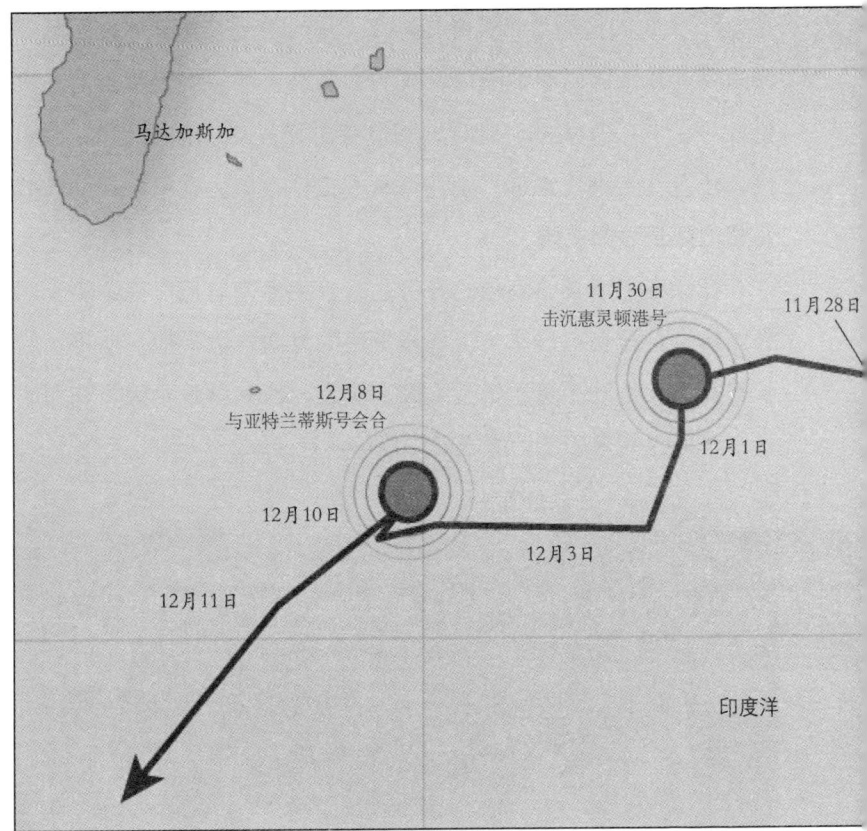

第一无线电官阿瑟·哈斯拉姆丧生,没有来得及广播遇袭警报,弹片打伤了船长埃默里斯·托马斯的腿。当火焰到达舰桥时,贝利接管了指挥权。爆炸还让一门艉炮掉入水中,并摧毁了防空炮。贝利决定弃船,81 名幸存的水手和 7 名乘客成了偷袭舰上的俘虏。见到贝利之后,斯蒂尔船长大大地松了一口气。

乘客中的护士麦克莱恩处理了托马斯船长的伤口,但他还是死在企鹅号上。舵工吉姆·瓦戈特后来回忆起他的去世:

9 印度洋追击

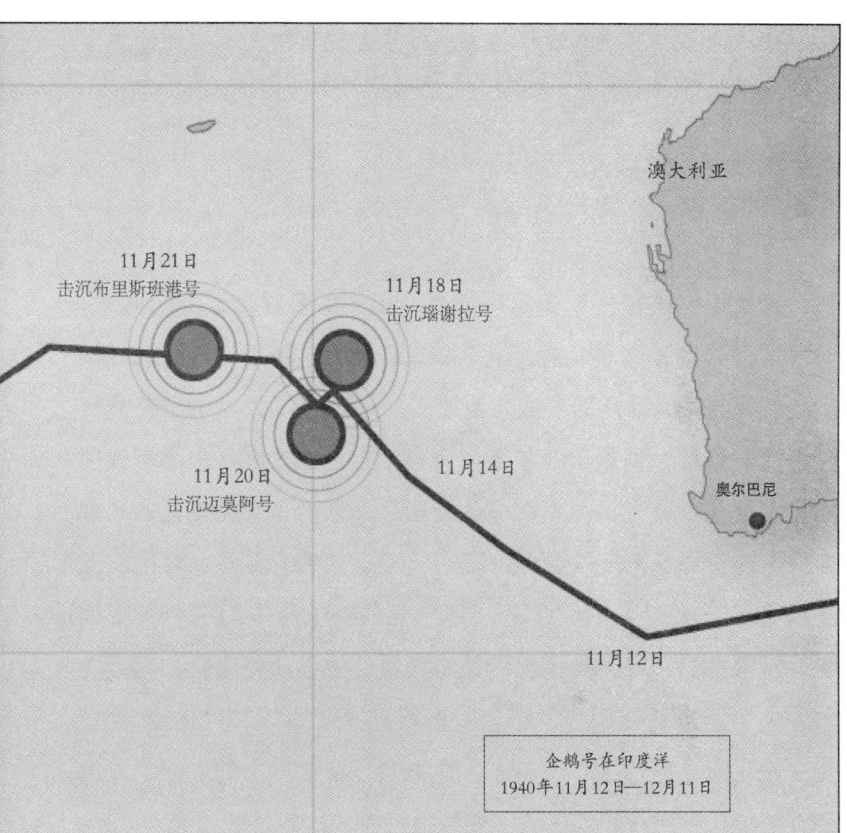

那天晚些时候,我们被告知我们的托马斯船长去世了,尽管他在德国船上的医务室里得到了很好的治疗。第二天,以全套的海军礼仪把他葬在海上。①

---

① Edwards, *Beware Raiders!*, pp. 85–86.

克吕德尔没有时间转移惠灵顿港号上的货物，所以他击沉了货船，企鹅号向南逃窜。

"郁金香"

克吕德尔决定用斯多尔斯塔德号把 405 名俘虏运到法国去，并发信号给海军战争指挥部："我将派俘获船斯多尔斯塔德号按规定航线驶往大西洋的安达卢西亚。"① 亚特兰蒂斯号的罗格截听到了这一信息，请求斯多尔斯塔德号给自己补充燃料。海军战争指挥部因此命令克吕德尔在马达加斯加岛东南 900 英里处的"郁金香"与亚特兰蒂斯号会合。12 月 7 日，企鹅号到达会合地，亚特兰蒂斯号第二天出现之后，克吕德尔组织船员们在甲板上列队，身穿夏日制服，但刻板的礼节很快让位于欢呼喝彩。克吕德尔登上了亚特兰蒂斯号，正如罗格后来回忆的："克吕德尔上了船——在海上航行 300 天以来，这是除了自己船上的伙伴之外第一个踏上我们甲板的德国人。船员之间有一次绝妙的团聚。"②

罗格邀请克吕德尔去他的军官餐厅，在那里开了香槟酒。罗格向克吕德尔展示了一张缴获的地图，上面描绘的是英国海军部的秘密战时航线。③ 与此同时，两艘船的船员打成一片，享受着同志情谊、食物和美酒。罗格拜访了企鹅号，送给克吕德尔一套南极海图。那是从挪威油轮特迪号上缴获的，图中显示了布韦岛周

---

① Brennecke, *Ghost Cruiser H.K. 33*, p. 146.
② Rogge and Frank, *The German Raider Atlantis*, p. 119.
③ Hoyt, *Raider 16*, p. 156.

9 印度洋追击

围的安全航线,这对克吕德尔极有价值,因为他正计划进入那个海域。在企鹅号上,罗格收到雷德尔发来的信号通知:"致亚特兰蒂斯号,指挥官被授予铁十字骑士勋章。我谨向舰长和全体船员致以最热烈的祝贺,祝贺该船的杰出成功获得了认可。"[1]罗杰的功绩使得两艘偷袭舰上开始重新庆祝。

罗格把124名俘虏转到了斯多尔斯塔德号上,亚特兰蒂斯号接收了燃料、食物和淡水。克吕德尔的俘虏也登上了油轮。12月9日,企鹅号启航,克吕德尔发信号给斯多尔斯塔德号:"航行愉快,万分感谢。你们是我迄今为止最好的战利品。"[2]

斯多尔斯塔德号的航行

斯多尔斯塔德号载着524名俘虏驶往欧洲,由赫尔穆特·哈内费尔德中尉指挥。克吕德尔给了他一瓶乔治五世国王威士忌,祝他好运,还有一些船员写的信,捎给所爱的人。油轮的船员包括20名德国人,但挪威志愿者管理这艘船,好让德国人专心于警卫职责。哈内费尔德承诺尽其所能帮助挪威人回国,他后来信守了这个誓言。[3]

斯多尔斯塔德号上人满为患,比起偷袭舰来,生活条件糟糕得多。前货舱里有300人,使用一个洗手间,睡在铺在地板上的缆索上。德国人让船长们分开住在舰桥的下面,女性乘客住在医

---

[1] Slavick, *The Cruise of the German Raider Atlantis*, p. 116.
[2] Rogge and Frank, *The German Raider Atlantis*, p. 123.
[3] Krancke and Brennecke, *The Battleship Scheer*, p. 128.

务室里,东印度水手住在船尾的隔间里。警卫给俘虏们的住处装上了炸药,警告他们,任何试图接管这艘船的行为都会导致沉船。他们还在舰桥上设置了两个机关枪的位置,任何时候都随身携带步枪和手榴弹。

俘虏们每两天可以在甲板上锻炼 30 分钟。他们每天只有一杯水,每 11 天能得到几粒维生素丸,但警卫们在圣诞节给了每个男人一瓶啤酒。惠灵顿港号上的见习水手约翰·史密斯后来回忆起一次流产的哗变:"有两个疯狂的澳大利亚人冲在前面,他们急于攻占舰桥。将会有一场可怕的屠杀。"①

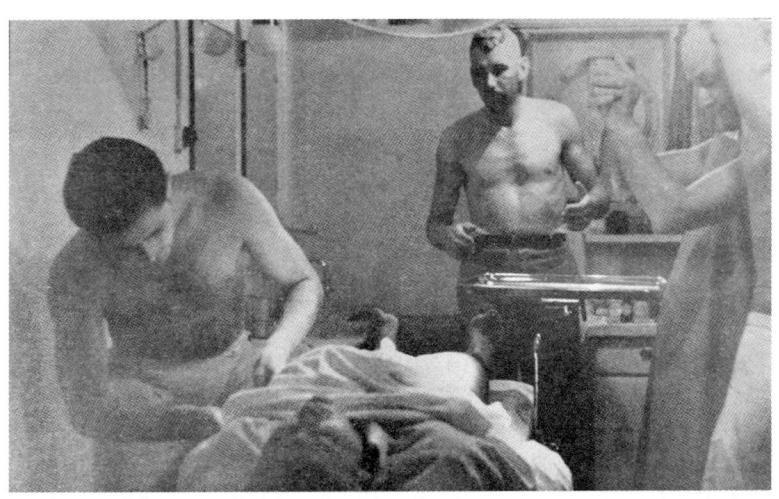

海军补给舰诺德马克号上的医务室。1941 年 1 月 6 日,斯多尔斯塔德号在特里斯坦－达库尼亚西北 200 英里处代号为"安达卢西亚"的地点与雷神号、舍尔号、诺德马克号和公爵号会合。

---

① Edwards, *Beware Raiders!*, pp. 204–205.

9　印度洋追击

斯多尔斯塔德号向南航行了很远，以避开航运路线，在南极的寒冷中，一名俘虏死于肺炎。来自布里斯班港号的詹姆斯·梅森后来回忆起这次航行：

> 在这个地牢里有我们当中的260人，航行中的大部分时间都被封死在昏暗中。有两个水管可以用于洗刷，但人们多半会喝掉水管里流出的水，试图解渴。①

1月6日，斯多尔斯塔德号在特里斯坦-达库尼亚西北200英里处的"安达卢西亚"与雷神号、舍尔号、诺德马克号和公爵夫人号会合。雷神号最近在南大西洋击沉了两艘货船，然后于12月5日在里约热内卢以南与武装商船巡洋舰卡那封城堡号交战，雷神号隔着12800米的距离开火，朝卡那封城堡号发射了23发炮弹，迫使它撤退到蒙得维的亚，32人丧生，82人受伤。袖珍战列舰舍尔号10月14日离开德国，肩负着进攻北大西洋护航舰队的使命。在击沉了货船莫潘号之后，这艘偷袭舰在11月5日攻击了护航舰队HX 84，击沉了武装商船巡洋舰杰维斯湾号和6艘商船。

斯多尔斯塔德号给海军补给舰诺德马克号补充了燃料，这艘船被派来支援舍尔号。俘获的邮轮从俘获船公爵夫人号那里接收了一些鸡蛋和牛肉。公爵夫人号是舍尔号俘获的冷藏货船，使得

---

① "Hell Ship and Prisoner Camp", *The West Australian*, 19 May 1945.

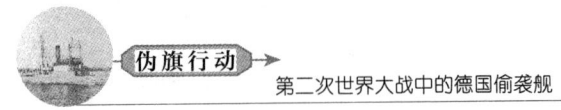

伪旗行动 第二次世界大战中的德国偷袭舰

俘虏们的伙食大为改观。油轮第二天启航。哈内费尔德让舱盖一直打开着，以改善货舱里的空气，并允许俘虏们频繁地到甲板上。惠灵顿港号的二副巴肯准确地标记了斯多尔斯塔德号的航向，并正确地预测它正驶往波尔多。①

航行继续，没有再出现意外，直至斯多尔斯塔德号抵达比斯开湾，一架桑德兰式水上飞机在头顶绕了一圈。德国人把一面土耳其国旗铺在甲板上，发出了一些毫无意义的信息，直至飞机消失不见。油轮在2月4日抵达波尔多。②

德国人把俘虏们转移到雅莱地区圣梅达尔西北的过境营地"前线战俘营221号"。他们的消息传回国内，《百眼巨人报》报道：

> 5个月之前在太平洋被一艘偷袭舰击沉的惠灵顿港号学徒水手、德比郡贝克韦尔的维克托·雷蒙德·琼斯写信给他妈妈说，他在法国的一个平民拘留营里，很安全。他要求给他寄一些包裹，并说菜单上有汤、咖啡和面包，所以，要是有"一点可口的美食那就非常好了"。③

来自迈莫阿号的欧内斯特·豪利特策划了一次逃跑，他不停地挖地道，把法国红十字会分发的配给储藏起来。然而，3月11

---

① Seki, *Mrs Ferguson's Tea-set*, p. 101.
② 斯多尔斯塔德号控制在德国人手里，直至1942年9月2日，在圣纳泽尔水域遭到盟军飞机轰炸。这次袭击使之损坏严重，德国人让它退役了。
③ "Deckboy Prisoner", *The Argus*, 25 April 1941.

9　印度洋追击

日，警卫们告诉囚犯，他们将在当天上午动身前往德国。由于认为在法国逃跑更容易，来自迈莫阿号的哈珀、豪利特和罗斯·邓西以及来自瑙谢拉号的罗伯特·贝娄决定从火车上逃跑。囚犯们上了火车之后，几个逃跑者发现车厢的门没有上锁。当火车在布洛瓦附近的弯道上减速时，4个人全都跳下了火车。[1]

几个逃跑者朝东南方向穿过树林，避开了附近一个德国军营，然后直奔维希法国的边境。他们夜里睡觉，白天赶路，以减少怀疑。当这群人经过布洛瓦时，他们并排跟着一群工人过了卢瓦尔河上一座有卫兵守卫的大桥，没有遭到德国人的盘问。在一个村子里，一个德国军官跟他们打招呼；在另一个村子里，一个法国警察认出了他们的身份，护送他们穿过了那一地区。3月15日，几个逃跑者到达边境，最终在一些同情他们的法国人的帮助下，经由马赛，到达西班牙。在英国领事馆，他们遇到另一个逃亡者——来自惠灵顿号的哈里·拉宾。5个人准备了一份详细报告，介绍他们的经历。这份报告在盟国海军圈子里流传，引起人们的极大兴趣，因为它描述了亚特兰蒂斯号、企鹅号和斯多尔斯塔德号。[2]

---

[1] Roskill, *A Merchant Fleet in War*, p. 73.
[2] Seki, *Mrs Ferguson's Tea-set*, p. 109.

10

瑙鲁与磷酸盐船

我们今天是一群非常难过的人。我们大家依然都在这儿,似乎一直闲待着,我们在想瑙鲁。……我们搞不懂,昨天这儿屠杀之后,这些船只是闲待着。……这一切似乎是一场恶梦;所有这一切都在发生,这简直是不可能的。[①]

——彗星号上的囚犯、轮机长阿伯内西

瑙鲁计划

击沉朗伊塔尼号之后,埃森一门心思想着袭击瑙鲁,那是澳大利亚海军站东北角上的一个小岛,是磷酸盐生产中心,对肥料供应来说至关重要。瑙鲁过去一直是德国的殖民地,但《凡尔赛条约》把它划给了大英帝国。澳大利亚负责这个小岛的行政管理,而磷酸盐贸易的控制权则授予来自英国、澳大利亚和新西兰的3个专员。根据国际联盟托管授权,不能在那里建立军事基

---

① NAA File, *Pacific Ocean Raiders* (B6121, 165T).

10 瑙鲁与磷酸盐船

地,所以瑙鲁没有设防。

英国磷酸盐管理局管理着自己的船队由 4 艘船组成——三和号、三星号、三重号和三合号,但一些租赁船也经常光顾这个小岛。由于瑙鲁没有港口,船只通常会停泊在岛外,等待从悬臂式码头装载磷酸盐。瑙鲁每年生产将近 100 万吨磷酸盐,所以埃森挥之不去的念头有一个牢固的根据。

1940 年 11 月 28 日,远东舰队驶近克马德克群岛,埃森下令直奔瑙鲁。维厄建议走更远的航线,经过珊瑚海,因为那样会有更多的机会击沉敌船,但埃森作为指挥官,否决了他的建议。埃森计划攻击瑙鲁附近的船只,登陆小分队将摧毁岛上的基础设施。①

舰队继续向北,从新喀里多尼亚和新赫布里底群岛之间驶过。12 月 5 日,过了所罗门群岛之后,埃森宣布了他的打算:让所有俘虏在瑙鲁上岸,但维厄强烈反对,认为俘虏当中很多人拥有十分宝贵的知识,他坚持只释放非白人俘虏。

攻击

舰队驶近瑙鲁,都伪装成日本货船。12 月 6 日早晨,猎户星座号的瞭望哨发现了一艘船。4413 吨的磷酸盐蒸汽船三重号从纽卡斯尔驶往瑙鲁,装载着食物和零星货物。②维厄得出的结论是,它将和远东舰队同时到达。为了防止这一点,偷袭舰采用了截击

---

① Waters, *The Royal New Zealand Navy*, pp. 140–44.
② 三重号早些时候在布里斯班水域逃脱了猎户星座号。

伪旗行动
第二次世界大战中的德国偷袭舰

航向。猎户星座号——它的发动机开到了10节以上的速度——在大雨的掩护下从南边靠近,彗星号从北边截断它的逃跑路线。三重号毫不知情地被卡在两艘偷袭舰之间。

在三重号的瞭望哨发现了猎户星座号之后,休斯船长认为它是另一艘磷酸盐船,尽管搞不懂它为什么改变了航向。在彗星号开炮示警之后,三重号试图广播遇难信号,但被偷袭舰的无线电用虚假的日本信息干扰了。两艘偷袭舰都开了火,几发炮弹击中了货船。它很快就停船了,船员们放下救生艇,一位名叫洛娜·亚当斯的乘客后来回忆:

英国货船三重号,1940年8月10日在南珊瑚海逃离与猎户星座号的一场遭遇战,1940年12月6日在瑙鲁岛外被猎户星座号和彗星号击沉。

我向下爬进已经下水的救生艇里……船长让无线电广播了我们遇难的信息。从我们所热爱的船上传来三声爆炸,炸

10 瑙鲁与磷酸盐船

坏了发动机,船停了。当爆炸声发出时——在我听来——听上去就像是某个人被击中了。①

来自彗星号的登船搜查队控制获了三重号,两艘偷袭舰发射鱼雷击沉了这艘蒸汽船。3个人丧生,61个水手和乘客——包括6个女人和1个孩子——成了猎户星座号和库尔默兰号上的俘虏。在猎户星座号上,拉夫勒医生给俘虏做了检查,然后由警卫护送去了他们的住处,在那里给了他们面包、果酱、咖啡、纸牌和香烟。亚当斯记录了他对警卫们的印象:

这些水兵看上去似乎还只是孩子。他们对我们非常友好而客气。他们的生活也有很多的悲痛。他们全都会说相当不错的英语。一个相貌英俊的家伙大约30岁,他告诉我们,他妻子在德国老家一场空袭中被炸死了。②

① NAA File, *[German] Raiders in the Pacific* (BP242/1, Q45055 PART 1).
② Ibid.

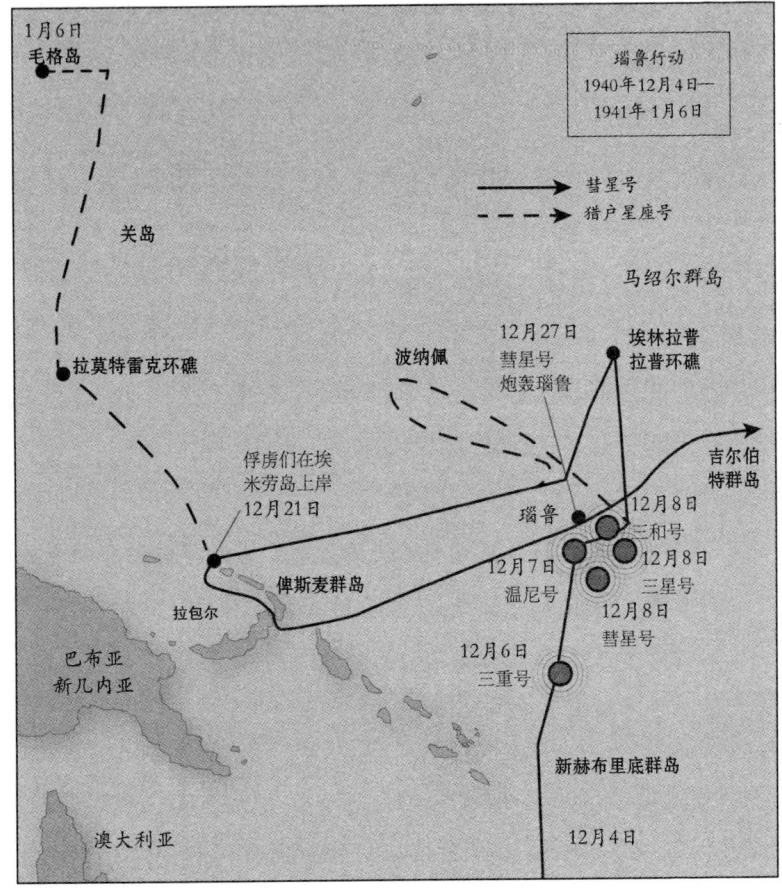

维厄还记得两个俘虏到达时的情景,一个母亲和她18岁的女儿:

> 起初,她们确实很害怕猎户星座号,因为这艘船恶名在外,但她们很快发现,她们受到的对待不仅很得体,而且堪称体贴,于是不再拘谨。她们特别感兴趣德国女人穿什

10 瑙鲁与磷酸盐船

么,关于穿长裙、不化妆的说法是不是真的。到最后,能够满足她们好奇心的唯一方法是找出几本时髦杂志——《女士》(*Die Dame*)月刊。[1]

彗星号继续向前,勘察离瑙鲁更近的水域。12月7日,远海和大雨阻止了水上飞机的飞行。18:00,瑙鲁岛上的观察哨看见了离岸4英里处的一艘船,但糟糕的能见度无法辨认,港务长安德森和瑙鲁行政主管查尔姆斯中校断定,那必定是一艘日本船,于是没有采取行动。[2]

18:33,彗星号瞭望哨发现了5181吨的挪威货船温尼号。它从达尼丁启航后抵达瑙鲁岛外,一直在漂泊,等待风平浪静的天气装载磷酸盐。船长海尔默·亨德里克森发现了彗星号,并注意到船体上的日本标志,但是,当后者全速接近时,他开始怀疑起来,并改变了航向。当距离近到只有1.5英里时,彗星号命令它停船。亨德里克森船长命令他的31名船员弃船,偷袭舰俘获了这艘蒸汽船,没有发生意外。挪威人登上彗星号之后,埃森弄沉了温尼号。由于没有广播遇袭警报,瑙鲁岛周围其余的船只依然不知道危险正在接近。

12月8日,彗星号和猎户星座号会合了。埃森报告,装货浮标处没有船只停泊,但在岛的东北方向发现了3艘船。彗星号将巡逻瑙鲁岛北边,而猎户星座号和库尔默兰号则从南边靠近,两

---

[1] Weyher and Ehrlich, *The Black Raider*, p. 133.
[2] Gill, *Royal Australian Navy*, 1939–1942, p. 277.

伪旗行动
第二次世界大战中的德国偷袭舰

艘偷袭舰将同时进攻最早发现的任何船只。由于天气恶劣,埃森放弃了让一支海岸小分队登陆的计划。

03:30,猎户星座号的瞭望哨发现了一艘灯火通明的船只,偷袭舰转为截击航向,船员们很快发现了第二艘船。维厄坚持原来的航向,把距离拉近到1300米,然后发信号问:"什么船?"6378吨的磷酸盐船三和号正在瑙鲁岛外漂泊,等待天气改善。船长约瑟夫·卡伦德没有理睬猎户星座号的信号,与此同时,澳大利亚皇家海军的3名水兵恩斯科、莫尔罗斯和里德准备好了4英寸舰炮。

维厄鸣炮示警,三和号关掉船上的灯逃跑。猎户星座号的探照灯照亮了它的舰炮,维厄命令炮手开火,第一波炮火击中了三和号,打掉了它的起货桅。又有三波齐发炮火连续射向货船,摧毁了它的无线电室并点燃了大火。船员弗格森目睹了这次毁灭:

> 船灯倒掉了,地板上铺满了破碎的金属和零配件;通往餐厅的楼梯成了一团滚滚浓烟,底部冒出红火,一个女乘客刺耳的尖叫伴随着左舷上的爆炸声。①

卡伦德船长决定弃船,因为"使用我们的大炮只能导致不必要的生命损失"②。菲律宾水手西米恩·吉米内兹被杀,孩子吉米·兰格受轻伤。三和号停船之后,船员们放下两艘救生艇,向

---

① NAA File, *"Raider" - Typewritten Notes* (MP1174/1, 618).
② Ibid.

10 瑙鲁与磷酸盐船

瑙鲁岛划去。由于猎户星座号必须去对付第二艘船,库尔默兰号俘虏了幸存者。

6032 吨的磷酸盐船三星号漂泊在瑙鲁岛外。船长罗兹听到了炮火声,看到一艘船在黑暗中着了火,还看到了第二艘船。他正确地推断,三和号沦为一艘偷袭舰的受害者,于是他关掉船上的灯,下令全速前进。拂晓时分,在看不见那艘被怀疑的偷袭舰后,一艘船出现在后面,但他错误地推测那是三重号在驶往安全地带。

猎户星座号未经警告便开火了,第一阵炮火摧毁了三星号的无线电桅杆。又是三波炮火齐发之后,罗兹船长选择弃船:"我决定,再继续航行会造成重大伤亡,毫无意义,于是我把三星号停了下来,下令每个人进入救生艇。"[1] 猎户星座号的登船搜查队搜查了三星号之后,弄沉了这艘船。

彗星号目睹了这次炮击,但埃森一直保持距离,避免误伤。随后,偷袭舰从救生艇上俘虏了一些三和号的幸存者,包括大副劳。他问埃森,为什么未经警告便开火,埃森答道:"你们在一艘武装船上,我们把你们当作一艘军舰来对待。你们为什么在有大炮的船上装载乘客?"[2] 新俘虏包括 14 名高级船员、19 名华人、27 名菲利宾人和 3 名乘客。

联盟轮船公司 3900 吨的磷酸盐船科马塔号两天前抵达瑙鲁。船长沃尔特·菲什很担心,他的无线电操作员报告瑙鲁岛与大洋

---

[1] Gill, *Royal Australian Navy, 1939-1942*, p. 277.
[2] Muggenthaler, *German Raiders of World War II*, p. 67.

岛之间出现异常信号。他随后在大约 1.5 英里之外的地方发现了两艘船；一艘看上去是日本船。他下令全速前进，左满舵。

彗星号的瞭望哨发现了科马塔号，埃森命令它停船，但菲什船长指示无线电官沃德广播遇袭警报，偷袭舰的信号员试图干扰。瑙鲁岛和大洋岛的电台收到了信号，但信息只是说一艘偷袭舰正在袭击一艘船，没有船名、位置和细节。大洋岛的无线电操作员把这个信息转发给了苏瓦，但彗星号使用科马塔号呼叫信号发出一个撤销指令，消除了大洋岛和瑙鲁岛上的怀疑。[1] 维厄后来回忆起这次欺骗："彗星号的无线电操作员熟练地插入了这次会话，并设法消除了两座岛上的疑虑，然后，瑙鲁岛竟然为制造恐慌而道了歉。"[2]

彗星号的炮火齐射击中了科马塔号，造成相当可观的损伤，让它的无线电彻底失灵。炮弹摧毁了舰桥，炸死大副蒂姆·马克，菲什船长和几个船员受了伤。菲什决定弃船，撤离之后，沃德发现只有自己一个人留在船上。他进入海图室，把一包机密册子扔到了海里，但没能找到保险柜的钥匙。登船搜查队随后搬走了保险柜，发现了科马塔号的密码本。[3] 沃德后来被授予劳埃德海上勇士勋章。32 个幸存者成了彗星号上的俘虏，但二副休斯死在船上，埃森为他举行了海葬。霍姆伍德号的米勒船长记录了菲什船长到来的情景：

---

[1] Gill, *Royal Australian Navy, 1939-1942*, p. 279.
[2] Weyher and Ehrlich, *The Black Raider*, p. 135.
[3] NAA File, *"Raider"* - Typewritten Notes (MP1174/1, 618).

10 瑙鲁与磷酸盐船

科马塔号的菲什船长上了船,头发蓬乱、衣冠不整的样子就像是个头号海盗——脖子上围着黑色的丝绸手帕,灰色的旧衬衫有很多弹片造成的小孔。土黄色卡其布短裤,高统防雨靴。他显示出炮弹带来的震惊和兴奋的明显迹象——完全搞不懂自己怎么从舰桥上被炸到甲板下面。①

登船搜查队在科马塔号的轮机舱里装上炸药,爆炸之后,船依然浮在海面上,于是,彗星号击沉了货船。三和号的船员弗格森目睹了它最后的时刻:

它非常缓慢地倾侧,直至露出船底,随后是一次优雅而高贵的告别,它滑下了水面,从视线里消失了,船底的洞孔里喷出一股水柱。那是令人惊叹敬畏的一幕,我绝不希望再目睹这样的一幕。我还记得,我很想知道科马塔号菲什船长的脑海里浮现的想法是什么,他就站在我前面,注视着他的船通向水葬的最后航程。②

在此期间,猎户星座号摧毁了三和号。它的甲板被烧光了,它装运的磷酸盐被烧得通红,产生了巨大的蒸汽云团。维厄发射了一颗鱼雷,但爆炸之后,那艘骄傲的船拒绝下沉。登船队装填

---

① NAA File, *Public Relations Bulletin* (A8681, 1940/337).
② NAA File, *"Raider"- Typewritten Notes* (MP1174/1, 618).

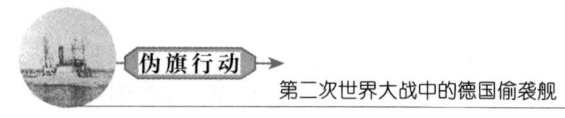

第二次世界大战中的德国偷袭舰

炸药最终炸沉了三和号。来自朗伊塔尼号的护士桑德巴奇和埃奇目睹了这次沉没:

> 下午,医生问我们想不想看一艘英国船沉没。我们当中几个人透过舷窗盯着看。数码之外的地方有一艘小货船,头尾都着了火,正缓慢地沉没。外面的甲板上坐着两个德国军官,对这场似乎如此孩子气的、不光荣的"胜利"沾沾自喜。①

瑙鲁岛上,天气遮掩了这场战斗,但当局能够看见三和号正在燃烧的残骸,以及彗星号和库尔默兰号,它们依然被认为是日本船。瑙鲁的无线电操作员试图联系那两艘船,但没有成功,然后要求附近的所有日本船只报告。两小时后,查尔姆斯中校发信号告知澳大利亚,看到两艘日本船紧挨着一艘正在燃烧的船,而且,与磷酸盐船失去了联系。②

下午晚些时候,能见度有所改善之后,当局目睹了一艘船向另一艘船开炮,瑙鲁的无线电台通报给了澳大利亚。③作为回应,海军部命令正在或正驶往瑙鲁岛和大洋岛的船只全都散开,前往

---

① Sandbach and Edge, *Prison Life on a Pacific Raider*, p. 143.
② Gill, *Royal Australian Navy, 1939-1942*, p. 279.
③ NAA File, *Enemy Laying of Mines and Raider Activity in Australian Waters* (A5954, 531/2).

10 瑙鲁与磷酸盐船

苏瓦或莫尔兹比港；考虑到附近没有军舰，别的事情也做不了。①

对德国海军来说，袭击瑙鲁是一场重大胜利，因为埃森和维厄击沉了5艘船，海军战争指挥部指出："12月7日和8日的行动凭借其有系统的计划和执行而赢得认可。几艘船的联合努力导致更大的战果。"② 维厄和埃森都曾未经警告而开火，因为他们害怕敌船的无线电，随着海上暴力逐步升级，以绅士风度进行一场"俘获敌船的战争"似乎是一个遥不可及的梦。

---

① 澳大利亚皇家海军军舰堪培拉号在印度洋航线US 7护航后回国，阿德莱德号正在悉尼改装，马努拉号在给运兵船西兰蒂亚号护航。

② NAA file, *German Naval Operations in Australasia* (MP1049/5, 2026/19/44).

11
鸬鹚号辅助巡洋舰

多少次，我阅读关于第一次世界大战中利用此类船只（辅助巡洋舰）的描述，我对它们的工作方式十分感兴趣，与舰队及其所有资源脱离开来，在公海上完全靠它们自己！它们的指挥官的知识和技能给我留下了深刻印象，责任的重担落在他们肩上，还有船员们的勇气和可靠性。[1]

——鸬鹚号指挥官西奥多·迪特马斯舰长

海军少校迪特马斯

1940年6月4日，沙恩霍斯特号、格奈森瑙号和希佩尔号与4艘驱逐舰一起从基尔港启航，由海军上将威廉·马沙尔指挥，去轰炸纳尔维克周围的英军阵地。但是，从挪威撤退导致使命的改变，这支部队如今打算截击敌人的护航舰队。6月8日，德国人发现了油轮油先锋号和武装拖船杜松号。希佩尔号击沉了杜松

---

[1] Detmers, *The Raider Kormoran*, p. 16.

11 鸬鹚号辅助巡洋舰

号,然后集中火力攻击油先锋号,马沙尔命令驱逐舰赫尔曼·舍曼号干掉已经严重损坏的油轮。

赫尔曼·舍曼号的指挥官西奥多·迪特马斯少校出生于 1902 年 8 月 22 日。1921 年 4 月加入魏玛国家海军后,他先后在战列舰汉诺威号及阿尔萨斯号、教练舰尼俄伯号和巡洋舰柏林号上服役。他后来在柏林的人事部工作。1937 年,他成了驱逐舰列博莱希特·马斯号的副舰长,随后接管了赫尔曼·舍曼号的指挥权。

迪特马斯下令他的驱逐舰驶向油先锋号,用一颗鱼雷击沉了它。德国舰队后来击沉了客轮奥拉马号,希佩尔号和几艘驱逐舰回国了,因为它们的燃料快用完了。①

6 月 17 日,赫尔曼·舍曼号抵达威廉港,正当船员们准备上岸休假时,迪特马斯接到北站人事副官打来的电话,告诉他,他将接管"41 号舰"的指挥权。迪特马斯问这是什么意思,人事副官答复道,他将在汉堡得到进一步的命令。迪特马斯连夜登上驶往汉堡的列车,到达之后,他兴奋地发现,"41 号舰"是一艘辅助巡洋舰。38 岁的迪特马斯成了最年轻的偷袭舰舰长。

第二波

1940 年中期,雷德尔将军自豪地向希特勒简要介绍了他的"第一波"辅助巡洋舰的成功:

---

① 沙恩霍斯特号和格奈森瑙号继续航行,击沉了航空母舰光荣号,以及驱逐舰热情号和阿卡司塔号,然后回国。

伪旗行动
第二次世界大战中的德国偷袭舰

两艘辅助巡洋舰(亚特兰蒂斯号和企鹅号)在印度洋,一艘(猎户星座号)在澳大利亚海域,一艘(雷神号)在南大西洋,一艘(白羊星座号)在中大西洋,一艘(彗星号)经由北方航线离港,如今在白令海峡附近……有明显的迹象表明敌军方面十分担心,他们没有能力执行大范围的搜索活动。①

雷德尔还准备了"第二波"偷袭舰。第一艘船选择的是汉堡-美洲航运公司9400吨的货船施泰尔马克号,它成了"41号舰",官方的说法是一艘突破舰。施泰尔马克号1938年下水,汉

鸬鹚号指挥官西奥多·迪特马斯舰长,骑士勋章、铁十字勋章(一级)获得者。

---

① Showell, *Fuehrer Conferences on Naval Affairs*, p. 133.

堡－美洲航运公司打算让它在远东部门服务，但它只完成了最早的几次测试，战争便爆发了。

1940年3月，汉堡的造船工人开始在严格保密的氛围中把施泰尔马克号改装成一艘偷袭舰。工人们建造了一条特殊的走廊，使得船员们能够迅速到达作战位置，还有附加油箱，可以储存额外的5200吨燃料，使它能够航行一年而不用补充燃料。它的货舱里有两架阿拉多式水上飞机，和一艘轻型快艇。

迪特马斯赶到后，掌管了改装过程。他担心重大改变会把航行推迟好几个月，因此倾向于忽略一些小的缺陷。① 在选择分配给这艘偷袭舰的26名军官和375名水兵上，他没有发言权。大约100名船员是汉堡－美洲航运公司的水手，包括轮机舱里的所有人员。精心准备的船员住处给每个水兵提供了一个个人舱室，里面有一个铺位、一张桌子和一个储藏柜。不那么舒适的俘虏货舱装有吊床，但为女性俘虏和船长们准备了好一些的住处。3个冷藏室里装满了足够的食物，足以养活船员和100个俘虏一年以上。

在一次探访柏林期间，改装部门的头儿君特·冈普里希少校问迪特马斯，打算怎么称呼自己的偷袭舰。迪特马斯没有考虑过这个问题，冈普里希建议使用"鸬鹚"。迪特马斯立即喜欢上了这个名字，他回想起了在南海和第一次世界大战中名声大噪的炮艇科默兰号（译者注：这个名字［Cormoran］与德语的鸬鹚

---

① Detmers, *The Raider Kormoran*, p. 22.

汉堡－美洲轮船公司 9400 吨的货船施泰尔马克号在汉堡被改装成一艘偷袭舰,名为鸬鹚号。额外的油箱可以储存 5200 吨燃料,能够航行一年而不用补充燃料。货舱里有两架阿拉多式水上飞机和一艘轻型快艇。

偷袭舰鸬鹚号在一个无法识别的地点与 U 型潜艇会合。

11 鸬鹚号辅助巡洋舰

[Kormoran]音形皆近)。他还被这种鸟的典型特征所吸引:

> 鸬鹚是一种注重实际的鸟;它其貌不扬,但了解自己的工作。马来人和中国人都用它捕鱼。他们把一个套环套在它的脖子上,这个套环并不影响它的呼吸,却能阻止它循着自然本能吞下较大的鱼……我眼下正想到公海上抓一两条大鱼,所以,鸬鹚这个名字似乎很合适。①

10月9日,造船工人完成了改装工作。鸬鹚号是最大的辅助巡洋舰,两倍于彗星号的尺寸,它的4台柴油发动机产生令人印象深刻的最高速度18节,有着杰出的持久力。②这艘偷袭舰的主要武器装备包括6门5.9英寸大炮,藏在衡重钢板和可摺叠遮盖罩的后面。③炮手们一周进行两次正规训练,包括拆卸伪装操练。船首右舷炮的操作人员成了一个有效的团队,他们能在60秒之内发射最大数量的炮弹。④迪特马斯经常亲自监督炮击练习,向炮手们询问攻击目标优先顺序。⑤两门37毫米大炮藏在金属薄板屏风后面,5门四座20毫米加农炮可以通过液压从甲板下面升上

---

① Detmers, *The Raider Kormoran*, p. 25.
② 鸬鹚号长515英尺,宽66英尺,吃水线31英尺。
③ 1号炮和2号炮装在前甲板的下面,3号炮和4号炮装在货舱的中轴线上,5号炮和6号炮装在后甲板的下面。
④ *The Loss of HMAS SYDNEY II: Volume One*, p. 109.
⑤ Ibid.

伪旗行动 第二次世界大战中的德国偷袭舰

来。①偷袭舰还有 6 个鱼雷发射管：两个双座水上发射管藏在舰桥下活板的后面，还有两个单座水下鱼雷发射管。②

10 月 9 日，德国海军让鸬鹚号开始服役，迪特马斯与造船厂的代表一起组织了一次小规模的庆祝。偷袭舰第二天启航，抵达基尔港。那天晚上，英国轰炸机出现在空中，目标是基泽伯格的油罐。当夜空被曳光弹照亮时，炸弹在远处爆炸。偷袭舰经历了第一次战争体验，军官们在军官餐厅里喝酒，以庆祝这一事件。

当船员们装载弹药、燃料及其他储备物资时，动力舱里突然窜出一团大火，顿时浓烟滚滚。当消防队员赶来帮忙时，浓烟已经充满鱼雷舱。船员们打开挡板，很快扑灭了大火，但很多好奇的旁观者注意到了这艘船的古怪特征，这让迪特马斯很不爽，于是，偷袭舰尽可能远离码头停泊，重新回到隐秘状态。

10 月 15 日晚上，英国皇家空军再次轰炸基尔港，一颗炸弹落在距离鸬鹚号船尾 10 米的地方，没有造成损害，但爆炸使船颤抖起来。3 天后，偷袭舰在护航下启航驶往哥滕哈芬。到达那里之后，船员们对和平时期街灯的景观深感惊奇。训练加强了，但迪特马斯也慷慨地准予他们在但泽附近登岸休假。

11 月 9 日晚上，在波罗的海武器训练期间，二等水兵埃里希·邓布尼克在一块鱼雷挡板处掉下去了。鸬鹚号搜寻他，但不见踪迹。船员们失去了一位战友，迪特马斯增强了训练，好让他

---

① 两门 37 毫米大炮位于舰桥的两侧，两门 20 毫米加农炮位于前甲板的前端，两门在船的中部，一门在后甲板上。

② 水下鱼雷发射管只有在偷袭舰以 3 节以下的速度航行时才能开火，否则可能偏离方向。

11 鸬鹚号辅助巡洋舰

们忙得没有时间悲痛。

鸬鹚号返回哥滕哈芬做最后的准备,船员们感觉到启航就在眼前。雷德尔视察了偷袭舰,祝船员们好运,迪特马斯后来回忆:

> 对我们来说,那是一个值得纪念的日子。刚一上船,海军上将就对一切都感兴趣,什么都想了解;带着他到处参观,向他解释刚刚完成的工作,尽最大可能模仿一艘军舰把它变成一艘普通客轮,真是一件令人愉快的事。①

鸬鹚号接收了最后一批储备物资,包括 360 颗水雷。迪特马斯决定不挨着法国一侧通过英吉利海峡,因为他不相信德国空军有制空权,所以他选择走丹麦海峡。② 鸬鹚号将在新月期突围出去,因为那样将会有足够的能见度绕过冰山航行。③

迪特马斯命令在印度洋展开行动,而南大西洋和太平洋将是第二行动区域。④ 鸬鹚号布设水雷的优先目标是南非、澳大利亚和新西兰的港口,还可以在印度海域布雷。迪特马斯相信自己可以实现雄心壮志:成为历史上最伟大的偷袭舰舰长。

---

① Detmers, *The Raider Kormoran*, p. 41.
② Winter, *War Diary (Kriegstagebuch) of the Raider Kor moran*.
③ Woodward, *The Secret Raiders*, p. 161.
④ NAA File, *Kormoran* (B6121, 164N).

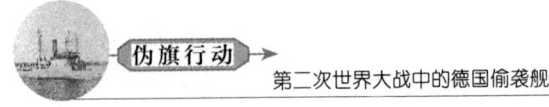

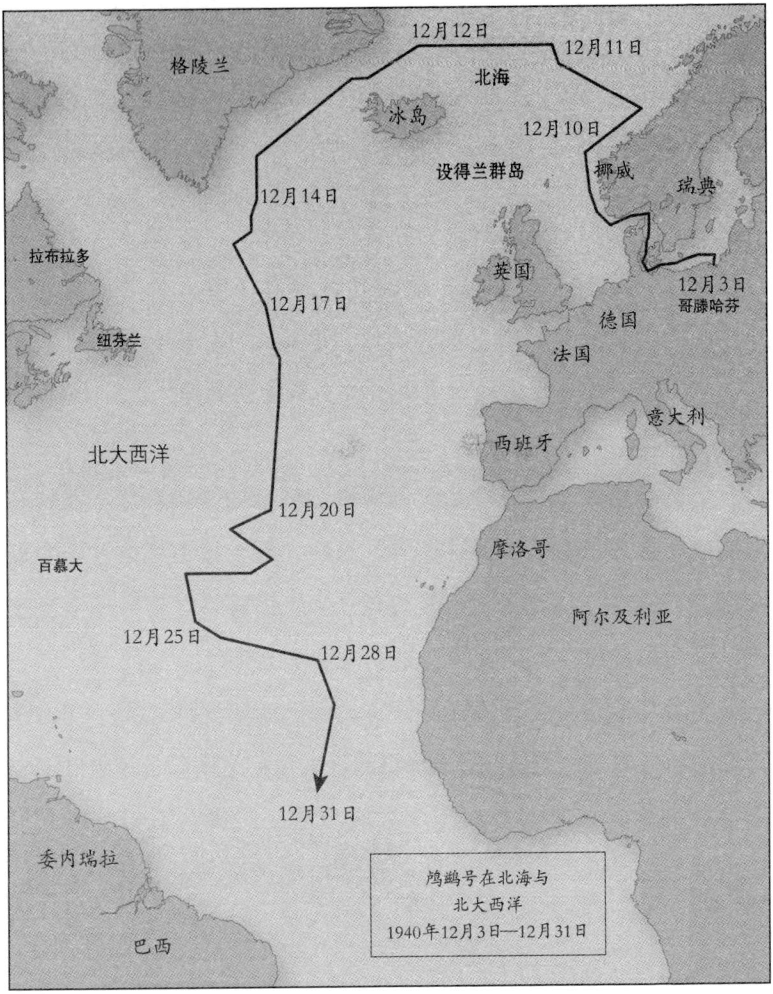
12月12日
12月11日
格陵兰
北海
冰岛
12月10日
设得兰群岛
挪威
瑞典
12月14日
拉布拉多
英国
12月3日
哥滕哈芬
12月17日
德国
纽芬兰
法国
意大利
北大西洋
西班牙
12月20日
摩洛哥
百慕大
阿尔及利亚
12月25日
12月28日
12月31日
委内瑞拉
巴西
鸬鹚号在北海与
北大西洋
1940年12月3日—12月31日

11 鸬鹚号辅助巡洋舰

突围

鸬鹚号准备在一个意外的时机离开德国。英国皇家海军建立了西线巡逻舰队来保护欧洲和北非的入口,但这样做使得守卫北海的北线巡逻舰队兵力大减。分散的武装商船巡洋舰在严酷的寒冷气候里不可能有效地巡逻丹麦海峡。[①]偷袭舰的突围航线部分水域无人守卫。

12月3日,鸬鹚号伪装成一艘突破舰从哥滕哈芬启航。它在海拉附近停了下来,从但泽的海军水上飞机站装载两架阿拉多式水上飞机,然后与一艘真正的突破舰会合,后者将护送它通过丹麦大带布雷区。强风让前进的速度变得缓慢,迪特马斯担心不能按预定日程到达丹麦海峡。12月7日,3艘护航鱼雷艇抵达,战斗机出现在头顶。偷袭舰接下来通过挪威与丹麦之间的斯卡格拉克海峡,但汹涌的海浪迫使鱼雷艇返航,因为它们跟不上。

第二天夜里,海军中尉约阿希姆·格雷特向迪特马斯报告:在汹涌的海浪中,有4颗鱼雷从支架上掉下去了。由于它们不可能被系牢,迪特马斯决定停下来让事态得到控制。鸬鹚号于是靠近了托斯滕峡湾的斯塔万格。当偷袭舰靠近挪威海岸时,警报响了起来,瞭望哨在黑暗中发现了一艘潜艇。迪特马斯命令躲避,以防鱼雷开火,但结果证明那艘"潜艇"是一个岩层,偷袭舰在港口平安抛锚。海军中尉海因茨·梅塞施密特上了岸,要求港口指挥官安排一个合适的位置,远离挪威人的目光。领航员把偷袭

[①] Roskill, *The War at Sea 1939-1945: Volume One*, p. 265.

舰引导到两座无人荒岛之间的海峡里。

船员们完成了修理工作之后,鸬鹚号继续向北航行,与此同时,护航的飞机出现在头顶的上空。一阵微风之后,天气很快就变冷了,能见度降低到了几乎什么都看不见。偷袭舰紧挨着挪威海岸,看上去好像是一艘驶往纳尔维克的货船,然后转向西北。当鸬鹚号驶往格陵兰时,迪特马斯决定伪装成货船莫洛托夫号,相信英国皇家海军不会愿意盘问一艘苏联船只。

12月12日,鸬鹚号驶过冰岛以北,有信号通知迪特马斯,恶劣的天气不会持久,因此,突围被延期。气象学家赫尔曼·瓦格纳博士证实了这个信息的准确性。迪特马斯决定继续航行,因为只要天气转好,就可以掉转方向。鸬鹚号朝西南方向驶往丹麦海峡,那天晚上,预期的天气转好成为现实,所以迪特马斯向后退了。然而,他在舰桥上依然希望天气改变。22:00,风开始越来越大,他命令重新开始突围。鸬鹚号通过冰岛与格陵兰之间冰冷的水域,朝西南方向驶往丹麦海峡。第二天,它在多云的天空下顺利进入大西洋。

当鸬鹚号继续向南航行时,一场暴风雨把它的速度降到了3节,不过也把它藏得严严实实的。12月17日,鸬鹚号到达北大西洋贸易航道,但迪特马斯尚没有获得攻击敌船的授权。偷袭舰驶过纽芬兰,在到达更暖和的水域之后,船员们开始穿上热带制服。那天下午,瞭望哨发现了烟雾,来自电子侦听部的情报告诉迪特马斯,偷袭舰正处在护航舰队HX 94和HX 95之间。

鸬鹚号转向西南,在避开了一艘油轮之后,迪特马斯深感惋

11　鸬鹚号辅助巡洋舰

惜:"真可惜,目前还不允许我们在这一带做任何事情。"[1] 过了纽约-马德里航线之后,迪特马斯向海军战争指挥部报告了他的位置,答复授权他可以开始行动。[2] 他巡逻了亚速尔群岛-西印度群岛航线,但只发现了美国船只。由于要避开附近的 U 型潜艇活动区域,偷袭舰没有太多的机会搜猎目标。

当鸬鹚号继续向南航行时,船员们可以在甲板上一个小游泳池里打发他们的空闲时间,而且,电影院里每天下午都放电影。迪特马斯在食堂里和军官们一起吃饭,因为他很想有"在鱼雷艇和驱逐舰上培养起来的那种亲密关系",这样他就能"更密切地接触军官们"。[3]

12 月 22 日,鸬鹚号过了百慕大,海军战争指挥部给它在北大西洋分配了一个新的行动区域,以避免辅助巡洋舰集中在印度洋。一旦进入这一区域,迪特马斯便越来越失望,因为他至今尚未遇到过敌船:

> 我得出的结论是,北大西洋中部很难航行。运输大概是走两条护航线路之一,并通过巴拿马地区。不难预料,很少有不负责任的人会从佛得角群岛抄近路。[4]

12 月 30 日,迪特马斯命令进行测试飞行,飞行员海因弗里

---

[1] Winter, *War Diary (Kriegstagebuch) of the Raider Kor moran*.
[2] Detmers, *The Raider Kormoran*, p. 59.
[3] Muggenthaler, *German Raiders of World War II*, p. 140.
[4] Winter, *War Diary (Kriegstagebuch) of the Raider Kor moran*.

伪旗行动

第二次世界大战中的德国偷袭舰

德·阿尔中尉成功地驾驶他的阿拉多式水上飞机起飞了。着陆之后,用来吊起水上飞机的绞车脱钩,飞机掉到海里。水上飞机遭到损伤,不过可以修复;但迪特马斯决定只在很少的场合使用它。

1940年结束,鸬鹚号朝西南方向驶往泛美中立带。迪特马斯后来反思:"遗憾的是,我们运气不好,没能在旧的一年旗开得胜,我们期待新的一年有更大的希望。"①

从猎户星座号上看到一架阿拉多式水上飞机在大海里倾覆,被偷袭舰的船员打捞上来。

---

① Winter, *War Diary (Kriegstagebuch) of the Raider Kor moran.*

12
埃米劳岛上被抛弃的人

> 负责指挥三艘船的德国舰长（埃森）充分意识到自己的重要性——他的傲慢自负似乎渗透到了全体船员当中，正如这些情况下经常发生的那样，让我们希望，他们的胆大妄为不久之后会导致自己的毁灭。[①]
>
> ——彗星号上的俘虏 G. R. 弗格森

远东舰队最后的日子

1940年12月8日，远东舰队在瑙鲁岛外20英里处进行了改组。来自朗伊塔尼号的船员麦克休利在猎户星座号上死于重伤，尽管拉夫勒医生尽了最大的努力挽救他的生命；维厄为他举行了海葬。埃森由于恶劣的天气而不能派出海岸小分队登陆，于是彗星号和库尔默兰号驶往埃林拉普拉普环礁去补充燃料，而速度更慢的猎户星座号继续驶往加罗林群岛的波纳佩岛，希望能袭击敌

---

① NAA File, *"Raider" - Typewritten Notes* (MP1174/1, 618).

船。舰队将会在瑙鲁以北会合。

猎户星座号没能找到任何猎物,随后在 12 月 13 日抵达会合地点。由于彗星号和库尔默兰号尚未到达,维厄便巡逻这一区域。3 天后,彗星号和库尔默兰号抵达。由于天气恶劣,埃森宣布放弃让海岸小分队登陆的任何希望。由于没法在瑙鲁岛释放俘虏,怎么处理 675 名俘虏成了最紧迫的问题。① 俘虏们开始意识到这一点,正如桑德巴奇和埃奇所指出的:"很明显,对敌人来说,俘虏实在太多。三艘船都人满为患,配给越来越少,淡水成了奢侈品。"② 尽管拥挤不堪和极不舒适,但警卫们对待俘虏依然很好,正如来自三重号的洛娜·亚当斯所说的那样:

> 这艘船上的医生对所有伤员都十分仁慈而体贴,所有德国人,从总舰长到见习水手,对我们女人和小孩子都很友好。这艘船的轮机长马克斯是我这辈子遇见过的最漂亮的男人之一。③

埃森决定在俾斯麦群岛的埃米劳岛让所有俘虏上岸,除了关键人员之外。维厄坚持认为,应该只释放非白人、妇女、儿童和伤残者,因为其他人可能给敌人提供有用的情报,并回到工作岗位。他建议把这些俘虏转移到偷渡船埃姆兰号上,这艘船正从日

---

① 德国人在他们的船上关押了 675 名俘虏;257 人在库尔默兰号上,265 人在猎户星座号上,153 人在彗星号上。

② Sandbach and Edge, *Prison Life on a Pacific Raider*, p. 153.

③ NAA File, *[German] Raiders in the Pacific* (BP242/1, Q45055 PART 1).

12 埃米劳岛上被抛弃的人

本驶往法国。埃森否决了维厄的建议,远东舰队设定了驶往埃米劳岛的航向。当舰队驶近时,埃森告诉盟国的几位船长,他们将在这座岛上被释放,猎户星座号的水上飞机在俾斯麦群岛和新几内亚北岸上空执行侦察飞行。

12月21日拂晓时分,舰队抵达埃米劳岛。两个英国种植园主家庭:科莱特一家和库克一家,与当地人一起生活在岛上。前一天,库克先生和夫人相信自己看见了一架德国飞机,度过紧张焦虑的一夜之后,他们发现来了3艘船。他们开着一辆福特汽车来到海滩,看到一艘摩托艇正驶近码头,军官们穿着白色制服。在看到德国海军的旗帜之后,库克夫妇决定,友善是最佳的策

1940年12月21日,在俾斯麦群岛的埃米劳岛。德国偷袭舰彗星号(伪装成万叶丸号)、库尔默兰号(有条纹烟囱)和猎户星座号停泊在岛外。

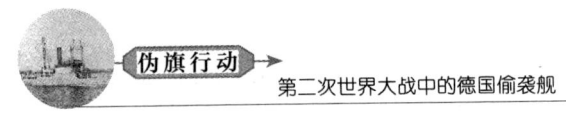
伪旗行动 第二次世界大战中的德国偷袭舰

略,于是他们和登陆小分队打招呼。埃森问库克先生是否愿意照料这些俘虏。库克先生同意了,埃森告诉他,将会留下一艘救生艇,好让他们可以和 70 英里之外新爱尔兰省的卡维恩联系,安排救援。彗星号上的炮手卡尔·梅滕斯后来回忆起这次会晤:

> 当埃森乘坐第一艘摩托艇上岸时,十分惊讶的种植园主——名叫库克——正站在那儿抽烟斗……埃森解释,他有将近 500 个男人、女人和孩子要上岸,种植园主耸了耸肩,说:"好吧。我总不能用我的猎枪把你们赶走吧。"随后,他邀请埃森去他家里喝一杯啤酒。①

俘虏们开始陆续上岸,德国人还给他们留了一些煤油、食物、香烟和步枪。还用一辆卡车围捕了一些牛,带回他们的船上。霍姆伍德号轮机长阿伯内西目击了这出大戏:

> 3 艘偷袭舰停在一个珊瑚礁中,那是一个很大的岛,长满了椰子树,海里有一架水上飞机停在我们这艘偷袭舰的旁边,摩托艇在岛与船之间不停地来回,带走了一些水果和椰子。②

埃森对库尔默兰号的俘虏们发表了一通告别演说,桑德巴奇和埃奇是这样描写的:

---

① "The Marooned Captives", *The Sun-Herald*, 1 November 1953.
② NAA File, *Pacific Ocean Raiders* (B6121, 165T).

12 埃米劳岛上被抛弃的人

……海军准将上了船,走进餐厅,他通常的随员跟在后面。他过来向我们告别,对待我们就像从避难所里出来的、不得不迁就的什么东西。我们觉得就像是孩子正在离开一场派对,我们应该说"谢谢你收留了我"。①

到中午的时候,514 名俘虏上了岸。埃森让所有的俘虏下了船,除了一些现役军人之外,但维厄拒绝让白人男性上岸。彗星号上的现役军人签署了一份声明,然后才被允许离开:

我们签字人以名誉担保,并庄严宣布,在我们获释之后,我们在眼下敌对状态期间,既不会拿起武器,也不会参加针对德国及其盟友的军事行动。违背这一承诺,我们认识到,我们可能遭受死刑惩罚。②

远东舰队在那天下午散伙了。猎户星座号向西北驶往拉莫特雷克环礁,将在那里维修发动机,并把余下的 183 名俘虏转到埃姆兰号上。埃森计划到拉包尔布设水雷,并袭击婆罗洲米里的石油生产设备,然后继续驶往巴拿马运河区。库尔默兰号带着偷袭舰的几本战争日志驶往日本,12 月 31 日抵达那里。

---

① Sandbach and Edge, *Prison Life on a Pacific Raider*, p. 161.
② NAA File, *War Cabinet Agendum - No 50/1941* (A2671, 50/1941).

被抛弃的人

一群被抛弃在埃米劳岛上的人步行 10 英里去了种植园,而伤员和那些没法步行的人则乘坐一辆卡车。亚当斯描述了她受到的接待:

> 我们女人与库克先生和夫人一起住在传教团的房子里。他们都是非常好的人。他们把他们的家给了我们。女人和孩子一排排睡在地板上——没有卧具或垫子。我们只好把头搁在救生圈上,在成群的蚊子中试图睡一会儿。①

其他白人俘虏在岛的西侧建了一个营地,余下的人守在东头。这些被抛弃的人用棕榈树枝建造了棚屋,采集了一些热带水果。他们还用本地的蔬菜做汤,用椰子壳当碗。库克先生宰了牛,本地人为这些新来的人采集了一些椰子、番木瓜和甘薯。温尼号大副阿斯拉克·延森描写了他新获得的自由感:"我们在某种程度上重获自由了,我们享受这种自由。灌木丛里冷得难受,并不舒服,但它和偷袭舰上的囚犯舱没法比。"②

朗伊塔尼号的大副霍普金斯挑选了一帮船员,准备划救生艇去卡维恩,他们决定使用一艘更快的摩托艇。12 月 23 日,霍普金斯、科莱特、巴克尔和延森动身出发。新爱尔兰省的行政长官

---

① NAA File, *[German] Raiders in the Pacific* (BP242/1, Q45055 PART 1).
② NAA File, *"Raider" - Typewritten Notes* (MP1174/1, 618).

12 埃米劳岛上被抛弃的人

约翰·梅里利斯还记得他们在平安夜到达时的情形:

> 埃米劳岛的科莱特先生把我叫醒了,他把在太平洋上被敌舰击沉的几艘船上的4个幸存者带到了我家里。当时,我并不认识科莱特先生,尽管熟悉他的名字。他站在后面;另外4个身穿制服的人都是陌生人……我敢肯定,他们都是名副其实的幸存者,我请霍普金斯先生给我讲讲他的故事。①

1940年12月,514名幸存者在他们的商船被彗星号和猎户星座号击沉之后被抛弃在埃米劳岛上,图中是部分乘客和船员,在棕榈叶搭建的庇护所外。

---

① NAA File, *[German] Raiders in the Pacific Number 2 File* (BP242/1, Q45055 PART 2).

埃米劳岛上的部分幸存者。澳大利亚轮船内洛尔号营救了大约 488 名幸存者。

利安得号和三叶草号带着储备和药品启航前往埃米劳岛,当天下午到达那里,同时两架飞机从拉包尔起飞,巡逻这一水域,搜索偷袭舰。圣诞节那天,利安得号带着一些女人、孩子和伤员回到卡维恩,而三叶草号则装上了卡伦德船长和 100 名菲律宾人及中国人。一架水上飞机带着澳大利亚皇家海军情报官休·麦肯齐上尉从拉包尔赶到,他访谈了几个重要幸存者。另一架水上飞机接回了几位船长和另外几个可能提供情报的人。晚上在莫尔兹比港停留时,澳大利亚皇家空军的人员询问了他们。在抵达墨尔本之后,情报官们进一步询问了这群人。

内洛尔号接走埃米劳岛上余下的 488 人,包括 8 个挪威人、72 个中国人和 95 个菲律宾人。在 1 月 1 日抵达汤斯维尔之后,

12　埃米劳岛上被抛弃的人

中国人和菲律宾人没有下船，因为他们没有进入澳大利亚的许可，但两列火车把其他幸存者转运到了悉尼。① 对于囚犯们在偷袭舰上受到的对待，媒体发表的报道相互矛盾。航空局的一份报纸给出了赞许的看法：

> 幸存者们高高兴兴上了岸，即使他们在偷袭舰上受到的待遇并不坏。但这些船都人满为患，而且食物匮乏……幸存者说，偷袭舰上的条件和待遇完全不同于纳粹地狱船阿尔特马克号上的俘虏们所经历的。②

《堪培拉时报》（The Canberra Times）在一篇题为《偷袭舰是地狱船》的文章中持相反的观点：

> 有些幸存者声称，俘虏们——包括女人——在太平洋偷袭舰上受到的对待，条件比阿尔特马克号上的条件还要恶劣。他们宣称，食物糟糕透顶，机关枪一直对着货舱……这些人所讲的故事与阿尔特马克号上囚禁地狱里的故事一模一样。③

《澳大利亚女性周刊》（Australian Women's Weekly）对女性漂

---

① NAA File, *[German] Raiders in the Pacific* (BP242/1, Q45055 PART 1).
② NAA File, *Rescue of Raider Victims from Emirau Island* (A1196, 43/501/9).
③ "Raiders Were Hell Ships", *The Canberra Times*, 3 January 1941.

流者的时尚感很感兴趣:

> 年轻漂亮的以打字员莫琳·怀特为代表,她来自大洋岛,与母亲一起从墨尔本回来,她在那儿上商业学校。当三重号遭到炮击时,莫琳是船上的乘客,但她脱险时面带微笑,打扮整齐,穿着乳白色的宽松裤,乳白色的丝绸衬衫,一顶军官帽戴在她的卷发上。①

澳大利亚政府不得不决定怎么对待那些签署了埃森那份誓词的人。澳大利亚海军部建议,不应当强迫这些人服役。战时内阁最终决定,他们应当遵守誓言,但不应当阻止他们履行非战斗职责或在商船上服务。②

有价值的情报

埃森释放现役军人和商船水手是一个重大错误。在埃米劳岛上,斯图尔特先生交给麦肯齐上尉两卷胶卷,他拍摄了一些偷袭舰及其补给舰的照片。有一个幸存者给了他一张库尔默兰号的战前明信片,是前者在船上找到的。当第一批幸存者抵达墨尔本时,海军情报部门主管朗中校亲自找他们谈话,就像其他情报官所做的那样。来自诺图号的努美阿和越南的幸存者认为,东京丸

---

① "These Wonderful Women", *The Australian Women's Weekly*, 11 January 1941.
② NAA File, *War Cabinet Agendum* (A2671, 50/1941).

12 埃米劳岛上被抛弃的人

号(库尔默兰号)和万叶丸号(彗星号)都来自日本,并声称,船上的补给,比如香烟,也来自日本。① 他们还报告,德国船员士气很高,他们在空闲时间演奏音乐和唱歌。

朗中校收集了所有情报报告,以及关于偷袭舰外表的一般描述。万叶丸号(彗星号)和纳尔维克号(猎户星座号)据信有能力跑到22.5节,装备有5.9英寸大炮、鱼雷发射管和200毫米防空炮。② 它们的武器被正确地辨认出来,但速度被极大地夸大了。有些俘虏认为,"纳尔维克"号是在波罗的海建造的,理由是其船首的形状,有些幸存者注意到,它的备用锚来自汉堡,但另一些人认为它是日本船,因为它的某些焊接不像是德国人的手艺。

东京丸号被正确地认出是库尔默兰号,幸存者把佩施恩德船长描述为一个上了年纪的商船高级船员,很熟悉新几内亚周围海域。它的大多数船员戴着汉堡-美洲航运公司的帽子,所有储备物资都来自日本。一个幸存者曾经是医务室的患者,他发现了一本书,上面题写着"1940年4月,神户"字样。很多幸存者还相信,库尔默兰号布设了澳大利亚布雷区,导致朗中校错误地得出结论:"因此看来有理由肯定,库尔默兰号对澳大利亚海域的水雷爆炸负有责任。"③

来自幸存者最重要的信息涉及商船密码,正如约翰·梅里利斯所报告的:"偷袭舰装备着很好的无线电设备,拥有商业密码8

---

① NAA File, *[German] Raiders in the Pacific* (BP242/1, Q45055 PART 1).
② Ibid.
③ Hore, *Papers in Australian Maritime Affairs*, pp. 8–10.

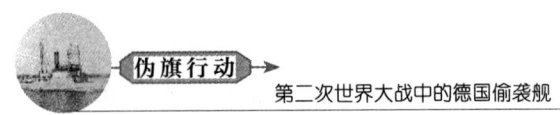

伪旗行动 第二次世界大战中的德国偷袭舰

和9，大概还有其他的密码，因为它们过去的信息确实很好：多半有一个专家译码团队。"① 无线电官沃德还证实，德国人缴获了科马塔号的密码本。这个信息让英国人确信，应该改变他们的密码。②

德国的电子侦听部深感愤怒，因为埃森的行动连累了他们的解码工作。③ 海军战争指挥部提醒所有偷袭舰舰长，应当把俘虏全都送到德国关押。④ 埃森起初拒绝所有批评，声称他的行动区域已经受到连累，俘虏的数量太多，食品补给承担不起。后来，在盟军改变密码十分明显之后，他改变了语气，并承认，如果能够预见到这些后果，他的行动会有所不同。

---

① NAA File, *[German] Raiders in the Pacific* (BP242/1, Q45055 PART 2).
② Ibid.
③ Showell, *German Naval Code Breakers*, p. 73.
④ Waters, *The Royal New Zealand Navy*, p. 146.

13
冯·卢克纳尔，间谍与第五纵队

> 一个像德国那样的国家，预见到了这场战争，在和平时期以战争为基础制订计划，而且知道，让它的人在这个郡，更大程度上是在大英帝国，这是很有希望的，是可以依靠的。他们大概在最意想不到的地区。他们到处走动时额头上并没有印着纳粹的标志，就像该隐的烙印一样，尽管可能来得较晚。[①]
>
> ——澳大利亚海军部长威廉·"比利"·休斯
>
> 1941年1月4日

猎巫

很多澳大利亚人怀疑，他们国家的"第五纵队"一直在帮助这些偷袭舰。热带海洋号的大副德拉维克被营救出来之后宣称：

---

① "Day of Raider Will End", *The Argus*, 4 January 1941.

伪旗行动 第二次世界大战中的德国偷袭舰

我们离开悉尼的那天，一个德国间谍被发现正在操作一台无线电发射和接收机……我敢肯定，他们和偷袭舰有联系，因为德国指挥官知道悉尼港有两艘军舰，他准确地知道我们选择的航线、离开悉尼的日子，事实上知道我们的一切。①

在企鹅号的水雷开始炸沉船只之后，《堪培拉时报》宣布：

英联邦各国当局正在调查这样一种可能性：最近在巴斯海峡布设水雷的偷袭舰可能得到澳大利亚的纳粹或法西斯间谍的帮助。有人指出，在布设水雷的海岸，沿岸有数以百计的意大利渔民。②

在那些被抛弃的幸存者从埃米劳岛到达澳大利亚之后，这些谣言几乎达到歇斯底里的水平，因为他们当中很多人相信，偷袭舰一直与间谍有联系。这个观念源于埃森的很多陈述，他经常向俘虏们吹嘘自己的船舰知识，看上去无所不知、一切尽在掌握的样子。他曾向朗伊塔尼号的厄普顿船长自吹："那儿会有更多的船只，但只有一艘船有大炮：三和号。"③科马塔号的船长菲什和轮机长麦克唐纳同样宣称：

---

① *Weekly Intelligence Report*, Number 30, 4 October 1940.
② "Nazi Agents Suspected of Aiding Raider", *The Canberra Times*, 18 November 1940.
③ NAA File, *War 1939*. Publicity (A1608, I61/2/7).

· 204 ·

13 冯·卢克纳尔,间谍与第五纵队

(埃森)舰长声称,澳大利亚和新西兰这儿有一个组织机构,不断为这艘船提供信息。在他们所有的谈话中,都提到他们了解我们船只的一举一动,他们告诉我的那些东西只能是从他们的情报来源那里获得的。①

澳大利亚的媒体广泛报道这些指控,小报《史密斯周刊》(*Smith's Weekly*)醉心于曝光支持偷袭舰的"第五纵队"。②海军部长比利·休斯计划在滨海区进行了一次安全行动,以防止中立国家船只的船员得知对偷袭舰有价值的信息。③新南威尔士州州长亚历山大·迈尔要求拘留所有敌国侨民,因为"很显然,有人从澳大利亚泄漏消息,把船只的行动、时间和细节通报给偷袭舰"④。

有些幸存者还互相攻击,指控朗伊塔尼号的两个波兰商船水手——赫罗尼姆·瑙拉卡拉和罗曼·诺瓦科斯基亲纳粹,托马斯·史密斯指控瑙拉卡拉通敌:

> 我登上万叶九号(彗星号)注意到的第一件事情是,这个波兰人与德国水兵握手,并用德语交谈。后来,这个人充

---

① NAA File, *Pacific Ocean Raiders* (B6121, 165T).
② 这份报纸是凭空猜测和歇斯底里的一个重要来源,成了非官方爱国主义的"挖掘者的报纸",有 30 万份的庞大发行量。Blaikie, *Remember Smith's Weekly?*, pp. 18–19.
③ NAA File, *Enemy Laying of Mines and Enemy Raider Activity in Australian Waters* (A5954, 531/2).
④ "Pacific Raiders Helped by Leakage of Information", *The Canberra Times*, 3 January 1941.

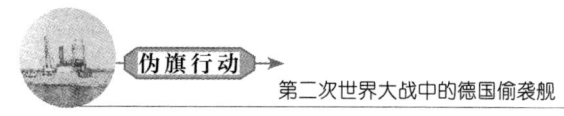

当了翻译……在和这个波兰人的每次交谈中,在我看来,他的观点明显是反英的。①

1941年初,警察拘留了瑙拉卡拉和诺瓦科斯基,差不多一年之后才把他们释放了。他们一直对德国人很友好,就像很多盎格鲁-撒克逊俘虏一样,但不幸的是,战争时期的歇斯底里使得逻辑不可能决定他们的命运。

海上幽灵

搜寻间谍工作最初的焦点集中在费利克斯·冯·卢克纳尔身上,1917年,他曾在南海指挥偷袭舰海鹰号。他的丰功伟绩使他成了一个深受欢迎的人物,英国《正史》(*Official History*)甚至声称:

> 在他的英国和法国俘虏的所有证词中,没有一句对他的控诉;有些人甚至特意说他对他们很仁慈。我们因此可以很有把握地得出结论,他是一个大胆、精明、敢于冒险的领导者;我们有各种理由相信,他是一个和蔼友善、彬彬有礼的绅士。②

---

① NAA File, *[German] Raiders in the Pacific* (BP242/1, Q45055 PART 1).
② Bade, *Out of the Shadow of War*, p. 46.

13 冯·卢克纳尔，间谍与第五纵队

费利克斯·冯·卢克纳尔伯爵（左）在他的游艇海上幽灵号上。

在两次大战之间，卢克纳尔成了一个国际名人，名声比得上阿拉伯的劳伦斯，但是，第三帝国的崛起把他变成一个有争议的人物。当他在1938年乘坐他的私人游艇海上幽灵号到澳大利亚旅行时，公共舆论两极分化：一些人记得他的骑士品质；另一些人认为他是纳粹主义的使者。

当卢克纳尔访问新西兰——他曾作为一个战俘关押在那里——时，公众把他当作一个民族英雄来对待。① 在奥克兰，人们先是在艾登－罗斯基尔归国士兵俱乐部，后来又在惠灵顿歌剧院

---

① Bade, *Out of the Shadow of War*, p. 37.

伪旗行动　第二次世界大战中的德国偷袭舰

热情洋溢地招待了他。然而，当他抵达悉尼时，澳大利亚共产党组织了一些愤怒的抗议来迎接他，但一些重要的报纸和 ABC 电台采访了他；他在市政厅发表了公开演说。他还访问了布里斯班、墨尔本、阿德莱德和堪培拉。由于很多人担心卢克纳尔是一个间谍，警察把他置于监视之下，并调查那些与他有关联的人。

当偷袭舰开始威胁澳大利亚海域时，很多人相信，卢克纳尔的"间谍网"帮助了敌舰。①1940 年 10 月，一份情报报告得出结论：

……然而，偷袭舰不可能完全依赖于补给舰，很有可能，战前已经由间谍——比如卢克纳尔伯爵——为这样的基地和情报提供做好了安排。②

此外，媒体推测，卢克纳尔指挥了一艘偷袭舰，正如《百眼巨人报》所报道的：

作为一个一直和澳大利亚做生意的能干的海员，作为海鹰号的指挥官，以及作为这些海域——敌人的一艘偷袭舰正在这些海域行动——的一次间谍航行的组织者，他的经验就是下面这个论点的有力依据：这个"海上幽灵"要么是德国商船偷袭活动背后的组织者，要么实际上就是这样一艘偷袭

---

① NAA File, *Count Von Luckner [Box 36]* (SP1714/1, N40752).
② *Weekly Intelligence Report*, Number 30, 4 October 1940.

13 冯·卢克纳尔，间谍与第五纵队

舰的舰长。①

媒体反对卢克纳尔的行动导致他的家人发表了一篇辩驳文章，1941 年 1 月 6 日的《百眼巨人报》报道：

> 冯·卢克纳尔伯爵的瑞典小舅子否认了下面这个传闻：伯爵是太平洋上偷袭舰的指挥官。他说，伯爵这个圣诞节是在德国的哈茨山脉打野猪度过的。②

媒体继续发表关于卢克纳尔卷入偷袭舰行动的传闻，《堪培拉时报》4 月 30 日报道：

> NBC 驻马尼拉记者报道，英国和自由荷兰的海军部队奉命去抓捕冯·卢克纳尔船长，据说他指挥着南太平洋的 12 艘武装商船偷袭舰。人们相信，这些偷袭舰是从加罗林群岛和马绍尔群岛的日本基地启航开展行动的。③

澳大利亚人忘记了卢克纳尔在第一次世界大战期间所赢得的令人尊敬的骑士品质名声，如今把他看作一个残酷无情的纳粹偷袭舰舰长和间谍头子。警察调查了那些与他关系友好的人，政府

---

① "Von Luckner's Hand Seen", *The Argus*, 12 November 1940.
② "Von Luckner Report Denied", *The Argus*, 6 January 1941.
③ "Von Luckner Commands Raider in Pacific", *The Canberra Times*, 30 April 1941.

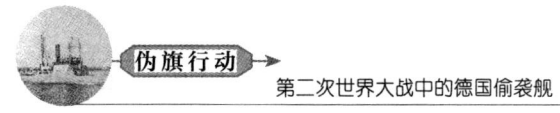

伪旗行动
第二次世界大战中的德国偷袭舰

拘留了很多和他有关联的德裔澳大利亚人，怀疑他们是他的"间谍网"成员。①

与此同时，在德国，卢克纳尔成了纳粹党的反对者。② 在1938年的旅行中，卢克纳尔有时候赞扬第三帝国取得的成绩——德国政府为这次旅行提供了部分资金，希望制造一场胜利宣传。然而，卢克纳尔对纳粹政权越来越失望。他对希特勒明显有着十分矛盾的感情，但随着时间的推移，他越来越反对纳粹党。当新西兰劳工联盟全国委员会指责他是一个法西斯分子时，他宣称：

> 我可以告诉你们，希特勒的力量在于工人。我不是纳粹党党员。我是一个军官，不可能属于任何党派。我坦率地告诉你们，起初我们当中很多人并不赞同纳粹运动，不过如今我们开始改变想法，但我不想和这些人争论。如果惠灵顿不想要我——为什么——我会去别的地方。我来这儿只是为了传播善意的福音。在战争时期，靠上帝帮忙，我曾击沉过一些装运硝酸盐的船，它们的货物将会变成军火，杀死成千上万的人。我从未夺走一位母亲的儿子。我爱新西兰人，因为他们都是热爱运动的人，当时，我监禁在这里，然后逃跑，俘获了恐龙号，后来再次被抓住……我究竟做了什么，该得到这个？这伤害了我。③

---

① Ruhen, *The Sea Devil*, p. 123.
② Hoyt, *Count Von Luckner*, p. 170.
③ Bade, *Out of the Shadow of War*, p. 44.

13　冯·卢克纳尔，间谍与第五纵队

回国之后，盖世太保得出结论，卢克纳尔的行为并不符合国家社会主义的态度，因为他对世界媒体发表了关于纳粹政权的互相矛盾的陈述。荣誉法庭宣布：

> 在未来期限不定的时间里，卢克纳尔伯爵将被要求在任何环境下都不得公开露面，过完全退休的生活，并确保在媒体上，以及在其他公共领域，他本人将不再以任何方式被人铭记。①

纳粹党把卢克纳尔视为共济会会员和犹太人的同情者。他失去了家园、财产和游艇，他的书也被禁。后来他在柏林和汉堡度过了战争的大部分时间，几乎生活在赤贫中，直至一个匿名崇拜者给了他一些钱。② 1941 年，他提供假的证明文件，救了一个犹太女人罗莎琳德·詹森，使之免于被送到奥斯维辛集中营。③ 战后，卢克纳尔在一封写给朋友的信中，针对自己的指控进行了辩护：

> 宣战之后，我拒绝了宣传部的要求——要我宣布放弃我的百慕大英国公民身份，后来还有美国公民身份，因此被宣布与国家敌对。我的书遭到禁止，在所有图书馆下了架……

---

① Bade, *Sea Devil*, p. 133.
② Hoyt, *Count Von Luckner*, pp. 171–72.
③ Bade, *Sea Devil*, pp. 135–36.

伪旗行动 第二次世界大战中的德国偷袭舰

澳大利亚人今天怎么看我？希望他们如今相信，所有这些怀疑都是错的。①

1950年代，卢克纳尔组织美国现役军人到德国旅游观光，1966年在汉堡去世。

瑙鲁无线电台

1940年12月7日，助理港务长汤恩上尉看到瑙鲁岛外有一艘可疑的船只，并建议向悉尼报告，但行政长官秘书埃里克·保罗不同意，他认为那艘船是三重号。其实那艘船要么是猎户星座号，要么是彗星号。第二天早晨，瑙鲁无线电操作员艾伦·胡珀知道早些时候看见了一艘"日本船"，于是播出一个一般呼叫，要求附近的日本船之报告自己的位置。②那天上午晚些时候，彗星号的无线电撤销了科马塔号的遇袭警报，瑙鲁当局直到下午才得知遇袭的情况。

瑙鲁无线电台没能报告偷袭舰的可能存在被指控叛国，霍姆伍德号的米勒船长在获救之后宣称："和偷袭舰舰长（埃森）谈话时，有一个人谈到，他很担心在离瑙鲁岛如此之近的地方开炮。他的答复是：'没问题，无线电台被搞定了。'"③莫尔兹比港

---

① NAA File, *Count Von Luckner [Box 36]* (SP1714/1, N40752).
② NAA File, *Nauru & Ocean Islands (Personnel)* (B6121, 118C).
③ NAA File, *Pacific Ocean Raiders* (B6121, 165T).

13 冯·卢克纳尔，间谍与第五纵队

海军情报部门的头儿埃里克·费尔特少校向海军情报主管朗中校报告了这一指控。① 休斯后来在国会声称："瑙鲁当局没有把德国偷袭舰接近的消息通报给附近的船只能用背叛来解释。"②

瑙鲁岛居民也做出了不利的陈述，指控保罗，以及一个名叫巴恩斯的人，他负责无线电台，还有英国磷酸盐管理局的机械师托马斯·哈得逊。居民们认为，保罗是一个"间谍头子"，有着神秘的过去，包括德国国籍的谣言，由于操纵了行政主管查尔姆斯中校而控制了瑙鲁岛。

保罗一直为英国磷酸盐管理局工作，直至1935年，在十分不快的情势下离开，他与很多雇员的关系依然是相互敌视。在偷袭舰袭击之后，管理局的很多雇员指控保罗拿走了一些机密册子，一直保管在自己家里。他们还指控哈得逊和巴恩斯背叛，以及一个名叫霍珀的人与保罗之间有"危险的"交易。管理局一位委员的妻子洛娜·亚当斯指控哈得逊是一个密探，为一个中欧国家工作。然而，接下来情况变得更加复杂，因为另有一些人指控亚当斯是哈得逊从前的情妇，胡珀与国王十字区一个神秘的妓女贝蒂·格林"要好"，而贝蒂被怀疑是一个间谍，得到悉尼一些有权有势的客人的保护。③

瑙鲁岛的高级行政主任马克·里奇韦声称，保罗可能通过驶往荷属东印度或日本的船只把秘密情报偷偷带出去；同时补充

---

① NAA File, *Nauru & Ocean Islands (Personnel)* (B6121, 118C).
② "Treachery Nauru's Neglect", *The Canberra Times*, 3 April 1941.
③ NAA File, *Nauru & Ocean Islands (Personnel)* (B6121, 118C).

道,他有权接触无线电,可能秘密地与偷袭舰通讯。他宣称:

> 整个岛因为对行政部门的不安和怀疑而沸腾……全部的麻烦是保罗……过去许多年里(早在战争开始之前),这里就有谣言把保罗归类为德国间谍……不管是不是德国人,他都有无限的权力和机会出卖大英帝国。①

在澳大利亚,对瑙鲁无线电台的一次调查证实,保罗出生在奥克兰,过去的同事都为他说好话,认为他是忠诚的。在接受海军情报部门的约谈时,胡珀声称,保罗是忠诚的,但他傲慢自大、盛气凌人的性格让他与其他人的关系一直很紧张。胡珀声称,保罗曾驳斥过港务长,因为他不愿意按照其他人的建议行事。

这次调查得出的结论是:无线电安全不能令人满意,德国人可以轻而易举地通过收听信号,对瑙鲁的船舶情况形成准确的判断,但没有发现间谍行为的证据:

> 针对保罗的指控没有实质性的证据——这些指控部分源于妒忌或恶意,部分源于渴望找到一个替罪羊。……除了一个明显神经质的女人(亚当斯夫人)的陈述之外,所有证据都表明,哈得逊只是一个普通公民,在自己行当里十分能干。没有理由怀疑巴恩斯或胡珀的忠诚。②

---

① NAA File, *Nauru & Ocean Islands (Personnel)* (B6121, 118C).
② Ibid.

13　冯·卢克纳尔，间谍与第五纵队

保罗最终离开瑙鲁，去了悉尼，新南威尔士警察决定紧盯着他，但从未对他提起指控。①

耶和华见证会

在澳大利亚，政府在安全行动期间紧盯着"耶和华见证会"。具有讽刺意味的是，纳粹德国一直在迫害这一宗教组织——它的6000名信众在监狱或集中营里。②澳大利亚的2500名信众相信世界末日正在临近，基督很快就会回来，推翻所有政府。他们反对一切形式的政府和服兵役。在澳大利亚，很多人对他们的主张感到生气，他们有时候把大英帝国与《启示录》中的"野兽"联系在一起，并坚持认为德国会赢得战争。

《国家安全法案》使得政府能够取缔"颠覆"组织，英联邦的警察把耶和华见证会置于监控之下。③报纸例行公事地猜测他们代表了忠诚于德国的"第五纵队"。《史密斯周刊》发动了一场持续不断的恐吓战，甚至声称发现了耶和华见证会经营的一个秘密军需品工厂。④作为司法部长，比利·休斯很想取缔耶和华见证会，但他担心这种行为可能是不合法的，因为这个组织包含了一种宗

---

① NAA File, *Paul, Eric Henry [Box 539]* (C123, 17928).
② Strawhan, "The Closure of Radio 5KA, Januar y 1941", p. 563.
③ Persian, "A National Nuisance".
④ Alexander, *Sea Prison and Shore Hell*, p. 91.

教。① 在偷袭舰开始袭击澳大利亚海域的船只之后,政府找到一个处理耶和华见证会的借口。

耶和华见证会与4个无线电台关系密切,其中包括5KA。② 1940年11月18日,海军情报部门监听了这个电台,偶然听到某些单词、歌曲和噪音,它们可以被解释为一段加密的信息;提到斯特拉思登号启航离开阿德莱德港。③ 海军参谋长拉格纳·科尔文上将要求休斯关闭这个电台,"作为国家安全部门的一项基本措施"④。他还对耶和华见证会提出了自己的看法:

> 他们的私人生活显示他们缺少教育,以及对生活的一般见解很粗俗,尤其是在性方面。他们看上去是这样一种类型的人:如果变得狂热的话,可能确实很危险,因为他们很少有自制力。⑤

1941年1月8日,休斯暂停了4个无线电台,两天后,阿德莱德的士兵和便衣警察突然搜查了耶和华见证会的王国会所、他们在玫瑰公园的印刷事务所和几个私人住宅。《堪培拉时报》在一篇题为《向纳粹偷袭舰通风报信》的文章中报道了这些事件:

---

① NAA File, *Jehovah's Witnesses - Activities of - Correspondence From Other Than Official Sources* (A472, W1125 Part 1).
② 见证会与阿德莱德的5KA电台、奥古斯塔港的5AU电台、纽卡斯尔的2HD电台和阿瑟顿的4AT电台有联系。
③ Strawhan, "The Closure of Radio 5KA, January 1941", p. 558.
④ Strawhan, "The Closure of Radio 5KA, January 1941", p. 560.
⑤ Ibid.

13 冯·卢克纳尔,间谍与第五纵队

海军部长(休斯先生)昨天说,有 4 个无线电台被关闭,"耶和华见证会"要么使用、要么拥有这些电台。据海军当局说,它们之所以被关闭,是因为给威胁航运安全的敌人提供信息。①

1 月 17 日,孟席斯总理宣称,耶和华见证会将被宣布为非法组织。② 政府取缔了这一宗教,其成员再也不能集会礼拜,也不能印刷、散发或拥有他们的文字材料。全国各地的警察突袭了私宅、农场和企业,扣押了汽车、船只、农场机械和其他资产。

耶和华见证会转入地下,在 1943 年向最高法院提起了合法申诉,随后最高法院解除了禁令。早在 1939 年,英国政府就证实,德国的耶和华见证会一直受到盖世太保的迫害。考虑到这个事实,给他们贴上纳粹"第五纵队"的标签始终有些奇怪。③

调查委员会

在澳大利亚发生各种不同的猎巫行动的同时,新西兰当局越来越对塔斯曼海峡对面发生的事情感到害怕,总理彼得·弗雷泽向孟席斯表达了自己的担忧:

---

① "Gave News to Nazi Raiders", *The Canberra Times*, 9 January 1941.
② Persian, "A National Nuisance".
③ Strawhan, "The Closure of Radio 5KA, January 1941", p. 563.

伪旗行动

第二次世界大战中的德国偷袭舰

新西兰政府今天早晨十分惊讶地注意到,新西兰媒体上讲述了一件事情,是经由塔斯曼航空邮件从悉尼传过来的,谈到那些从敌人偷袭舰上登陆上岸的幸存者们所讲述的耸人听闻的故事。①

弗雷泽告诉孟席斯,初步调查没有发现证据支持埃米劳岛幸存者的陈述。②澳大利亚海军部的调查也没有发现偷袭舰从间谍那里接收情报的证据。③此外,海军部断定,船只的行动可以从解码商船信号中得知。④

新西兰政府任命了一个调查委员会,调查偷袭舰的活动,关于埃森对船只行动的了解,调查委员会得出的结论是:

被归到他名下的那些陈述,在我们看来,似乎是试图给他的俘虏们留下深刻的印象,并通过他们在新西兰传播担心和怀疑,或者,它们也可能是自吹自擂,以及对情节剧的爱好。⑤

委员会没有发现敌人间谍活动的证据,问题最终得到解决是

---

① NAA File, *Enemy Laying of Mines and Enemy Raider Activity in Australian Waters* (A5954, 531/2).
② NAA File, *War 1939. Publicity* (A1608, I61/2/7).
③ NAA File, *War 1939. Publicity* (A1608, I61/2/7).
④ Gill, *Royal Australian Navy, 1939-1942*, p. 282.
⑤ *Report of Commission of Inquiry on the Loss of Certain Vessels*.

13　冯·卢克纳尔，间谍与第五纵队

在战后，缴获的德国档案证明偷袭舰与间谍没有联系。① 委员会还调查了霍姆伍德号为什么没有广播遇袭警报；警报原本会挽救朗伊塔尼号，并得出结论：米勒船长没有履行自己的职责：

> 我们完全知道，任何试图发送信息的努力都会导致霍姆伍德号遭到炮击，而且，这可能意味着生命损失，包括妇女儿童的生命。但是，考虑到我们所面对的战争手段，这一考量是不合适的。在试图定位并摧毁偷袭舰上，必须面对平民的生命损失。②

尽管有关于澳大利亚的"第五纵队"的猜测，但只有一个向偷袭舰发送信息的实例。比利·休斯意外地通知企鹅号上的克吕德尔：澳大利亚皇家海军军舰堪培拉号从弗里曼特尔启航，追击偷袭舰。1940年11月21日，约翰·科廷在议会里要求休斯提供弗里曼特尔水域偷袭舰的信息。③ 休斯的答复是："眼下，有一艘澳大利亚巡洋舰，正在西澳大利亚水域执行特别任务，因为我们得到报告：在弗里曼特尔附近看到一艘敌人的偷袭舰。"④ 在这一宣告之后，《悉尼先驱晨报》(*Sydney Morning Herald*) 的编辑打电话给信息部主管基思·默多克，询问是否有审查部门的约束适用于发表休斯的陈述。默多克的答复是，官方通告可以发表，不

---

① Waters, *German Raiders in the Pacific*, p. 22.
② *Report of Commission of Inquiry on the Loss of Certain Vessels.*
③ NAA File, *Raiders - Survivors from Ships in the Pacific.*
④ Ibid.

伪旗行动 ▶ 第二次世界大战中的德国偷袭舰

用提交审查官。第二天，ABC 电台宣布，有一艘巡洋舰已经从弗里曼特尔启航，去搜寻偷袭舰。这个信息传到克吕德尔那里。①休斯知道，他在国会里的这段陈述可能全文发表，尽管他对敌人的"第五纵队"疑神疑鬼，但唯一走漏风声的，却是他自己。②

---

① Gill, *Royal Australian Navy, 1939-1942*, p. 275.

② 芭芭拉·温特在《阴谋大师》(*The Intrigue Master*) 中得出结论：克吕德尔从未收到 ABC 的新闻报道，她的根据是：企鹅号不在澳大利亚商业无线电发射的覆盖范围。然而，她并没有考虑克吕德尔会经由柏林的海军战争指挥部或从日本的温内克那里间接地得到这个消息。德国海军从世界媒体获得信息，然后用强力发射台向偷袭舰发送。无论如何，毫无疑问，克吕德尔得知了 ABC 报道的内容，因为他把这个消息告诉给了布里斯班港号的斯蒂尔船长（参见 *Muggenthaler, German Raiders of World War II*, p. 76），作为他再也不能搜寻丁格尔失踪的救生艇的理由。

· 220 ·

14

返回瑙鲁和日本的密谋

> 海军当局考虑，德国偷袭舰在太平洋和印度洋的活动很可能作为轴心计划的组成部分而得到增强，不仅为了让这些地方对英国航运来说不堪一击，而且还为了帮助日本的向南扩张和希特勒在巴尔干半岛的推进。①
>
> ——《堪培拉时报》
> 1940 年 12 月 30 日

炮击

离开埃米劳岛之后，彗星号朝东南方向驶往拉包尔。1940年 12 月 24 日晚上，埃森计划在港口的入口布设水雷，但布雷舰陨石号的发动机出了故障，迫使他取消了这次行动。这次挫折之后，埃森决定返回瑙鲁，袭击岛上的设施。

---

① "German Merchant Ships Arming at Japanese Ports", *The Canberra Times*, 30 December 1940.

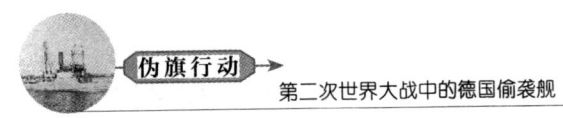

伪旗行动 第二次世界大战中的德国偷袭舰

12月27号,彗星号重新出现在瑙鲁岛外。船员们升起德国海军的旗帜,用德国旗盖住了日本标志。埃森打出即将轰炸的信号灯,警告瑙鲁岛:

> 我们将开火,不管你们是否使用无线电。如果你们不使用无线电,我只摧毁你们的磷酸盐码头,以及后面的油罐和驳船。请立即撤离这一地区,以减少伤亡。如果你们不使用无线电,你们的电台就不会被摧毁。①

由于瑙鲁没有防卫,当局服从了。瑙鲁的无线电台保持沉默,工人们撤离了设施。06:40,彗星号的大炮开了火,炮弹击中了油罐、悬臂、储藏箱、小艇、建筑物和系泊浮筒。②起重机遭到严重损害,大火吞噬了油罐。偷袭舰上的水兵卡尔·梅滕斯后来回忆:"一个小时的时间里,我们从容不迫地沿着海岸来来回回,连续不断地朝码头附近的工作场所和起重机开火。"③

停火之后,彗星号消失在地平线的那一边,朝东北方向驶去。瑙鲁行政主管查尔姆斯中校向澳大利亚方面报告:"瑙鲁遭到敌人一艘偷袭舰的沉重炮击。物质损害巨大。石油燃料被摧毁。没有人员伤亡。偷袭舰有日本的船名和标志。"④不一会儿,他又发出了一份详细报告:

---

① Woodward, *The Secret Raiders*, p. 151.
② 彗星号用5.9英寸炮发射了126发炮弹,37毫米炮360发,20毫米炮719发。
③ The Marooned Captives', *The Sun-Herald*, 1 November 1953.
④ NAA File, *Nauru - Shelling of by German AMC* (B6121, 118H).

14 返回瑙鲁和日本的密谋

当地时间 06:40，偷袭舰在近距离射程内朝悬臂装载码头、所有储油罐、悬臂储存仓库、系泊浮筒仓库和其他磷酸盐建筑物开火。使用防空速射炮（20毫米加农炮）摧毁了系泊浮筒。……偷袭舰船体的两侧都有标志，桅杆上飘扬着纳粹旗，这些在我最早的信息中并未提及。①

瑙鲁当局组织了对悬臂的临时修理，专门的设备稍后从墨尔本运到，以挽救那座建筑。② 然而，这次袭击导致重大的长期经济损害。10周的时间里，没有磷酸盐船从瑙鲁启航，1941年6月，装运继续进行，其能力只有正常水平的20%。在澳大利亚，磷酸盐储备防止了严重匮乏的发生。③ 但在新西兰，匮乏导致配给制，并从英国进口储备。④

在澳大利亚，孟席斯总理错误地声称，袭击发生在日本国旗之下：

> 偷袭舰挂着日本船名和日本国旗发起攻击。瑙鲁对这次袭击完全没有防备。它不得不根据国际联盟托管来管理。敌人清楚地知道这一事实，这一事实本身消除了其行动的任何

---

① NAA File, *Enemy Laying of Mines and Enemy Raider Activity in Australian Waters* (A5954, 531/2).
② Ellis, *Mid-Pacific Outposts*, p. 16.
③ Winter, *The Intrigue Master*, p. 80.
④ Waters, *German Raiders in the Pacific*, p. 25.

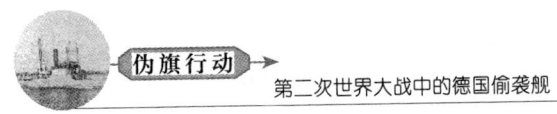

伪旗行动 第二次世界大战中的德国偷袭舰

正当理由,打着中立国的旗号采取行动是一项更大的犯罪。①

瑙鲁共和国的邮票,纪念1940年12月27号的彗星号炮击瑙鲁岛事件。

为了反驳这一指责,埃森发信号给柏林说:"在炮击瑙鲁岛大约20分钟之前,德国的旗帜(两面)升起了很短一段时间。"②德国的反驳很快就紧随而至,《太阳报》(The Sun)发表了这一反驳:

> 东京报纸《日日新闻》(Nichi Nichi)驻柏林记者说,德国承认炮击了瑙鲁岛,但否认偷袭舰悬挂日本国旗,并把澳大利亚总理(孟席斯先生)关于偷袭舰这样做的陈述描述为"宣传"。③

---

① "Nauru Island Heavily Shelled", The Argus, 28 December 1940.
② Chapman, The Price of Admiralty: Volume Two and Three, p. 344.
③ NAA File, Pacific Raiders (A816, 56/301/21).

14 返回瑙鲁和日本的密谋

在彗星号的炮击之下,瑙鲁岛上空升起滚滚浓烟。

海军部长比利·休斯向公众解释了瑙鲁附近为什么没有军舰:

> 如果瑙鲁附近有四五艘军舰搜寻偷袭舰,澳大利亚还遭到袭击的话,人们会说什么呢?军舰不可能无处不在。瑙鲁

遭到炮击一点也不奇怪。令人惊奇的是，它之前竟然没有遭到炮击。①

紧接着这次袭击之后，3架哈得逊轰炸机抵达拉包尔，如果偷袭舰向南行驶的话，它们就充当攻击力，澳大利亚皇家海军的军舰开始给驶往瑙鲁和大洋岛的船只护航。②为了对付偷袭舰的威胁，皇家海军开始集中在国内水域，以保护航运。③

偷袭舰在澳大利亚海军站的活动导致VK护航线，以保护跨塔斯曼航线上的航运。12月30日，护航舰队VK 1从悉尼启航，驶往奥克兰，以阿喀琉斯号作为护航舰。④随后，在战争余下的时间里，VK护航舰队每隔22天启航出发。⑤澳大利亚皇家海军还建立了澳大利亚、新几内亚和太平洋之间的ZK护航舰队。⑥

海军情报主管朗中校认为，"纳尔维克"号（猎户星座号）和万叶丸号（彗星号）极有可能返回了德国，因为它们需要大修，而低估了偷袭舰船员维护发动机运转而无需靠港停泊的能力。⑦猎户星座号、彗星号和企鹅号依然在附近，目前尚不打算回国。

---

① "Nauru Raid", *The Sydney Morning Herald*, 30 December 1940.
② 1941年1月，澳大利亚军舰马努拉号、三合号和雷西纳去瑙鲁和大洋岛，在接下来的几个月里，军舰阿德莱德号、西拉利亚号和马努拉号在附近海域巡逻。
③ NAA File, *Enemy Laying of Mines* (A5954, 531/2).
④ Gill, *Royal Australian Navy*, 1939–1942, pp. 283–84.
⑤ Plowman, *Across the Sea to War*, p. 296.
⑥ 3月15日，ZK 1载着部队从布里斯班启航，驶往莫尔兹比港，由军舰马努拉号护航。4月12日，ZK 2离开悉尼，西兰蒂亚号载着云雀支队驶往拉包尔。Plowman, *Across the Sea to War*, p. 297.
⑦ NAA File, *Raiders - Possible Bases* (B6121, 165C).

14 返回瑙鲁和日本的密谋

奥勒·雅可布号

盟国正确地认为，日本一直在帮助偷袭舰，神户和横滨的英国居民组织了对德国货船的全天候监视。盟国还相信，偷袭舰在日本控制的太平洋岛屿有基地。由于这将违反国际联盟托管，他们希望当场抓住日本人。① 在这一紧张的情势下，发生了一次意外，让英国人有机会对日本施加强大的压力。

12月4日，被亚特兰蒂斯号俘获的挪威油轮奥勒·雅可布号悬挂着德国海军的旗帜驶入神户港，由海军上尉卡门茨指挥，挪威俘虏在船上。日本人和盟国的人都大吃一惊。海军战争指挥部命令奥勒·雅可布号继续驶往拉莫特雷克环礁（庇护地Y），海军武官温内克少将告诉日本海军，奥勒·雅可布号正驶往拉莫特雷克环礁。② 然而，卡门茨肩负一项特殊使命直奔日本。

亚特兰蒂斯号早先在1940年11月11日俘获了英国货船奥托墨冬号，登船搜查队发现了125个邮包。③ 德国人检查邮件，发现了英国战时内阁的备忘录，包括一份对远东的战略评估。这份摘要解释，英国在亚洲不足的兵力没有能力挫败日本的进攻，英国皇家海军致力于遏制德国和意大利的海军，没有办法向远东派出舰队。④ 奥托墨冬号的文件还包含一份报告，概述了新加坡的防御，包括一份完整的海陆空三军作战命令。罗格立即认识到这些

---

① Seki, *Mrs Ferguson's Tea-set*, p. 77.
② Chapman, *The Price of Admiralty: Volume Two and Three*, p. 313.
③ Seki, *Mrs Ferguson's Tea-set*, pp. 64–65.
④ Ibid. pp. 30–36.

文件的重要性。在日本人手里，它们是打开新加坡要塞的钥匙，因此，罗格把文件托付给卡门茨，让他交给温内克。奥勒·雅可布号于是驶往日本，带着这些文件，还有合作的挪威船员；罗格承诺在中立国港口释放他们。

神户联络处主任科尔曼乘火车护送奥托墨冬号的文件去了东京，温内克检查了这些文件①，宣称："立即着手进行的初步研究显示，其中有些材料非常重要。"②他把文件托付给一位外交信使，后者经由跨西伯利亚铁路带到了德国。③温内克把副本给了海军中将近藤信竹，后者带着极大的兴趣阅读了这些文件。④日本海军圈子里的很多人怀疑文件的真实性，怀疑是伪造的，用于一场阴谋，为的是欺骗日本参战。⑤然而，日本人最初的怀疑被惊讶所取代，并推动日本走上通向珍珠港的毁灭之路。⑥

中村舰长在此期间深感愤怒，因为他一直确信奥勒·雅可布号正驶往拉莫特雷克环礁。温内克试图息事宁人，他让中村相信，如果奥勒·雅可布号径直驶往拉莫特雷克，挪威俘虏就会得知"庇护地Y"的准确位置。

温内克同意遵照罗格的承诺，释放挪威人，他担心，如果拒绝的话，他们会阴谋破坏奥勒·雅可布号。⑦61个挪威人被转到

---

① Chapman, *The Price of Admiralty: Volume Two and Three*, p. 320.
② Ibid. p. 326.
③ Seki, *Mrs Ferguson's Tea-set*, p. 86.
④ Chapman, *The Price of Admiralty: Volume Two and Three*, p. 337.
⑤ Seki, *Mrs Ferguson's Tea-set*, p. 87.
⑥ Ibid. pp. 97–98.
⑦ Chapman, *The Price of Admiralty: Volume Two and Three*, p. 321.

14　返回瑙鲁和日本的密谋

客轮沙恩霍斯特号上，随后被释放。其中 37 个人接受英国人的提议去了香港，余下的人在德国政府的安排下，经由跨西伯利亚铁路回了挪威。奥勒·雅可布号启航离开神户，继续驶往拉莫特雷克环礁，与一艘日本油轮会合，装载航空燃油。

奥勒·雅可布号在神户港逗留了 36 个小时，而不是国际法所允许的 24 个小时。因此，英国大使罗伯特·克雷吉会见了副外相大桥忠一，抗议奥勒·雅可布号被给予额外的 12 个小时，以及挪威俘虏的存在。

埃森对瑙鲁的炮击让紧张的外交气氛眼看着就要爆炸。这次攻击不利于日本，因为彗星号伪装成一艘日本船只驶近瑙鲁岛，还因为日本从瑙鲁和大洋岛进口磷酸盐。英国人因此发动了一场外交攻势，试图说服日本停止偷偷摸摸地支持德国偷袭舰。英国外交部发电报给克雷吉："我们与媒体的看法是一致的，很显然，德国人的目的是为了让日本卷入战争。你无疑会找到办法让他们认识到这一点。"① 报纸立即报道了这样一个猜测：瑙鲁袭击是一场精心设计的德国阴谋的组成部分，正如《堪培拉时报》所报道的："周五炮击瑙鲁岛的纳粹偷袭舰使用日本国旗在伦敦被视为德国人的一次粗暴努力，为的是在太平洋制造一场意外事件，把日本拖进来。"②

克雷吉会见了大桥忠一，提出了这样一个怀疑：日本一直在

---

① NAA File, *Enemy Laying of Mines* (A5954, 531/2).
② "German Merchant Ships Arming at Japanese Ports", *The Canberra Times*, 30 December 1940.

伪旗行动
第二次世界大战中的德国偷袭舰

帮助偷袭舰。他推测,艾尔莎·埃斯贝格尔号已经离开神户,去马绍尔群岛与偷袭舰会合,而且,除非他收到相反的信息,否则英国政府将别无选择,只能重新开始日本海域附近的海军巡逻。[①] 大桥忠一答应询问一下,稍后告诉克雷吉,艾尔莎·埃斯贝格尔号正在访问日本领土内的一个港口。克雷吉要求保证它不是在给偷袭舰提供补给,但大桥忠一拒绝提供更多的信息,因为这样做会危及那艘船。[②] 克雷吉还提到偷袭舰使用日本国旗。外相松冈洋右同意,这不符合日本的利益。克雷吉警告,继续使用日本标志将会迫使盟国把所有日本船只视为可疑船只。

澳大利亚也加入这场外交攻势。澳大利亚驻日本大使约翰·莱瑟姆向松冈洋右提供了已知使用日本旗帜的德国船只的详细材料,情报显示,德国货船在日本海域为偷袭舰补充补给。[③] 松冈洋右表面上对这一信息感到吃惊,答复道,他担心磷酸盐进口会减少甚或停止。

日本政府向柏林抗议使用日本标志,因为它是英国磷酸盐管理局的顾客。德日关系依然紧张,正如温内克所指出的:

> 日本海军对炮击瑙鲁并不感到高兴,因为它的磷酸盐供应受到了损害,合作岌岌可危,他们减少对我们的支持是必

---

① Hore, *Papers in Australian Maritime Affairs*, pp. 15–20.
② Ibid. pp. 15–20.
③ NAA File, *Enemy Laying of Mines and Enemy Raider Activity in Australian Waters* (A5954, 531/2).

14 返回瑙鲁和日本的密谋

然的。建议在托管地区避免类似的行动。①

德国人同意不再重复此类错误,日本政府很快忘掉了这个问题。日本人继续向德国人传递情报,包括盟国给他们的涉及偷袭舰的所有文件的副本。德国人利用这一情报,准确推断盟国对偷袭舰行动了解多少,温内克评论道:"我们的敌人得出的观察结论完全正确。"②

彗星号对瑙鲁岛的袭击让德国海军大伤脑筋,他们不知道究竟该表扬埃森的大胆行动,还是因为外交后果而惩罚他。埃森从经济损害和破坏敌舰活动的角度来证明这次袭击是有道理的。柏林告诉温内克,炮击不在彗星号得到的命令之内,但作为一个一次性的意外,它是一次胜利。③ 德国海军最终给了埃森默许的赞扬,同时提醒所有偷袭舰舰长,类似的攻击是禁止的。

---

① Chapman, *The Price of Admiralty: Volume Two and Three*, p. 344.
② Ibid. p. 522.
③ Waters, *The Royal New Zealand Navy*, p. 147.

伪旗行动
第二次世界大战中的德国偷袭舰

15
南极洲的偷袭战

是不是一个巧妙的花招？大概算不上。但对我们至关重要，不像战争其他很多肮脏的方面，企鹅号的欺骗并没有导致一个人伤亡。①

——对企鹅号南极行动的评论
海军上尉乌尔里希·莫尔

追踪挪威人

与斯多尔斯塔德号分手之后，企鹅号驶向南极洲，克吕德尔希望在那里袭击敌国的捕鲸船队。1940年12月13日，企鹅号从爱德华王子岛和克罗泽群岛之间经过。4天后，当气温急剧下降、大海从蔚蓝色变成灰色时，船员们发现了他们最早见到的南极冰山。当偷袭舰航行于冰山之间时，克吕德尔收到了海军战争指挥部发来的信号：

---

① Mohr and Sellwood, *Phantom Raider*, p. 157.

15　南极洲的偷袭战

英国—挪威今年的捕鲸区在南乔治亚岛周围大约 200 英里的区域内。参加的捕鲸船有鱼镖号、雷神之锤号、浮游生物号、西峡号、奥勒·韦格号。大概还有另外两三艘船。全都持有英国执照。①

企鹅号因此朝西北方向驶往布韦岛,但偷袭舰接近猎物时,无线电发现了挪威捕鲸船的信号。平安夜,海军战争指挥部宣布,克吕德尔被授予骑士十字勋章。这一荣誉他当之无愧。两天后,亨克尔式水上飞机执行了一次侦查飞行,但耗尽燃料之后不得不迫降。企鹅号找回飞机之后,飞行员维尔纳中尉报告,在严寒的气候里,消耗燃料的速度比平常快 40%。

企鹅号移动到了捕鲸船的北边,这样克吕德尔就可以切断它们驶向远海的通道。与此同时,得意忘形的挪威人不用密码进行联络,克吕德尔听到,有一艘油轮将很快与附近的渔业加工船奥勒·韦格号和浮游生物号会合,交付燃料并收集鲸油。有了这一信息,克吕德尔决定等待油轮,这样他就可以同时俘获所有船只。船员们忍受着严寒,但他们依然士气高涨,一场伟大的胜利似乎近在眼前。新年那天,天气有所改善,克吕德尔概述了他的计划:

从船尾对捕鲸船发动袭击原本是可以的,但是,船只之

---

① Woodward, *The Secret Raiders*, p. 138.

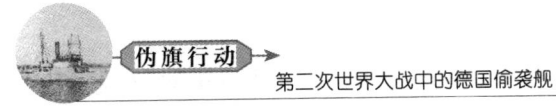

伪旗行动

第二次世界大战中的德国偷袭舰

间持续不断的无线电联络极有可能很快会引发警报。有那么多的船只，攻击其中一艘会引起其他船的警觉。然而，我希望，针对一组船只快速而简短的攻击会导致针对第二组船只的行动。①

1月3日，克吕德尔得知，油轮将迟到两周。当浮游生物号快要耗尽燃料而浮游生物号的鲸油差不多要满时，它们会合了，交换燃料和鲸油。在挪威人发送一家美国油轮公司要求最新信息的信号之后，克吕德尔决定提早攻击，因为那艘预期中的油轮看来很有可能是美国的。

正当企鹅号准备进攻时，另一个信号告诉克吕德尔，油轮索尔格利姆号将与渔业加工船雷神之锤号会合，然后与奥勒·韦格

捕鲸船奥勒·韦格号被企鹅号俘获，船首飘扬着德国海军的旗帜。

---

① Edwards, *Beware Raiders!*, p. 116.

15 南极洲的偷袭战

号会合。由于预期中的油轮实际上是挪威船，克吕德尔决定等它到达，企鹅号依然很有耐心地藏身于冰山之中，同时信号员们在扫描无线电波，搜寻消息。

1月10日，索尔格利姆号与雷神之锤号会合，克吕德尔打算进攻：

> 我们不得不小心，因为索尔格利姆号很可能为了大西洋的航行而装备了武器。当两艘船并排靠在一起时，索尔格利姆号很难使用它可能有的大炮……我会在早晨开始靠近，在没有捕鲸船的一侧借着黑暗掩护，这样就可以出其不意。①

当索尔格利姆号靠到奥勒·韦格号旁边之后，两艘静止不动的船最容易受到攻击。

1月13日，企鹅号继续采取截击航向，日落之后，一场雪雹把能见度降低到几乎什么都看不见，但克吕德尔很快看到了挪威船：

> 在左舷2°可以看见白色的灯光。不一会儿，两艘船的很多灯并排而列，几艘捕鲸船清晰可辨。不久之后，一切都消失在漫天大雪中，就这样过了大约45分钟。我们可以靠近过去，而不被看见。②

---

① Edwards, *Beware Raiders!*, pp. 117–118.
② Muggenthaler, *German Raiders of World War II*, p. 141.

企鹅号黑灯瞎火地靠近了,而毫不怀疑的挪威人在使用甲板灯工作。偷袭舰的发动机由于一个汽缸破裂而突然熄火,但它距离挪威人已经不到180米。登船搜查队在两艘小艇上等候,炮手们注视着敌船,而挪威人依然对危险毫无觉察。

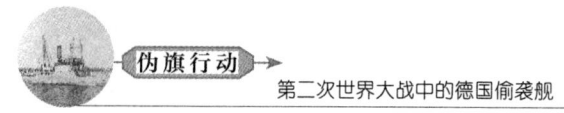

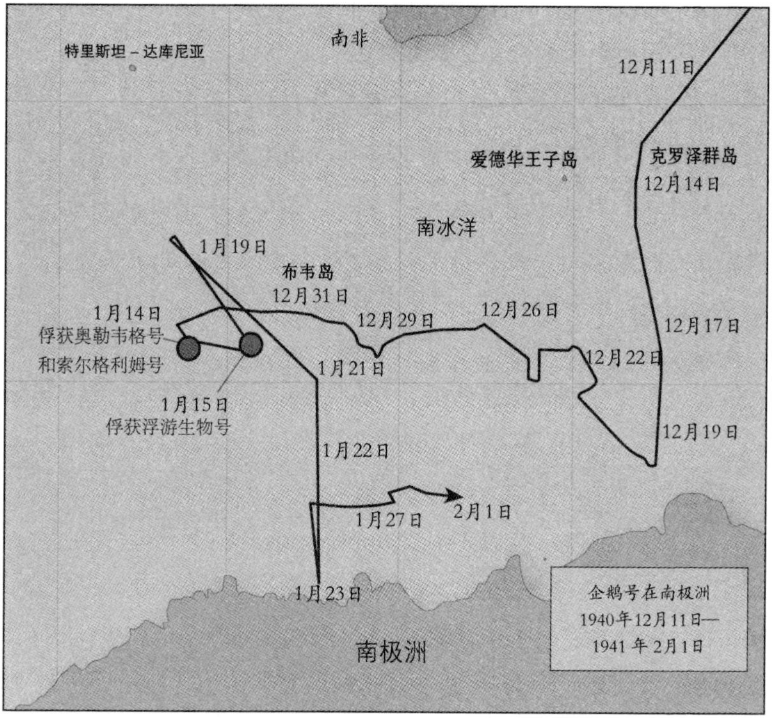

00:20,企鹅号的探照灯照亮夜空,克吕德尔发的信号让挪威人大吃一惊:"不要使用无线电或电话,我们将派一艘小艇过去。"① 克吕德尔决定不鸣炮示警,因为他不想惊动其他捕鲸船,

---

① Muggenthaler, *German Raiders of World War II*, p. 141.

15 南极洲的偷袭战

它们可能散开并逃走。一艘小艇驶向奥勒·韦格号；另一艘驶向索尔格利姆号。登船搜查队没有遇到任何反抗，沃宁中尉发信号给克吕德尔："船在我们手里。"①

沃宁告诉奥勒·韦格号的船长克里斯蒂安·埃文森和索尔格利姆号的船长诺曼·安德森，如果他们工作，德国会支付薪水；如果不工作，船将被击沉。两位船长都同意合作，沃宁向克吕德尔报告："奥勒·韦格号，挪威船，12201 吨，有 7000 吨鲸油……索尔格利姆号，挪威船，12246 吨，有 4000 吨鲸油。"②

克吕德尔派汉斯－卡尔·赫默中尉乘一艘小艇围捕捕鲸船。他在自己的脖子上挂一个牌子，上面写着："我是德国海军军官赫默中尉。你的船被俘获了。不要抵抗，让你的船员立正站立。"③他后来回忆接下来发生的事情：

> 我们驶向第一艘船，自然是最慢的那艘。迅速上了船，登上楼梯去了船长室，掏出手枪和手电筒。迎面看到一个男人正在睡觉，穿着羊毛内衣，在闷浊的空气中打着鼾。我抓着他的肩膀摇晃他，用我的破嗓子沙哑地唱着小曲。结果令人惊愕。他嘟嘟囔囔地翻了个身。这几乎让我消除了敌意。刚才我还在想，突然看到一个德国军官，船长该如何大吃一惊。④

---

① Ibid. p. 141.
② Edwards, *Beware Raiders!*, pp. 119–20.
③ Muggenthaler, *German Raiders of World War II*, p. 142.
④ Edwards, *Beware Raiders!*, p. 120.

赫默围捕了4艘捕鲸船,但有3艘逃走了,驶向雷神之锤号,而企鹅号由于发动机气缸破裂,没法追赶。①

1月15日,克吕德尔命令以截击航向驶往220英里之外的浮游生物号。一组被俘船员留在被俘的船上,挪威人继续干活。偷袭舰以一台工作发动机缓慢前进,但机械师修好第二台发动机之后,它就可以全速了。信号员侦听到捕鲸船发出信息,试图与奥勒·韦格号和索尔格利姆号联系,但没有收到答复,它们便放弃了。

1940年12月,企鹅号驶往南极,克吕德尔舰长计划在那里袭击英国—挪威的捕鲸船队。捕鲸船浮游生物号(图中)是被俘获的捕鲸船之一。

瞭望哨在22:09发现灯光之后,克吕德尔让企鹅号绕过一座冰山,偷袭舰距离捕鲸船不到4英里,没有被发现。浮游生物号进入视线,旁边有5艘捕鲸船。午夜时分,探照灯照亮了挪威

---

① 被俘获的捕鲸船是波尔八号(298吨)、波尔九号(354吨)、波尔十号(354吨)和托尔林号(247吨)。

15　南极洲的偷袭战

人,与此同时,登船搜查队直奔那艘渔业加工船。挪威人没有抵抗,登船搜查队命令弗里茨·戈特森船长下令捕鲸船返航。克吕德尔后来回忆:"浮游生物号的船主奉命以一种不会引起怀疑的方式召回他的船。它们及时地服从了,同样逐一地对它们进行了解释。"①

企鹅号俘获了12083吨、装载着9500吨鲸油的浮游生物号,连同7艘捕鲸船。②另外几艘捕鲸船成功地逃走了,并向雷神之锤号发送了警报。后者立即启航,离开了这一水域。英国皇家海军命令武装商船巡洋舰百慕大女王号搜寻这一水域,6天后,它到达南乔治亚岛,但没有发现企鹅号的任何踪迹。③

最大的战利品

克吕德尔的南极行动是这场战争中最成功的。被俘获的船只装载着20500吨鲸油,价值410万美元,还有可以改装成辅助巡洋舰的捕鲸船。

1月16日,企鹅号与奥勒·韦格号和索尔格利姆号会合,然后与浮游生物号会合。由于克吕德尔必须把这些船只组织起来驶往欧洲,偷袭舰和被俘获的船只向南驶往更远的海域,船员们瞥

---

① Schmalenbach, *German Raiders*, p. 99.
② 被捕俘获的捕鲸船是星十四号(247吨)、星十九号(249吨)、星二十号(249吨)、星二十一号(298吨)、星二十二号(303吨)、星二十三号(357吨)和星二十四号(361吨)。
③ Edwards, *Beware Raiders!*, p. 151.

见了雄伟庄严的南极大陆。克吕德尔让库斯特中尉指挥浮游生物号，赫尔穆特·巴赫少尉指挥索尔格利姆号。1月25日，这两艘船走不同的航线驶往波尔多。奥勒·韦格号和几艘捕鲸船需要更多的燃料和船员，然后才能启航驶往欧洲。于是，海军战争指挥部命令克吕德尔在特里斯坦－达库尼亚西北200英里处的"安达卢西亚"与诺德马克号会合。2月1日，德国人离开南极洲，驶往秘密会合地。①

---

① Brennecke, *Ghost Cruiser H.K. 33*, p. 157.

16

鸬鹚号在大西洋

> 有一件事情牢牢地扎根在所有俘虏的脑海里。……他们全都十分肯定,我们必定是自宣战以来就一直在外面,或者是宣战之后离开某个中立港口。他们从未想到,我们在战争时期离开一个德国港口,并突破了英国的封锁。在他们看来,北海就是英国的。①
>
> ——鸬鹚号指挥官西奥多·迪特马斯舰长

安东尼斯号

1941年1月1日,伪装成苏联货船莫洛托夫号的鸬鹚号朝东南方向航行,在泛美中立区附近通过北大西洋。迪特马斯在中大西洋巡逻了5天,只遇到美国和西班牙的船只,让人扫兴:"全体船员喜气洋洋。我们已经在行动区域待了14天,没有看到一

---

① Detmers, *The Raider Kormoran*, p. 92.

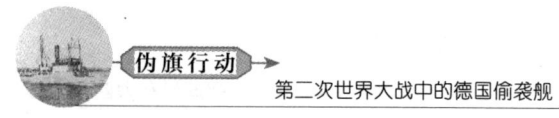

艘船。"① 鸬鹚号的安宁结束于1月6日，当时，瞭望哨发现了一艘货船。

迪特马斯拉响警报，船员们跑向战斗位置，同时偷袭舰以会合航向靠了过去。隔着2700米的距离，迪特马斯发信号问："什么船？"货船答道："安东尼斯号。"迪特马斯升起德国海军的旗帜，除去大炮的遮盖物，并命令货船停航。

3729吨小型希腊货船安东尼斯号载着煤从加的夫驶往阿根廷，船上有28名水手和1名乘客。尽管希腊人有3门机关炮，但他们不可能进行有意义的抵抗，船长服从命令，把船停了下来。迪比奇中尉率领的登船搜查队搜查了安东尼斯号，发现了一些文件，证实了它是由英国租用运营。

登船搜查队炸沉了安东尼斯号，希腊俘虏登上了鸬鹚号。迪特马斯让希腊船长自己选择：要么和他的人一起住在货舱里，要么住在一间客舱里。他选择了前者，这正合迪特马斯的意，因为他相信，如果高级船员都和他们的人待在一起，充当中间人，使得他们更容易控制，那就再好不过了。其他偷袭舰舰长更愿意让高级船员分开住，以防止造反，但迪特马斯懂得，俘虏有自己的纪律体系，与警卫保持最小的接触，这套体系运转得最好。每个俘虏每天得到5支香烟，他们的存在很快就觉得是正常的，正如迪特马斯后来反思的：

---

① Winter, *War Diary (Kriegstagebuch) of the Raider Kormoran*.

16　鸬鹚号在大西洋

他们懒洋洋地晒太阳，站在船的栏杆旁，看着跃出水面的鱼，或者看着海豚和我们一起向前游泳，自得其乐，或者三三两两地四处走动……他们已经习惯了新的生活，正如我们习惯了他们的存在一样。偶尔，当我们的俘虏没有出现在甲板上，我们反倒觉得仿佛缺了点什么。①

鸬鹚号朝西北方向驶往亚速尔群岛－费尔南多·迪诺罗尼亚群岛航线，同时瞭望哨在搜索地平线，寻找新的受害者。

不列颠联盟号

鸬鹚号巡逻了佛得角西北水域，迪特马斯发信号给海军战争指挥部："到现在为止击沉 1 艘船。这一海域的船舶以中立国家的占绝大多数，进一步执行任务不会有多少成果，因为敌国的商船完全被置于护航中。"② 偷袭舰朝西北方向驶往直布罗陀航线，也没什么好运，迪特马斯于是决定掉头向南。

1 月 18 日，鸬鹚号在多云的天气里向西航行。刚好就在天黑之前，瞭望哨发现了烟雾，迪特马斯命令以截击航向，藏在黑暗中靠过去。日落之后，那艘船看来转向夜间之字形航线，这是敌船的行动方式。当偷袭舰驶近时，一艘装有艉炮的油轮轮廓清晰可见。

---

① Detmers, *The Raider Kormoran*, p. 72.
② Winter, *War Diary (Kriegstagebuch) of the Raider Kormoran*.

伪旗行动

第二次世界大战中的德国偷袭舰

隔着5500米的距离,鸬鹚号船员升起了德国海军的旗帜,迪特马斯命令油轮停船。油轮开始广播遇袭警报,于是迪特马斯开火了。由于探照灯不足以照亮油轮,炮手们发射了一颗照明弹,但第一波连续炮击没能打中,他们借着照明弹的光亮,调整了大炮。

6987吨的油轮不列颠联盟号装载着压舱物从直布罗陀驶往特立尼达岛。船长阿特希尔尽管起初大吃一惊,但还是努力逃跑。4.7英寸艉炮进行了还击,但皇家海军的炮手们被探照灯弄得晕头转向,失去了方向感,没能打中目标。无线电操作员广播:"RRRR,不列颠联盟号遭炮击。"① 德国电子侦听部截听到了信号,海军战争指挥部正确地推断,这是鸬鹚号干的。偷袭舰的第三波连续炮火击中了货船,引发了大火。乘务长亚历山大·班迪恩目睹了这次袭击:

> 我们在漆黑中平静地独自航行,突然间,照明弹掠过船的上空。……我冲了出去,跑到甲板上,随后又跑回来拿我的救生衣和钢盔。我听到我们的4.7英寸大炮持续不断地开火,还有我们的机关炮。当一颗炮弹击中前甲板时,我跑回一条通道,很多人可能被困在了那里。②

不列颠联盟号的无线电悄无声息、艉炮不再开火之后,迪特

---

① Woodward, *The Secret Raiders*, p. 164.
② *The Loss of HMAS SYDNEY II: Volume One*, p 126.

16　鸬鹚号在大西洋

马斯命令停火,但是,当偷袭舰靠得更近时,英国人再次开火。偷袭舰进行还击,更多的炮弹击中油轮,它的艉炮又发射了4颗炮弹,随后沉默了。看到救生艇被放下之后,迪特马斯再次下令停火。

迪特马斯决定击沉不列颠联盟号,鱼雷官格雷特中尉进行计算,然后发射了鱼雷。第一颗鱼雷没有击中,第二颗击中油轮爆炸了,尽管它依然在漂浮。一艘救生艇倾覆,救生艇用灯向偷袭舰发信号:"SOS,船在沉。"德国人救起了幸存者,迪特马斯注意到:

> 我的两个人在绳梯的底部,他们一个接一个把人从水里捞上来。当最后一个人被拉上来的时候,他已经不省人事,放开了一直紧紧抓着的桨。……我的两个人都跟着他下了水,紧紧抓住他,把他安全地带到我们这一侧。我提到此事是因为这是我手下人的典型特征:他们在行动中冷酷无情,但过后会尽一切努力帮助受害者。[1]

德国人救起了28个人、1只猴子和一只关在笼子里的鸟。鸬鹚号又朝不列颠联盟号发射了几发炮弹,但严重受损的油轮拒绝下沉。第三波连续炮火击中船腹并爆炸之后,油轮向右舷倾侧,最终沉下去了。尽管有17名英国水手失踪,但迪特马斯知道,不列颠联盟号已经成功广播了遇袭警报,所以鸬鹚号向西逃去。

---

[1] Detmers, *The Raider Kormoran*, p. 77.

武装商船巡洋舰阿拉瓦号发现了鸬鹚号的炮火,当它驶向战斗现场时,船员们以为将要与一艘袖珍战列舰交手,欧文·查普曼后来回忆:"攻击舰被认为是舍尔海军上将号,这导致舰桥上的那些人相互说:很高兴认识你!"① 阿拉瓦号的瞭望哨发现了正在燃烧的油轮,随后看到了鸬鹚号的探照灯。到达那里之后,船员们发现了油、残骸和一艘救生艇,里面有7个人。在这一水域搜索了3天,然后继续它的航程,驶往弗里敦。②

阿特希尔船长和他的人一起住在鸬鹚号的货舱里,这是迪特马斯喜欢的典型安排。那只鸟住在水手长的舱室里,猴子因为来自一艘英国船而被改名为汤米,住在烟囱后面的一个板条箱里。船员们建了一间新厨房,来自鸬鹚号的厨师和来自不列颠联盟号的厨师一起在那里生火做饭。

非洲之星号

海军战争指挥部命令迪特马斯驶往特里斯坦-达库尼亚西北200英里处代号为"安达卢西亚"的地点,鸬鹚号将在那里与诺德马克号会合,因为那艘补给舰需要偷袭舰携带的U型潜艇补给

---

① NAA File, *'Kormoran: (Raider No 41) 'G'* (B6121, 164L).
② 和幸存者交谈之后,查普曼得出结论,鸬鹚号朝另外一艘救生艇开了机关炮。偷袭舰大概是在救起那艘救生艇上的人之后用机关炮击沉了它,毫无疑问,偷袭舰俘虏了28个人。德国偷袭舰通常用机关炮击沉残骸,为的是消除他们存在的痕迹,但这一做法会产生误解,尤其是盟国水手认为这些"野蛮人"在海上犯下了暴行。10名失踪的人极有可能在炮击或救生艇倾覆时丧生了。参见 NAA File, *'Kormoran: (Raider No 41) 'G'* (B6121, 164L).

品给 U-A 号潜艇补充补给。会合之前，迪特马斯将继续在赤道以北行动，而雷神号则依然在南大西洋活动。

当鸬鹚号在佛得角群岛与赤道之间朝东南方向航行时，轮机长斯特尔上尉告诉迪特马斯，轴承上劣质的白合金正在使发动机出现问题。迪特马斯可以返回能够铸造新轴承的港口，但他决定继续航行，向海军战争指挥部要求配送白合金。

1月29日，海上大雾弥漫，鸬鹚号驶过佛得角群岛以南。瞭望哨发现了一艘货船出现在薄雾中，但它突然改变了航向。迪特马斯没有做出反应，希望它会重新回到最初的航线。在它回来之后，两艘船之间的距离缓慢缩小。

蓝星轮船公司11900吨的货船非洲之星号正从布宜诺斯艾利斯驶往英国，装载着冻肉和黄油。船长克莱门特·库珀负责管理着72名水手、两名海军炮手和两名女性乘客。他站在舰桥上，注意到了一艘"苏联"货船。两名女性乘客穿着游泳衣，在甲板上快乐地晒着日光浴，喝着咖啡，完全没有料到迪特马斯很快会打断她们的休闲时光。

迪特马斯发现一门艉炮之后，货船突然掉头驶开了，迪特马斯命令停船，并鸣炮示警。库珀船长命令全速前进，非洲之星号的无线电广播了遇袭警报。鸬鹚号的炮手开火，第三波连续炮击中了货船，使得库珀船长相信，抵抗毫无意义。非洲之星号停止了广播。停船后，船员们放下了救生艇。它的4.7英寸艉炮一直没有还击。

1941年1月29日，鸬鹚号俘获蓝星轮船公司11 900吨的货船非洲之星号，后者当时载着冻肉和黄油从布宜诺斯艾利斯驶往英国。

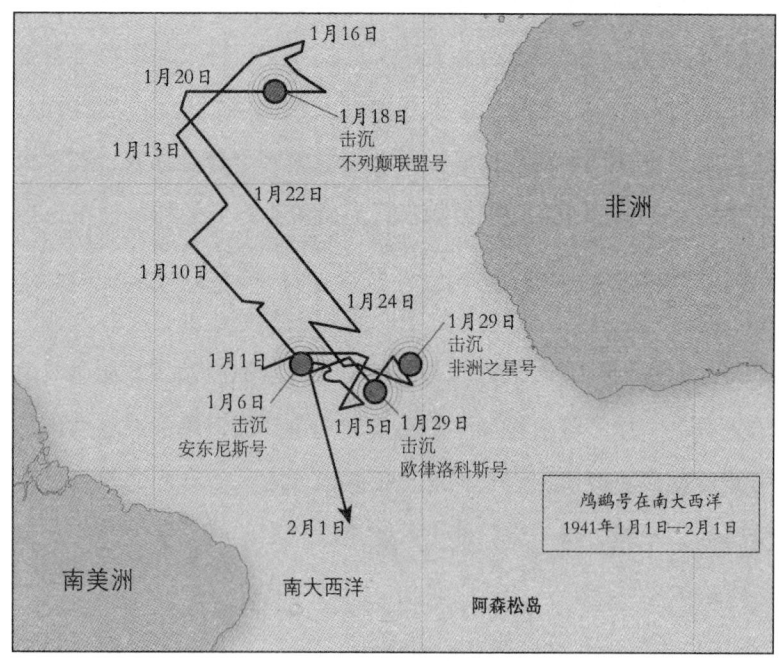

16　鸬鹚号在大西洋

约翰尼斯·迪比奇中尉率领的登船搜查队控制了非洲之星号，缴获了商船密码，这使得信号官莱因霍尔德·冯·马拉珀特上尉后来能够解读商船通讯。迪比奇告诉迪特马斯，非洲之星号受损严重，没法成为一艘有用的俘获船。登船搜查队护送俘虏们登上偷袭舰，由于两个女人依然穿着游泳衣，迪特马斯命令迪比奇拿回她们的衣服，格雷特评论道："我们注意到，德国人自我吹嘘的效率不攻自破。我们忘记了给被俘的女士带上衣服。"① 警卫们护送两个女人去了医务室旁边的舱室。一位女士是和她丈夫一起回英国，另一位是一个年轻的打字员，也是回国。

登船搜查队放置的炸药没能炸沉非洲之星号，格雷特连发的几颗炮弹在舰桥下面爆炸，货船消失在波涛之下。当鸬鹚号向西南驶去时，无线电室证实，敌人收到了非洲之星号的遇袭警报。军官们聚集在军官餐厅里，庆祝他们最近的胜利；他们把受害船只的名字写在餐厅的墙壁上。发现非洲之星号的值班军官得到了一瓶香槟酒，登船搜查队送给迪特马斯一个非洲之星号上的铜钟，他把这个铜钟放在自己的舱室里。

欧律洛科斯号

击沉非洲之星号两个小时之后，鸬鹚号的瞭望哨在夜晚的黑暗中发现了另一艘船。迪特马斯冲到舰桥上，看到英国蓝烟囱轮船公司的一艘货船在航行，没有开灯。他命令转到截击航向。

---

① Muggenthaler, *German Raiders of World War II*, p. 144.

伪旗行动
第二次世界大战中的德国偷袭舰

5723吨的货船欧律洛科斯号从格拉斯哥启航,在护航舰队WS 5B的护卫下驶往加纳的塔科拉迪,装载着16架重型轰炸机,但最近与护航舰队分开了。它的71名船员包括很多中国水手。船长凯尔德担心U型潜艇,避开了沿岸水域,却直奔鸬鹚号而来。

在欧律洛科斯号的船桥上,四副斯帕克斯发现一艘船正在靠近之后拉响了警报。凯尔德船长冲到船桥上,看到对方打出信号:"什么船?"他答复道:"欧律洛科斯号。"那艘不认识的船加快速度,靠了过来,隔着3200米的距离命令欧律洛科斯号停船。凯尔德船长命令全速前进,他的无线电广播了遇袭警报。

迪特马斯命令炮手向欧律洛科斯号开炮。一颗照明弹照亮夜空,但鸬鹚号的第一波连续炮火越过了货船。艉炮手弗兰克·拉斯基尔用4.7英寸加农炮进行还击,但偷袭舰的探照灯让他失去了方向感。当德国人的炮弹击中欧律洛科斯号时,三副波维试图组织救火队,但中国救火队员擅自离开了岗位。① 很多中国水手也走出他们的住处,消失不见了。②

欧律洛科斯号被更多的炮弹击中,但它的无线电在不停地广播。一发炮弹在艉炮附近爆炸之后,艉炮彻底哑火,大火摧毁了驾驶装置,凯尔德船长决定弃船。斯帕克斯发信号给偷袭舰,请求停火。迪特马斯同意,他的大炮没有了声音。货船的船员开始放下救生艇,但不一会儿,鸬鹚号的无线电室报告,欧律洛科斯号重新开始广播。偷袭舰20毫米的防空炮用快速曳光弹不断地

---

① NAA File, *'Kormoran: (Raider No 41) 'G'* (B6121, 164L).
② Woodman, *The Real Cruel Sea*, p. 235.

16　鸬鹚号在大西洋

轰击无线电室,迪特马斯后来回忆:"那艘船突然发出大量的无线电信息,只好允许主炮和 2 厘米大炮开火,直至对手停止发报。船的上层建筑完全被打掉了。"[1] 播发停止之后,迪特马斯再次下令停火。

凯尔德船长受伤了,一条腿被打碎,肩膀被打断了,大副麦格雷戈把他抱上救生艇,然后回到船桥上。密码本已经被销毁。凯尔德船长后来描述道:

> 他们把恶魔般的机关炮的火力集中在船桥上,因此我担心贝克先生(舵手室里的一位作家)想必已经被炸死了。整个事件十分可怕,很显然,我们当中没有一个人打算活着出去。这是一次极其凶残的攻击,我到现在都很奇怪,我们当中怎么会有人死里逃生。[2]

迪特马斯用鱼雷击沉了欧律洛科斯号,它的船员在两艘救生艇和两个救生筏上眼睁睁地看着。拉斯基尔目睹了他的船的末日:"它高高地翘向空中,向苍天鞠躬。接下来,随着一声怒吼,仿佛是仇恨和报仇的怒吼,滑入波涛之下。它的沉没激发起的巨浪吞没了幸存者。"[3]

鸬鹚号救起了 4 名英国人和 30 名中国幸存者,警卫们护送

---

[1] Winter, *War Diary (Kriegstagebuch) of the Raider Kormoran*.
[2] *The Loss of HMAS SYDNEY II: Volume One*, pp. 140–41.
[3] Woodman, *The Real Cruel Sea*, p. 236.

重伤者去了医务室,但有一个人在那天夜里死了。迪特马斯搜寻28名失踪者,包括凯尔德船长,但没有找到他们①,随后偷袭舰全速逃走了。当船员们发现欧律洛科斯号装载16架重型轰炸机打算驶往埃及时,感到十分自豪,迪特马斯评论道:"我们直接帮助了隆美尔的非洲军团,这给我们带来了极大的快乐。"②

当巡洋舰诺福克号和德文郡号以及武装商船布洛洛号赶到这一海域时,鸬鹚号已驶往东南方向,去和诺德马克号会合;军官们在餐厅的墙上添加了第4艘船的名字。

到了早晨,凯尔德船长清点了一下,两个逃脱偷袭舰的救生筏上共有28名幸存者。鲨鱼在周围出没,但船员们不停地用桨赶开它们。西班牙船泰德峰号救起了他们,随后遇到了布洛洛号,后者带上了伤员和另外8个人,船长凯尔德、轮机长克里奇和其余的人留在船上,最终在布宜诺斯艾利斯上了岸。

鸬鹚号上的新俘虏适应了被俘的状态,水手古斯塔夫·海因茨观察了他们的日常活动:"俘虏们被允许每周看一次电影——有他们自己的厨房,并分发了香烟。他们被允许收听电台,获得最新的新闻。"③中国俘虏在第二层甲板有自己的住处。后勤官赫伯特·布雷特施奈德中尉建议雇佣中国志愿者充当洗衣工,迪特马斯同意之后,他找了4个愿意干活的人。他们将在航行期间工

---

① 凯尔德船长认为他的两个人在这场遭遇战中被杀,尽管船东霍尔特—阿尔弗雷德公司后来断定,只有一个人丧生。The Loss of HMAS SYDNEY II: Volume One, pp. 139-40.

② Detmers, *The Raider Kormoran*, p. 88.

③ NAA File, *"Kormoran" - Translation of Diaries* (B6121, 165K).

16　鸬鹚号在大西洋

作,到达德国之后领薪水。

两个英国女人可以每天到甲板上锻炼,与其他英国俘虏交谈,那个已婚的女人甚至可以见她丈夫。在战斗时,警卫们便护送她们去医务室,弗里德里希·列恩霍普医生在那里盯着她们。迪特马斯注意到她们的存在所带来的冲击:

> 我们的两位女士在目前的条件下尽可能地开心。她们从不错过锻炼的那几个小时,不久之后,我注意到,我们的很多人也总是想方设法作为旁观者出现,盯着两个姑娘"大饱眼福";碰巧,她们都很年轻,很有魅力。①

2月1日,鸬鹚号穿过赤道,进入南大西洋,海军战争指挥部命令迪特马斯在"安达卢西亚"把俘虏转到诺德马克号上。2月5日,船员们举行了跨越赤道仪式,因为迪特马斯推迟了此事,想在更遥远的水域举行。海神出现了,身穿蓝色海军上将制服,金色的胡须,披着长袍,拿着一个硕大的望远镜。之前没有穿过赤道的水手迈步向前,海神的卫兵们把他们放到一块板上,抬到游泳池边,扔进水里,与此同时,偷袭舰往南驶向诺德马克号。

---

① Detmers, *The Raider Kormoran*, p. 94.

17
远海遭遇战与绝望群岛

> 在一片波涛汹涌但能见度很好的大海上,我们看到了一条荒凉而可怕的海岸线,顶部是一排白雪覆盖的山峦,狭长的岬角被数以十计的小岛和岩礁所环绕。那是我们许多天来见到的第一片陆地。[1]
>
> ——亚特兰蒂斯号指挥官贝尔哈德·罗格中校
> 描述凯尔盖朗群岛

和平的休息期

离开埃米劳岛之后,猎户星座号朝西北方向驶往拉莫特雷克环礁(庇护地Y),维厄计划在那里检修发动机,并把俘虏转到偷渡船埃姆兰号上。

1940年圣诞节,猎户星座号抵达拉莫特雷克环礁,与奥勒·雅可布号会合。当维厄乘坐一艘摩托艇驶近油轮时,他大吃一惊,船长竟然是他的朋友、"好好船长"施泰因克劳斯。自

---

[1] Rogge and Frank, *The German Raider Atlantis*, pp. 125–26.

17 远海遭遇战与绝望群岛

在热带海洋号分手之后，维厄就再也没有见过他。维厄知道，那艘俘获船遭到英国潜艇逃学者号的截击。施泰因克劳斯解释，他弄沉热带海洋号之后，英国皇家海军把他和他的人放在一艘救生艇上，然后离开了。救生艇上的德国人和挪威人驶向法国，第二天，一架桑德兰式水上飞机救起了挪威人。恶劣的天气摧毁了他们的船帆之后，德国人决定划向西班牙，抵达之后，他们去了法国。施泰因克劳斯逃到柏林，在那里，海军战争指挥部让他指挥奥勒·雅可布号，于是他动身经由跨西伯利亚铁路前往日本。

奥勒·雅可布号给猎户星座号补充补给之后，偷袭舰朝西南方向驶往巴拿马－檀香山航线，搜寻新的受害者，油轮留在那里等待雷根斯堡号和埃姆兰号。维厄在那条航线巡逻了4天，一无所获，有传言说他们很快会打道回府，船员们不免士气低落。

新年前夜，猎户星座号返回拉莫特雷克环礁，与奥勒·雅可布号和雷根斯堡号会合。后者刚刚载着储备物资到达这里，包括日本啤酒，正好赶上庆祝新年。元旦，发动机的大修工作开始进行。慕思兰德号已经离开日本驶往马里亚纳群岛的莫格岛，装载着偷袭舰的其他补给品。维厄原本认定，这里是一个完成彻底检修的更安全的位置，但由于那些被抛弃在埃米劳岛上的人可能危及"庇护地Y"，于是修理工作停止了。

1月4日，雷根斯堡号启航前往日本，第二天，埃姆兰号到达。[①]维厄视察了这艘偷渡船，命令克拉格船长打扫蟑螂孳生的货

[①] 汉堡—美洲轮船公司的货船埃姆兰号一直藏在满洲的大连号。

伪旗行动

第二次世界大战中的德国偷袭舰

舱，这事完成之后，183 名俘虏登上了偷渡船。3 天后，两艘德国船离开拉莫特雷克环礁。埃姆兰号后来从舍尔号和诺德马克号上接收了其他俘虏，4 月 4 日抵达波尔多。① 来自图拉基纳号的俘虏爱德华·斯威尼后来跳下了载他去德国的火车逃跑了：

> 我穿过比利牛斯山脉进入西班牙，因为拿不出任何文件证明我的身份，而遭到国民警卫队的逮捕和拘留。在肮脏的监狱里待了一段时间之后，我被监禁在西班牙北部埃布罗河畔米兰达的一个劳动集中营里，用一个巨大的筐子背运石头，帮助修建一条新的重要公路。15 个月之后，我离开英国，我最终被释放，经由直布罗陀到达格拉斯哥，我的冒险当中没有比这更糟的了。②

1 月 12 日，猎户星座号和奥勒·雅可布号抵达莫格岛，那是一座黑岩死火山边缘上的一个小岛。维厄找到一个海图上没有标出的火山入口，两艘船进入一个天然港。火山的内壁覆盖着植被，郁郁葱葱，庇护着船只不被外界发现，使之成为一个完成发

---

① 埃姆兰号是第一艘从日本抵达欧洲的偷渡船。它被改名为威塞尔兰号，1942 年 9 月 9 日从波尔多返航，驶往远东。抵达横滨之后，它装载了橡胶、锡、鸦片和钨，然后抵达巴达维亚装载奎宁。1943 年 11 月 22 日，它伪装成英国货船格伦班克号启航驶往欧洲。1944 年 1 月 1 日，一架盟军飞机在阿森松附近发现了它，货船没能发出验证身份的信号，飞机扫射了它的甲板，它的防空炮进行还击，致使飞机受损。飞机报告了位置之后坠入大海，机上 10 人全部丧生。第二天，美国驱逐舰萨默斯号截击威塞尔兰号，被几次击中之后，船员们弃船。没过多久，威塞尔兰号沉没。美国人救起了 133 名幸存者，有 4 名船员丧生。

② British Broadcasting Corporation, "WW2 People's War, A Merchant Seaman's Survival".

17　远海遭遇战与绝望群岛

动机大修工作的完美地点。

维厄以为这座小岛荒无人烟，但侦察员们发现了一个小码头、3 间木屋和海滩上的一面日本国旗。德国人与 9 名日本人和 40 名正在建造气象站的菲律宾劳工进行了接触。日本人同意德国人逗留，并允许他们在火山顶上建一个瞭望哨。

估计是气象站报告德国人的存在之后，日本政府的船马拉纳丸号从西班牙抵达这里。维厄在奥勒·雅可布号上会见了日本官员，施泰因克劳斯提供了冰冷的啤酒。维厄解释，这两艘船都是偷越封锁线的偷渡船，由于发动机故障而临时停在这里。日本人表面上认可了这个说法，在场的人都为《三国同盟条约》举酒干杯。但一个官员问，为什么奥勒·雅可布号的烟囱上画着日本国旗。施泰因克劳斯答复道，马上会清除掉。

1 月 18 日，雷根斯堡号带着新鲜的食物和淡水到达。拉夫勒医生一直患病，有一个无法治愈的肿瘤压迫着他的脊椎，他被转到雷根斯堡号上。他不顾剧痛，完全凭借意志力，一直履行着他的医疗职责，从而赢得船员和俘虏们的敬佩。雷根斯堡号启程前往日本，3 月 2 日抵达，海军武官温内克少将记载道：

> 另一方面，就未来船只的补给而言，拉夫勒对辅助巡洋舰上的情况的描述对我来说特别有价值。从他的嘴里听到下面这个信息特别令人鼓舞：尽管长时间离家在外，但船员们的士气没有受到丝毫影响。[①]

---

① Chapman, *The Price of Admiralty: Volume Two and Three*, p. 384.

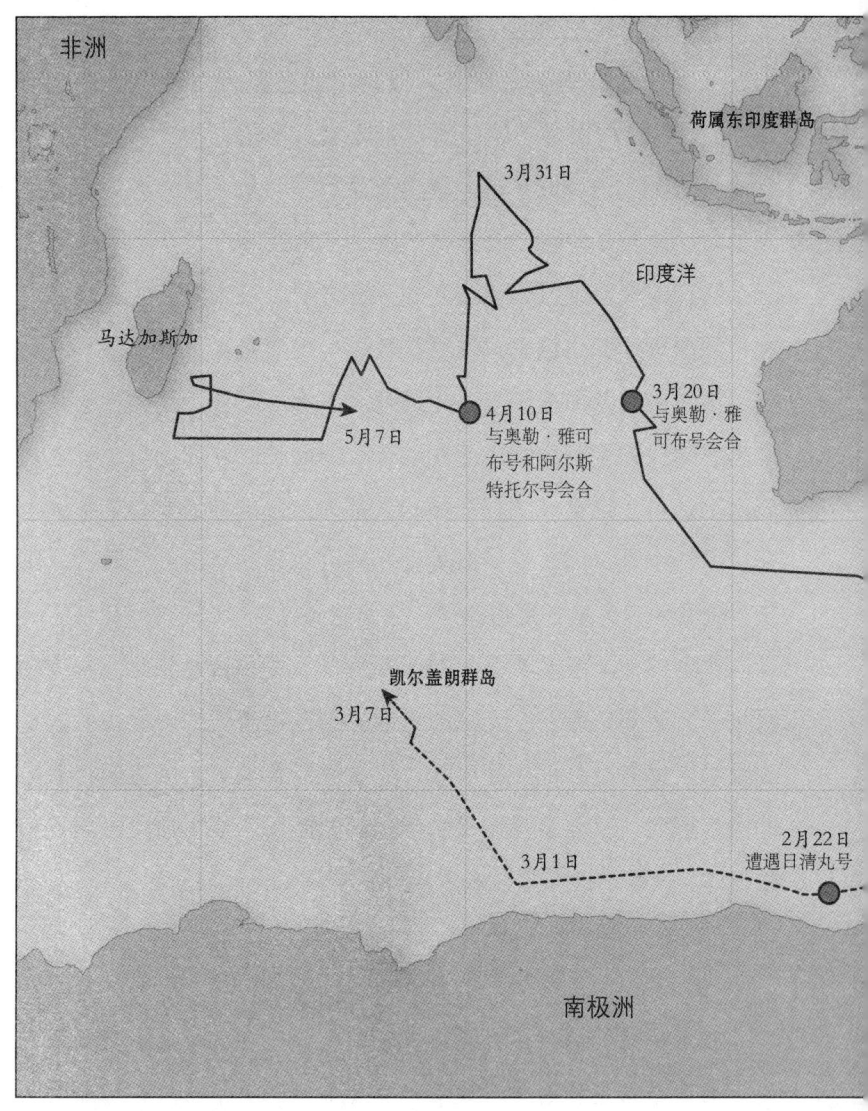

拉夫勒医生回到国内，不料死于外科手术。雷根斯堡号成了一艘偷越封锁线的偷渡船，6月27日抵达波尔多。

17 远海遭遇战与绝望群岛

2月1日，慕思兰德号抵达莫格岛，带来更多的补给品，以及一架日本产的中岛式水上飞机，是温内克为猎户星座号购买

的。4天后，猎户星座号的发动机准备接受测试。轮机长科尔什上尉报告，汽缸工作正常，尽管第四个汽缸有些漏气，但这个问题可以搞定。总的来说，偷袭舰的速度达到了令人印象深刻的13节。维厄计划经由大澳洲湾驶往新的行动区域：印度洋东部。第二天，猎户星座号和奥勒·雅可布号离开莫格岛，维厄对于在澳大利亚航线找到新的受害者充满希望。

伪装成一艘匿名船只的猎户星座号和奥勒·雅可布号继续沿东南航线穿过中太平洋，只看到一艘船，很快就消失不见了。2月15日，两艘德国船穿过赤道，第二天，从布干维尔岛和舒瓦瑟尔岛之间驶过，进入珊瑚海，11架从美国飞往澳大利亚的卡特琳娜式水上飞机出现在头顶上空。

中午，施泰因克劳斯发现澳大利亚皇家空军的一架水上飞机，绕着奥勒·雅可布号兜了一圈，越过猎户星座号的船首，然后消失不见了。无线电室侦听到加密信号，推测起来应该是那架水上飞机发给莫尔兹比港的。附近空军基地发出的无线电波变得活跃起来，可以肯定，德国人引起敌人的怀疑。因此，维厄决定离开珊瑚海。①澳大利亚人怀疑那是一艘偷袭舰，正如无线电信号所指出的："飞机发现了两艘船。……有点类似于纳尔维克号（猎户星座号）和油轮奥勒·雅可布号。"②

猎户星座号和奥勒·雅可布号分手了，但维厄和施泰因克劳斯计划3天后在新赫布里底群岛和新喀里多尼亚之间会合。第二

---

① NAA File, *Raider "A" No 36 "Orion"* (B6121, 164B).

② AWM File, *Cipher Message Duty Officers Report - Information Regarding Movements of Two Possible Enemy Raiders in Vicinity of New Guinea* (AWM61, S19/1/233).

17 远海遭遇战与绝望群岛

天早晨,瞭望哨发现了一架水上飞机,但它没有注意到偷袭舰,中午的时候,无线电侦听小组识别出了5架巡逻飞机,但维厄让偷袭舰一直保持在它们的飞行路线之间航行,从而不让它们看到。来自奥勒·雅可布号的信号声称发现了一架飞机,要求维厄推迟会合。

猎户星座号绕过所罗门群岛,维厄避开了一艘船,因为盘问可能吸引附近的飞机和军舰。船员们看见了圣克鲁斯群岛,日落之后,当偷袭舰继续向南驶往新西兰时,看到通红的熔岩从一座火山口涌入大海。

2月25日,猎户星座号在克马德克群岛东北方向与奥勒·雅可布号会合。油轮给偷袭舰补充燃料之后,两艘船朝西南方向驶往查塔姆群岛,船员们经历了咆哮西风带猛烈的风暴和排山倒海的巨浪。3月3日,瞭望哨发现了邦蒂群岛,两艘船进入南极海域。当穆勒-奥斯滕医生给一位水兵做阑尾切除手术时,风暴使猎户星座号摇晃得非常厉害。舵手奋力让船尽可能保持平稳,经过两个小时漫长的手术,他挽救了这个水兵的生命。

第二天,猎户星座号绕过新西兰,船员们发现了奥克兰岛。驶过大澳洲湾之后,维厄到达了他在东印度洋的新行动区域——位于鲁汶角西南,船员们希望在打道回府之前赢得几场新的胜利。

鸬鹚号在"安达卢西亚"

1941年2月7日,鸬鹚号在特里斯坦-达库尼亚西北200

企鹅号与鸬鹚号在南大西洋和南冰洋 1941年2月1日—3月25日

17　远海遭遇战与绝望群岛

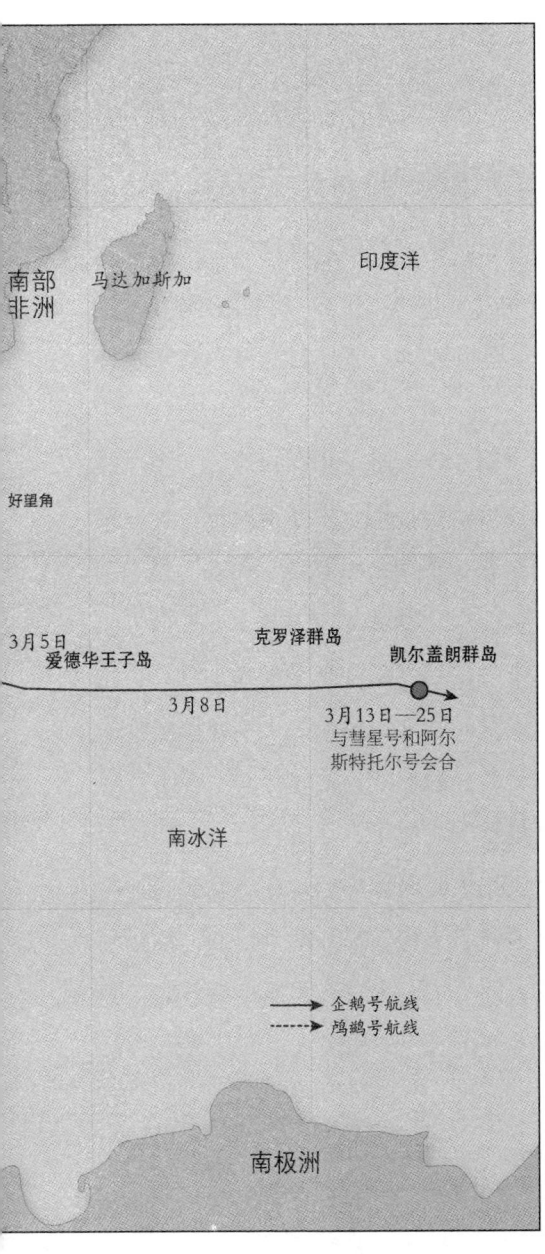

英里处的"安达卢西亚"与诺德马克号和公爵号会合。迪特马斯登上了诺德马克号,海军少校彼得·格劳告诉他,在这些水域只看见了美国船。鸬鹚号接收了牛肉、鸡蛋、燃料和15颗鱼雷,但格劳没有用于轴承的白合金。偷袭舰的172名俘虏转到了诺德马克号上,迪特马斯为被俘船员们的良好表现而向几位盟国船长表示感谢,并和他们分享了啤酒。非洲之星号上的二副金后来回忆:"战争的游戏并不包括喝酒和玩乐,但我们很高兴受到了体面的对待。"①

海军战争指挥部提出把企鹅号——眼下正在驶往"安达卢西亚"——俘获的一艘捕鲸船转给迪特马斯,用作辅助布雷舰,但他拒绝了,因为他觉得轻型鱼雷快艇更适合这项任务。② 2月9日,鸬鹚号离开"安达卢西亚",走东北航线驶往南非。③

诺德马克号上的俘虏的条件比起鸬鹚号来差一些,但卫兵允许他们白天待在甲板上,吃饭时间除外。他们后来被转到偷渡船波特兰号上,当它朝法国航行时,来自非洲之星号的二等水兵阿瑟·弗莱领着一小群人闯进隔壁的货舱里,点了一把火。在德国人奋力扑火时,警卫们一直紧张地盯着俘虏们,在对峙期间,灯熄灭了,混乱之中,一个警卫开了三枪,杀死两个俘虏,包括那个来自非洲之星号的英国女人的丈夫。来自布里斯班港号的二等水兵阿普比后来回忆这次哗变的后果:"德国人采取了严厉的惩

---

① Muggenthaler, *German Raiders of World War II*, p. 146.
② Winter, *War Diary (Kriegstagebuch) of the Raider Kormoran*.
③ Ibid.

17 远海遭遇战与绝望群岛

罚措施,其形式为鞭打,用枪托揍,等等。"①3月16日,偷渡船抵达波尔多。②德国人判处弗莱死刑,但在瑞士人介入之后,被改为缓期执行。他后来被授予大英帝国勋章,嘉奖令说:"弗莱是主要头目,在采取有力措施执行解放计划上表现出了勇气和决心。"③

企鹅号在"安达卢西亚"

2月15日,企鹅号、奥勒·韦格号和几艘捕鲸船在"安达卢西亚"与诺德马克号和公爵夫人号会合。由于克吕德尔需要额外的水手驾驶他的俘获船,然后才能驶向欧洲,海军战争指挥部安排来自舍尔号的船员接管被俘船,他们之前在公爵夫人号上④。偷袭舰从公爵夫人号上接收了肉和鸡蛋,但它只剩下一个船壳;船员们被迫焚烧船上的材料来喂它的火炉。德国人在2月18日击沉了它。

威廉·尼尔森舰长指挥的补给舰阿尔斯特托尔号到达了⑤,给偷袭舰带来其他的补给,包括炮弹、鱼雷、水雷和两架水上飞

---

① NAA File, "Kormoran" - Translation of Diaries (B6121, 165K).
② 波特兰号作为一艘偷渡船继续服役,1943年3月28日离开波尔多,驶往远东。4月13日在弗里敦以西的大西洋上遭到法国驱逐舰乔治·莱格号的截击,被船员们凿沉。
③ Dorling, *Blue Star Line at War 1939-1945*, p. 54.
④ Krancke and Brennecke, *The Battleship Scheer*, p. 145.
⑤ 阿尔斯特托尔号原本是挪威货船罗森号,1939年斯洛曼轮船公司购买了它。德国海军在汉堡把它改装成一艘偷袭舰补给舰,添加了油箱、储藏箱和4门20毫米防空炮。

· 265 ·

机。克吕德尔给了尼尔森舰长一份他的战争日志,船员们收到了家里寄来的邮件,但补给品的转交并没有立即进行,因为克吕德尔决定在凯尔盖朗群岛进行这项工作。他还保留了捕鲸船波尔九号,作为侦查舰,把它改名为秃鹳号,由赫默中尉指挥。

2月20日,布劳尔中尉指挥的奥勒·韦格号和10艘捕鲸船启航前往波尔多,企鹅号、秃鹳号和阿尔斯特托尔号驶往好望角。油轮斯皮舍朗号在北大西洋给捕鲸船补充了燃料,它们的航程继续,没有出现意外,直至3月13日,小型护航舰斯卡伯勒号在直布罗陀附近拦截了星十九号和星二十四号。英国人登上了星二十四号,允许它通行,但是,当小型护航舰驶近星十九号时,俘获船的船员凿沉了自己的船,星二十四号也做了同样的事。浮游生物号、索尔格利姆号和奥勒·韦格号安全抵达波尔多,8艘幸存的捕鲸船抵达法国,后来被改装成辅助反潜舰和扫雷艇。[1]

---

[1] 浮游生物号后来抵达挪威,作为第24潜艇舰队的油轮服役,1944年10月24日在希尔克内斯水域被击沉。奥勒·韦格号1942年1月在一次空袭中受损,1944年8月22日作为一艘封锁舰在鲁昂港被凿沉。打捞出水之后,1947年搁浅并被拆解。索尔格利姆号改名桑德堡号,作为一艘补给舰服役,直至1942年在瑟堡港遭到轰炸沉没。1944年6月15日被打捞出水之后,在瑟堡被凿沉。波尔十号成了辅助反潜舰Uj 171号。星十四号成了辅助反潜舰Uj 1107号。托尔林号成了辅助反潜舰Uj 1112号。波尔八号成了辅助反潜舰Uj 1711号,后来又成了辅助扫雷艇NS 06号。星二十号成了辅助反潜舰Uj 1215号。星二十一号成了辅助反潜舰Uj 1216号,1942年8月20日被击沉。星二十二号成了辅助反潜舰Uj 1217号,1945年1月14日在芬兰湾的一次碰撞中沉没。星二十三号成了辅助反潜舰Uj 1210号。

17　远海遭遇战与绝望群岛

鸬鹚号与企鹅号

迪特马斯计划巡逻圣赫勒拿岛与开普敦之间的水域,然后到鲸湾的入口布设水雷,但预期不会有多大的收获,考虑到雷神号和舍尔号最近的行动,他相信那片海域应该很安静。2月14日,由于风浪太大而取消了布雷行动,鸬鹚号继续朝西南方向巡逻开普敦－弗里敦航线。偷袭舰的发动机轴承由于船上储备的白合金太脆弱而再次发生故障。两组技术人员轮班工作,铸造新轴承,迪特马斯要求提供新的储备,海军战争指挥部命令他与企鹅号会合,克吕德尔将会在那里向他提供白合金。在此期间,偷袭舰待在南大西洋,迪特马斯感觉很受挫:"这个命令意味着我们的任务又推迟了一个月,因为在既定行动水域几乎不可能做任何事情。"[①]

2月25日,鸬鹚号和企鹅号在圣赫勒拿岛东南会合。收到与鸬鹚号会合的命令之后,克吕德尔向南行驶,而秃鹫号和阿尔斯特托尔号留在后面。迪特马斯的水兵们在甲板上列队,向企鹅号三呼致敬,克吕德尔的人则十分得体地还礼,两艘船的船员放下小艇,友好来往,交换深受欢迎的物品,比如电影什么的。让迪特马斯高兴的是,克吕德尔提供了210公斤的白合金。

迪特马斯和克吕德尔在企鹅号上会面,商讨战术,正如迪特马斯所记录的:

[①] Winter, *War Diary (Kriegstagebuch) of the Raider Kormoran*.

伪旗行动 ▶ 第二次世界大战中的德国偷袭舰

他告诉我，起初，在印度洋的搜猎令人兴奋，但接下来，猎物变得越来越罕见，因为辅助巡洋舰的劫掠迫使敌人尽可能改变航线，靠海岸航行。剩下的唯一有希望的水域是阿拉伯海和孟加拉湾。[①]

迪特马斯告诉克吕德尔，他预计5月份进入印度洋。两位舰长同意未来再会合。第二天两艘偷袭舰分手，船员们聚集在甲板上，挥手告别。

彗星号在南极洲

炮击瑙鲁之后，彗星号朝东北方向驶往吉尔伯特群岛，追击一艘挪威船，但没有成功。新年那天，德国海军晋升埃森为海军少将。海军战争指挥部不批准他在巴拿马运河附近行动，命令他前往南极海域，搜猎敌人的捕鲸船队，然后驶往印度洋。埃森反思道：

> 鉴于我们在澳大利亚和新西兰海域的成功所造成的困扰，更明智的做法是进行更大范围的搜寻，扩至印度洋，而不是采取最短航线（塔斯曼海）。[②]

[①] Detmers, *The Raider Kormoran*, p. 102.
[②] Waters, *The Royal New Zealand Navy*, p. 151.

· 268 ·

17　远海遭遇战与绝望群岛

1月19日，彗星号驶近皮特凯恩岛，这是英国军舰邦蒂号哗变者的家乡，但一艘船也没看到。随后彗星号朝西南方向沿巴拿马－新西兰航线驶往查塔姆群岛，也没有遇到任何船只。在这段安静的日子里，埃森给了船员们两周的休假，假期里，他们可以安排自己的时间，除了投入战斗。休闲活动包括在电影院里看电影，组织一支管弦乐队和一支爵士乐队。埃森邀请过生日的船员和副舰长约瑟夫·胡申贝斯少校一起闲聊，然后与船员们举行生日派对，有葡萄酒、啤酒和潘趣酒。①

2月6日绕过查塔姆群岛之后，彗星号向南驶往斯科特岛，6天后抵达那里。埃森计划在南极海域袭击敌人的捕鲸船，再造企鹅号的成功。偷袭舰进入罗斯海之后，冰冷的海水有一个意料之外的好处：去除了附着在船体上的甲壳动物。

彗星号驶过阿代尔角，船员们看见了南极大陆，但埃森一无所获，他的信号员只侦听到了日本捕鲸船广播的信号。偷袭舰继续向东航行，紧靠着南极海岸，2月22日，遇到了日本鲸鱼加工船日清丸号。德国人发现日本船员很友好，他们用葡萄酒换了一些鲸鱼肉。偷袭舰的无线电室没有侦听到敌船的任何信息，但截听到理查德·伯德海军上将率领的美国南极探险队的信号。2月28日，埃森放弃搜猎，彗星号驶向凯尔盖朗群岛，与企鹅号和阿尔斯特托尔号会合。

---

① McDonald, *Seeking the Sydney*, p. 127.

伪旗行动 ▸ 第二次世界大战中的德国偷袭舰

1941年2—3月，彗星号在南极海域搜猎敌国的捕鲸船。请注意船体上的日本国旗，因为它被伪装成一艘日本货船。

凯尔盖朗群岛

3月7日，彗星号抵达凯尔盖朗群岛，在格雷夫岛的国王湾抛锚停泊。凯尔盖朗群岛是南印度洋上极其遥远的火山群岛，这片光秃秃的没有树木的风景，由黑白两色的岩石、湿地和沼泽组成。这个群岛是法国探险家伊夫－约瑟夫·德·凯尔盖朗在1772年发现的，1776年绘制群岛海图的库克船长想把它们命名为"绝望群岛"。这些法属小岛曾经是捕鲸船的基地，但很久之前就废弃了。亚特兰蒂斯号在1940年12月探访过凯尔盖朗群岛，罗格发现这里是一个在与世隔绝的环境中检修偷袭舰的理想场所；在遥远的海湾找到一个安全的锚泊地，还可以从冰川获得丰富的淡

17 远海遭遇战与绝望群岛

水供应。

一个海岸小分队从彗星号登陆上岸,发现了空无一人的圣女贞德居民点。船员们在岛上度过了3天,拿走所有被抛弃的储备物资,包括煤、木材和管子,并勘察了这座小岛,猎获了一些野兔,搜集了一些可以防止坏血病的卷心菜。

3月12日,彗星号在凯尔盖朗群岛以东120英里处与企鹅号和阿尔斯特托尔号会合。克吕德尔想利用凯尔盖朗群岛的一个港口从补给舰上转移储备物资,于是,埃森和克吕德尔驶往库夫勒港。彗星号从阿尔斯特托尔号接收了弹药之后,3月14日启航,前往中印度洋澳大利亚和马达加斯加之间代号为"西伯利亚"的地点与奥勒·雅可布号会合。

企鹅号在瞪羚湾待了11天,在那里从阿尔斯特托尔号上接收了储备物资、弹药、100颗水雷和一架阿拉多式水上飞机。机械师们彻底检修了发动机,修理了船舵。与此同时,船员们打扫了货舱,清除了煤尘和腐烂的蔬菜。下班之后,水手们勘察了库夫勒港的遗址,发现一个破败的木码头,一些残破不堪的木质建筑,以及一个法国人的小墓地,有几座坟墓。有些人打野兔,另一些人抓了几只企鹅,当宠物养。

克吕德尔决定把企鹅号伪装成挪威货船帖木儿号。船员们把秃鹳号改造成一艘布雷舰,装载着40颗水雷,离开了偷袭舰。[1] 克吕德尔得知,亚特兰蒂斯号俘获的挪威油轮凯蒂·布鲁维格号

---

[1] Edwards, *Beware Raiders!*, p. 153.

将在毛里求斯附近的撒雅德玛哈浅滩给偷袭舰补充补给。他计划使用凯蒂·布鲁维格号和秃鹫号作为辅助布雷舰,同时在卡拉奇和孟买的入口布设水雷。3月25日,企鹅号和秃鹫号启航朝北行驶,与凯蒂·布鲁维格号会合,而阿尔斯特托尔号则驶往"西伯利亚",去给猎户星座号补充补给。

"西伯利亚"

在离开大澳洲湾之后,猎户星座号往西北方向穿过印度洋。3月20日,奥勒·雅可布号给偷袭舰补充了燃料,第二天,偷袭舰启航去和彗星号会合。猎户星座号重新开始驶往印度的航程,与此同时,中岛式水上飞机执行侦查飞行,没有发现任何船只。3月26日,无线电室截听到拉久拉号发出的信号QQQQ,来自北边,但维厄没有发现那艘英国船。随后,偷袭舰朝西北方向驶往科伦坡-鲁汶角航线。3天后,水上飞机发现了一艘船,偷袭舰设定了截击航向,结果发现那是一艘维希法国的货船皮耶尔·路易·德雷福斯号,士气一下子低落了。

4月10日,猎户星座号在"西伯利亚"与奥勒·雅可布号会合,阿尔斯特托尔号很快到了。油轮给偷袭舰补充了燃料,提供了食物、药品、无线电零配件、发动机备用件、弹药和一架新的阿拉多式水上飞机。还交付了几包邮件,这是航行期间船员们最早收到的来自家乡的消息,包括希特勒少女团写来的爱国信件。

17 远海遭遇战与绝望群岛

这份意料之外的礼物重新引发了船员们的乐观情绪。[1]

凯蒂·布鲁维格号尚未到达，维厄搜寻未果，然后朝西驶往毛里求斯。由于大多数离开澳大利亚和新西兰的商船都走更远的巴拿马运河航线，以避开偷袭舰出没的印度洋，维厄的行动海域似乎空荡荡的。[2] 4月23日，他命令向南驶往马达加斯加，有谣言在船员们当中流传，说他们已经开始打道回府。偷袭舰抵达马达加斯加以南新的巡逻海域之后，无线电室只截听到中立国船只的通讯，维厄和船员们一样感到百无聊赖，于是为了鼓舞船员们的士气，进入一些船长们通常不敢冒险进入的海域。

在中岛式水上飞机发现马达加斯加西南120英里处有一艘船之后，偷袭舰赶紧驶去，但到中午的时候，那艘船不见了。水上飞机再次发现了它，瞭望哨很快看到了那艘船。维厄发出信号问："什么船？"对方答道："伊利诺伊号。"伊利诺伊号是一艘美国货船，维厄放过了它，它广播信号说："呼叫所有船。这儿没啥新鲜事。"[3] 维厄知道这是发现可疑船只的暗号，但他从中看到了积极的一面，因为"人们会知道马达加斯加以南有一艘商船偷袭舰存在。这可能导致一个小小的战略补偿，弥补偷袭成功的缺乏"[4]。5月7日，奥勒·雅可布号给猎户星座号补充了补给，给了它足以维持到8月的燃料，船员们希望他们的好运气会回来。

---

[1] Muggenthaler, *German Raiders of World War II*, p. 168.
[2] NAA File, *Raider "A" No 36 "Orion"* (B6121, 164B).
[3] Weyher and Ehrlich, *The Black Raider*, p. 172.
[4] NAA File, *Raider "A" No 36 "Orion"* (B6121, 164B).

18

阿拉伯海的油轮追猎

企鹅号给敌人以重创,几乎比得上我们自己击沉吨位数的记录,是接近这个记录的唯一偷袭舰。[①]

——亚特兰蒂斯号副官乌尔里希·莫尔尚未

凯蒂·布鲁维格号失踪

1941年4月2日,企鹅号和捕鲸船秃鹳号在中印度洋位于澳大利亚和马达加斯加中间的"西伯利亚"与奥勒·雅可布号会合。"好好船长"施泰因克劳斯告诉克吕德尔,俘获船凯蒂·布鲁维格号消失不见了。德国人完全不知道它最近被澳大利亚皇家海军

[①] Mohr and Sellwood, *Phantom Raider*, p. 157.

18 阿拉伯海的油轮追猎

军舰堪培拉号击沉了。① 奥勒·雅可布号给企鹅号补充燃料之后，偷袭舰朝北驶往阿拉伯海，油轮则动身去和猎户星座号会合。

亚特兰蒂斯号俘获的挪威油轮凯蒂·布鲁维格号在毛里求斯附近给企鹅号补充补给。

5天后，企鹅号和秃鹳号抵达撒雅德玛哈浅滩东南的会合位置，但没有看到凯蒂·布鲁维格号。克吕德尔打算把它用作布雷舰，他需要一艘替代油轮，于是请求得到奥勒·雅可布号，海军

---

① 3月4日，澳大利亚皇家海军军舰堪培拉号截击了德国补给舰科堡号和被俘的油轮凯蒂·布鲁维格号。北德意志－劳埃德轮船公司的蒸汽船科堡号从意属东部非洲厄立特里亚的马萨瓦启航，试图逃离正在进击的盟军。由于需要补充燃料，海军战争指挥部命令它与凯蒂·布鲁维格号会合。发现了堪培拉号之后，凯蒂·布鲁维格号与科堡号分开了。法恩科姆朝科堡号的前方连发示警炮，德国人没有理睬。堪培拉号在17000米之外朝科堡号开炮，因为法恩科姆继续认为它是一艘偷袭舰。法恩科姆发觉那艘船实际上是一艘补给舰之后停火，但它已经着火。法恩科姆把注意力转到凯蒂·布鲁维格号上。法恩科姆派出登船搜查队去凯蒂·布鲁维格号，但无法阻止海水灌进它的轮机舱。堪培拉号用炮火把它击沉了，与此同时，受损的科堡号开始沉没。

战争指挥部拒绝了，因为它已经被分派给猎户星座号。克吕德尔可以俘获一艘油轮，要么按比例缩减他的布雷计划。按照原先的设想，企鹅号、秃鹫号和第三艘船同时在卡拉奇和孟买的入口布设水雷。克吕德尔一直想重复澳大利亚行动的成功，当时，正是俘获了油轮信风号成就那次成功，于是他决定在阿巴丹－开普敦航线搜猎一艘油轮。考虑到这一海域距离敌军的基地很近，所以这一行动很危险，于是他迅速出击，之后立即撤离。

企鹅号伪装成挪威货船帖木儿号，开始搜猎油轮。秃鹫号的汉斯－卡尔·赫默中尉和驾驶水上飞机的维尔纳中尉打算搜寻一个合适的受害者。4月24日早晨，秃鹫号发现塞舌尔东北360英里处有一艘大船。赫默向克吕德尔报告了它的航向、速度和位置，然后尾随其后，让猎物始终保持在视线之内。

英国印度轮船公司6828吨的货船帝国之光号装载着皮革和矿石从马德拉斯驶往德班。瞭望哨发现了秃鹫号，但船长认为那是英国的一艘小型辅助巡洋舰，当它消失在地平线时，他没有表示出太多的担心。

企鹅号朝截击航向行驶。日落之后，赫默靠得更近了，并在秃鹫号的船尾放置了一盏小灯，作为偷袭舰的灯标。早晨，偷袭舰在黎明前的黑暗中像一个影子一样驶近，当它超过捕鲸船时，赫默听到了发动机隐隐的嗡嗡声。克吕德尔更想要一艘油轮，那样会较少引起怀疑，但他还是满足于一艘货船。

18 阿拉伯海的油轮追猎

1941年4月25日,在印度洋、塞舌尔以北,英国货船帝国之光号在与企鹅号的战斗中遭受重创。

1941年4月,在印度洋为帝国之光号遭企鹅号袭击时的死者举行海葬。

拂晓时分，帝国之光号变得清晰可见，克吕德尔未经警告便开火了。第一波连发炮弹摧毁了无线电桅杆，损害了它的驾驶装置。孤立无助的货船大吃一惊，缓慢地停了下来，第三波炮火之后，船员们开始弃船。登船搜查队检查了货船，发现驾驶装置受损严重，成了一艘不合格的俘获船。70名船员成了偷袭舰的俘虏，两个水手丧生。登船搜查队弄沉了帝国之光号，由于没有广播遇袭警报，外界对这场遭遇战一无所知。

企鹅号和秃鹳号朝东北方向驶往马尔代夫，克吕德尔发信号给赫默说："秃鹳号已经胜利完成任务。"[①]克吕德尔如今希望在阿拉伯海波斯湾附近找到一艘油轮。4月27日，偷袭舰的瞭望哨发现马尔代夫以西有3艘货船：两艘向南，一艘向北。克吕德尔决定俘获向北航行的货船。偷袭舰尾随着它，日落之后加快了速度。午夜时分，克吕德尔采用会合航向，计划突然袭击。

英国凯泽尔轮船公司7266吨的货船布坎南家族号装载着军事设备从利物浦启航，驶往印度的英国陆军基地，有25名英国高级船员和96名印度水手，还有皇家海军的两名炮手，管理着4.7英寸舰炮和一门防空炮。船长达文波特－琼斯已经得到警告，印度洋上有两艘偷袭舰，但他认为他的船17.5节的顶级速度会确保安全到港。在船桥上值班的大副斯坦利·戴维森突然意识到炮弹击中了他的船，随后才看见3英里之外的炮火。达文波特－琼斯船长冲上船桥，同时无线电广播遇袭警报。一发炮弹摧毁舰炮之后，达文波特－琼斯船长决定弃船。

---

① Muggenthaler, *German Raiders of World War II*, p. 160.

18 阿拉伯海的油轮追猎

布坎南家族号的船员放下了救生艇,与此同时,第二无线电官沃尔特·克拉克在不停地广播,不理睬偷袭舰发来的信号:"停止使用无线电,否则就会继续炮击。"① 它的无线电悄无声息之后,克吕德尔下令停火。没有一个人被杀,只有两个印度水手受伤。沃宁中尉率领的登船搜查队抵达,戴维森目睹了当时的情景:

> 10分钟的持续开火之后,大约05:25左右,偷袭舰不再炮击我们,派出一艘摩托艇载着登船搜查队靠到我们的船旁,搜查队由指挥官沃宁和6个全副武装的水兵组成,他们上了船,接管了船桥。②

布坎南家族号的驾驶装置受损严重,不可能用作布雷舰。船员们转到偷袭舰上之后,登船搜查队弄沉了货船。

克吕德尔对布坎南家族号的遇袭警报表示担心,但信号官卡尔·海因茨·布伦克中尉不相信警报被接收,于是克吕德尔又开始搜猎俘获船。③ 然而,盟国海岸电台收到了警报,消息很快传播开来,正如一份情报报告所指出的:"科伦坡、卡拉奇和塞舌尔的电台解读出了'R'遇难信息。……遇袭船大概是布坎南家族号。"④ 英国皇家海军有了关于其基地附近海域一艘偷袭舰在行动

---

① Edwards, *Beware Raiders!*, p. 159.
② Ibid. p. 160.
③ Muggenthaler, *German Raiders of World War II*, p. 161.
④ AWM File, *Pocket Battleship*; *RAMB COBURG [German Supply Ship]*; *Raiders in the Indian Ocean* (AWM124, 4/482).

的情报，东印度海军站司令拉尔夫·莱瑟姆海军上将命令军舰在该海域会合。克吕德尔当然不知道他的运气已经改变。

皇家海军军舰康沃尔号

4月28日，武装着威力强大的8英寸大炮的郡级重巡洋舰康沃尔号从蒙巴萨启航，由珀西瓦尔·曼沃宁舰长指挥。康沃尔号将搜索塞舌尔以北，而皇家空军的运输机老鹰号和皇家海军巡洋舰霍金斯号将巡逻西边。第二天，新西兰巡洋舰利安得号从科伦坡启航，加入搜寻行动。

企鹅号朝西北方向行驶，而秃鹳号继续驶向毛里求斯东北的"紫罗兰"，去那里看看附近是否有敌人的军舰，以防布坎南家族号的信号万一被收听到。克吕德尔还请求与补给舰阿尔斯特托尔号会合，以转移他的俘虏。俘虏们适应了偷袭舰上的生活，戴维森后来回忆："在偷袭舰上逗留期间，我们全都保持着极好的健康和精神状况，它的指挥官向琼斯船长表示，他对我们的行为和表现感到满意和高兴。"①

5月6日，企鹅号驶近波斯湾，与此同时，盟国军舰进一步向南搜索。瞭望哨在索马里的瓜达富伊角东南偏东375英里处发现了一艘油轮之后，克吕德尔觉得很满意，他的搜索很快会结束。

---

① NAA File, *Chief Officer's Report on the Loss of the SS Clan Buchanan* (B6121, 153B).

18 阿拉伯海的油轮追猎

3663 吨的油轮不列颠皇帝号装载着压舱物从德班驶往阿巴丹，船上有 9 名英国高级船员和 36 名印度水手。克吕德尔命令平行航向尾随，打算晚上突然袭击。日落之后，克吕德尔加快了速度，在黎明前的黑暗中靠得更近，随后鸣炮示警。亨德森船长决定逃跑，无线电官约翰·托马斯开始发出遇袭警报。克吕德尔放弃了完好无损地俘获不列颠皇帝号的希望，连续开火炮击油轮，引发了大火。在驾驶装置失灵之后，船员们开始弃船，无线电悄无声息了。克吕德尔派出小艇营救幸存者，但托马斯再次开始发出警报。克吕德尔束手无策，因为他的小艇紧挨着油轮；但一旦对方撤退，他的炮手便可重新开火。无线电沉默了片刻，他用一颗鱼雷击沉了它。

不列颠皇帝号的信号被接收，海军部指出："不列颠皇帝号（驶往巴里）报告遭到炮击。……袭击它的多半是袭击'布坎南家族'号的同一艘偷袭舰。"[①] 巡洋舰利物浦号和格拉斯哥号加入搜寻行动。克吕德尔的信号员证实，遇袭警报已经被接收，于是他放弃了油轮搜猎行动，企鹅号朝东南方向逃走，去和阿尔斯特托尔号会合。

当曼沃宁截听到不列颠皇帝号的信号时，康沃尔号正驶往塞舌尔去补充燃料。这艘巡洋舰在事发地以南仅 500 英里处，于是改变航向，以 25 节的巡航速度向西北偏北驶去。利安得号、利物浦号和赫克托耳号为了收网而改变了航向。夜里，康沃尔号掉

---

① AWM File, *Pocket Battleship* (AWM124, 4/482).

头朝东南偏东方向,径直向企鹅号驶去。

5月8日03:30,企鹅号的瞭望哨发现了一个黑影。克吕德尔冲到舰桥上,在月光之下看到一艘英国巡洋舰的轮廓,便立即下令躲避。康沃尔号很快消失不见了,日出之后,风平浪静,地平线上什么都没有。

黎明时分,康沃尔号的两架海象式水上飞机起飞。威尔弗雷德·沃勒上尉驾驶的飞机向北飞,侦察员保罗·沃梅尔上尉很快看到一艘可疑船只,正以13节的速度朝西南方向行驶,位于康沃尔号以西65英里处。克吕德尔发现了水上飞机,但没有采取行动,以避免看上去显得可疑。沃勒返回康沃尔号,报告了所看到的情况。曼沃宁等第二架水上飞机返回后,下令走截击航向。

大副戴维森目睹了德国船员当中越来越紧张的气氛:

> 今天,我们从甲板上的活动频繁推断,有什么不同寻常的事情正在发生。吃午饭的时候,这一点变得如此明显,因为我们著名的汤里没有放盐,而且,我们牢房外面的警卫都穿上了最好的衣服,救生圈和防毒面具近在手边。①

10:15,康沃尔号的第二架水上飞机起飞,弗兰克·福克斯上尉坐在飞行员的座位上,他很快发现了企鹅号。水上飞机在远处盘旋,克吕德尔再次决定,最好像一艘挪威船那样行事。船员们留在甲板下面,除了关键人员之外;他们穿着破破烂烂的制

---

① Edwards, Beware Raiders!, p. 170.

18 阿拉伯海的油轮追猎

服,摆出商船水手的样子。水上飞机飞得更近了,发信号问:"什么船?"克吕德尔答复道:"帖木儿号。"信号员以一种缓慢而笨拙的方式回复,就像克吕德尔设想的很不专业的商船水手那样。但这一花招立即引起福克斯的怀疑,因为帖木儿号属于威廉森轮船公司,有着非常高的操作标准。水上飞机返回康沃尔号。帖木儿号不应该出现在这一海域,证据显示,这是一艘偷袭舰。巡洋舰把速度增加到 28 节,沃勒的水上飞机起飞了,带着另外几个侦察员,观察可疑偷袭舰的航向和速度。

克吕德尔相信一艘英国巡洋舰刚刚消失在地平线上,于是冷静地决定,如果他的欺骗没有凑效,企鹅号将与敌舰开战,即便他的大炮远为逊色,一次不幸的命中可能引爆船上的 130 颗水雷。在瞭望哨发现冒烟的船尾之后,一艘英国巡洋舰的轮廓变得清晰可见。

康沃尔号的瞭望哨发现了"帖木儿"号,尽管曼沃宁确信那是一艘偷袭舰,但他还是要准确无误地确定它的身份之后再开火。他担心犯下可怕的错误,因为就在几天之前,他怀疑一艘拒绝停船的英国货船,险些开了火。[1] 当距离接近 17300 米时,康沃尔号发信号说:"停航,否则我将开火。"克吕德尔没有理睬。曼沃宁重复了信号,并鸣炮示警。克吕德尔广播了 QQQQ 遇袭警报,意思是帖木儿号遭到一艘不明船只的挑衅。康沃尔号的无线电室告诉曼沃宁,这个信息似乎是真的。曼沃宁迟疑了一会儿,

---

[1] Edwards, Beware Raiders!, p. 168.

命令无线电通知"帖木儿"号,一艘英国巡洋舰将驶近它,必须停船。克吕德尔没有理睬这一命令。巡洋舰应该靠得更近些,以便使对方处在他的大炮的射程之内。曼沃宁担心接近一艘受到怀疑的偷袭舰,但又必须确认它的身份,他还担心,盟国的俘虏可能在船上。

17:14,两艘船之间的距离缩小到了 7300 米,克吕德尔预计巡洋舰很快会开火。① 企鹅号急剧左转舵,克吕德尔决定抵抗。船员升起了德国海军旗帜,布伦克发信号给海军战争指挥部:"击沉总共 136550 注册吨位并获得卓越的水雷战果之后,现在与英国重巡洋舰康沃尔号交战。"② 这一信息重复三遍之后,布伦克收到柏林发来的确认通知。

企鹅号在炮兵指挥官卡尔·赫尔穆特·雷歇中尉的指挥下,从船侧朝康沃尔号连续开炮。射程太远,没法准确开火,但还是有几发炮弹击中了巡洋舰。有一发炮弹落在海军上士的储藏室里,引发了一场小火,但只造成很小的损害,尽管碎片伤了 3 个水兵。

康沃尔号左转舵,从船侧开火,但电路中的一根保险丝烧断了,使得 8 英寸大炮的炮塔没法转动。接下来两分钟的时间里,德国人的炮弹越来越频繁而准确击中巡洋舰,而康沃尔号依然没能开火。好运在企鹅号这一边,眼看着要以弱胜强,曼沃宁后来写道:

---

① Edwards, *Beware Raiders!*, p. 170.
② Ibid. p. 176.

18　阿拉伯海的油轮追猎

我有过这样烦人的经历，在大炮有效射程内面对一艘敌舰，而我指挥的军舰处在快速而准确的炮火之下，频繁地被交叉炮击，主要火力却怎么都打不中敌人。①

曼沃宁采取战术撤退，康沃尔号掉头驶出德国人的大炮射程之外，一发炮弹打残了前转向装置。曼沃宁需要时间修理，7分钟后，康沃尔号的大炮准备战斗。企鹅号的鱼雷官加布中尉发射了两颗鱼雷，但没有打中，水上飞机发现了鱼雷的轨迹，使得曼沃宁能够实施躲避动作。当两艘船几乎行驶在平行航线时，康沃尔号的8英寸大炮开火了。

当一颗炮弹打断企鹅号的前桅和索具时，克吕德尔决定停火，进一步抵抗毫无意义；康沃尔号发现对方的炮火不再准确。克吕德尔命令船员凿沉偷袭舰并释放俘虏。②17:25，康沃尔号发射了第四波连续炮击，而曼沃宁依然不知道对方已经停火。这一波炮火击中偷袭舰的前甲板、舰桥和轮机室。最后一发炮弹穿透船体进入5号货舱爆炸，把企鹅号炸成两截，火柱窜向数百英尺的高空。曼沃宁后来回忆起这个壮观的场面："整个船消失在白色的滚滚浓烟中，浓烟垂直升起至少2000英尺高，几分钟后依然像一个云团悬在空中。"③

---

① Edwards, *Beware Raiders!*, p. 171.
② Muggenthaler, *German Raiders of World War II*, p. 164.
③ Edwards, *Beware Raiders!*, p. 172.

伪旗行动
第二次世界大战中的德国偷袭舰

爆炸把桅楼瞭望台轰向空中，水手落入水中，企鹅号碎片散落在海面上。当炮弹击中舰桥时，爆炸使主舵手恩斯特·纽麦斯特向后跌倒，爬起来之后，他看到军官们站立的舰桥左半边消失不见了。克吕德尔和领航官麦克尔森上尉都当场毙命。纽麦斯特跳入水中游开了，转身之后，他看见企鹅号垂直地立在水中，迅速下沉，甲板上几个水兵死死抓住护栏。在偷袭舰没入水下之前，一位军官打开俘房住处的门，这一高尚的举动救了很多人的命。大副斯坦利·戴维森描述了走出货舱时的情形：

一声巨大的爆炸使船摇晃起来，把我们从牢房的一侧抛向另一侧。当我爬起来的时候，发现自己就在牢房的门边，门开着。（我后来发现，就在爆炸一分钟之前，一个德国人打开了牢房的门。）……我去了船侧，想弄明白发生了什么事，发现船的后端完全被炸没了，船正迅速地从船尾开始下沉。这时候，偷袭舰的船首已经直立在空中，几乎立即沉没了。①

与此同时，康沃尔号电力系统的损坏导致排气扇停止了工作，使得轮机室的温度增加到摄氏90°以上。轮机室和锅炉室的人都撤离了岗位，但乔治·温斯莱德上尉后来死于中暑。由于巡洋舰再也没法减速，船员们便把一些浮筒扔到了海里，幸存者抓

---

① Edwards, *Beware Raiders!*, p. 173.

18 阿拉伯海的油轮追猎

住能抓到的任何东西。在机械师们修理好伤损之后，巡洋舰停下了，救起了9名英国人、15名印度水手和60名德国人①。德国幸存者包括维尔纳·哈塞尔曼博士、气象学家乌尔里希·罗尔博士、俘获船军官奥斯卡·波特切尔少尉和57名水手。盟国幸存者包括不列颠皇帝号的二副威尔弗雷德·赖特、布坎南家族号的大副斯坦利·戴维森以及7名高级船员和15名印度水手。企鹅号的死者包括341名船员和238名俘虏，以及达文波特－琼斯船长。戴维森目睹了船长的死亡：

> 我看到船的一半在水下，正迅速下沉，我立即朝附近的琼斯船长大喊：船正在快速下沉，赶快跳船。他摆了摆手，当船朝右舷倾侧，从船尾开始迅速下沉时，我周围的人和我纷纷跳了下去。跳进水里后，我回过头看着那艘船，发现船首翘在空中——它在5分钟内沉没了。最后看到琼斯船长站在船侧，抽着烟斗。②

---

① AWM File, *Operations, German and Japanese Armed Merchant Cruisers* (AWM69 23/20).
② NAA File, *Chief Officer's Report* (B6121, 153B).

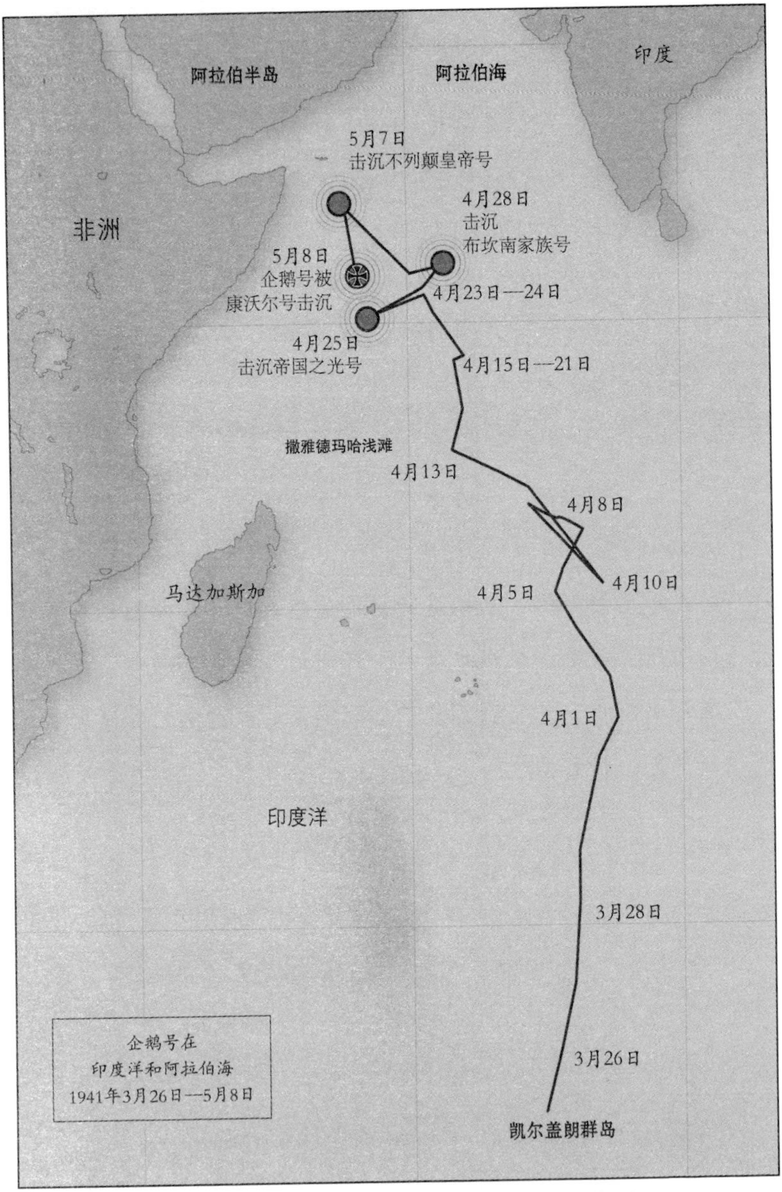

第二次世界大战中的德国偷袭舰

阿拉伯半岛　阿拉伯海　印度

非洲

5月7日
击沉不列颠皇帝号

4月28日
击沉
布坎南家族号

5月8日
企鹅号被
康沃尔号击沉

4月23日—24日

4月25日
击沉帝国之光号

4月15日—21日

撒雅德玛哈浅滩

4月13日

4月8日

马达加斯加

4月5日

4月10日

4月1日

印度洋

3月28日

3月26日

凯尔盖朗群岛

企鹅号在
印度洋和阿拉伯海
1941年3月26日—5月8日

18 阿拉伯海的油轮追猎

德国偷袭舰企鹅号在印度洋的行动大获成功,在澳大利亚海岸外执行布雷行动之后,击沉了很多盟国商船。

康沃尔号的船员帮助筋疲力尽的幸存者登上后甲板,在那里给了他们一些热茶和香烟,还有热水和肥皂,因为人们满身是油。卫兵护送德国水兵去了一个很大的隔间,3个幸存的军官住在一间艉舱里。哈塞尔曼博士在医务室里帮助治疗受伤的德国和盟国的幸存者。英国幸存者告诉康沃尔号的医生,他们很尊敬哈塞尔曼博士。

企鹅号和康沃尔号的战斗,使这场战争中第一艘德国辅助巡洋舰的覆灭。曼沃宁的经历反映了盟军舰长试图识别一艘可疑偷袭舰时的谨慎和所面临的独一无二的困难。这一经历为盟军军舰舰长提供了很有价值的经验,正如莱瑟姆海军上将所表示的那样:"确切识别一艘可疑船只而不给自己的船带来危险始终是一

伪旗行动
第二次世界大战中的德国偷袭舰

件非常困难的事,尤其是对于像德国人那样擅长欺骗艺术的敌人来说。"①

海军元帅雷德尔向希特勒通报了企鹅号的覆灭:

> 指挥官的品格足以确保辅助巡洋舰在试图通过欺骗逃脱敌军巡逻舰未果之后打一场英勇的战斗。33号舰(企鹅号)是最成功的辅助巡洋舰,极其出色地执行了对它的所有战术和行动要求……33号舰实现的总体成功超过了第一次世界大战中的埃姆登号和辅助巡洋舰野狼号。②

克吕德尔被授予橡叶骑士十字勋章。企鹅号是这场战争中最成功的偷袭舰,击沉或俘获32艘船,总吨位154619吨。它在海上度过了328天,航程59188英里。克吕德尔,一位大胆的偷袭舰舰长,富有想象力地利用水上飞机俘获船只,摧毁无线电天线。他在澳大利亚布雷区的胜利,以及在南极海域俘获挪威捕鲸船队,是这场偷袭舰战争中无与伦比的功绩。克吕德尔是一个敢于冒险的人,始终被实现更大的成功所推动。然而,这个特征最终导致他的灭亡——导致他在阿拉伯海冷酷无情地追猎油轮,导致他最终遇上了英国皇家海军军舰康沃尔号。

5月11日,康沃尔号抵达塞舌尔,俘虏们上岸之后,英国人要求他们签署一份誓词,宣布他们不会试图逃跑,但哈塞尔曼博

---

① *The Loss of HMAS SYDNEY II: Volume One*, p. 233.
② Showell, *Fuehrer Conferences on Naval Affairs*, pp. 196–97.

18 阿拉伯海的油轮追猎

士代表他的同胞们拒绝了这一要求。① 英国人把战俘们转到南非，监禁在德班郊外克莱尔伍德的一个过境战俘营里，然后乘船去英国。② 英国审讯官发现，企鹅号的战俘很难对付：

> 讯问军官是为了取得情报，他们属于在这场战争中最难对付的战俘。这一点被下面这个事实所解释：在11个月的时间里，他们一直在海上，他们在安全意识上经受过大强度训练。③

"19科"的审讯纠正了过去的很多错误。先前，盟军并不知道企鹅号的存在，它覆灭后成了"偷袭舰F"，它的功绩不再错误地被归到其他偷袭舰的名下。④ 企鹅号的俘虏们一直待在英国的战俘营里，直至战争结束。

---

① 1942年4月5日，日本航空母舰舰载飞机在印度洋击沉了康沃尔号，198名船员丧生。曼沃宁成为东非舰队司令的参谋长，后来成为印度西岸温都拉西岛海军基地军舰瞪羚号的指挥官。在最后一次任命中，他成为乔治六世国王的海军侍从官，于1953年4月29日去世。
② Moore, "Unwanted Guests in Troubled Times", pp. 71–72.
③ *Interrogation of Survivors from Raider 33 (PINGUIN)*, p. 5.
④ *Weekly Intelligence Report*, Number 63, 23 May 1941.

19

新的行动海域

> 罗格舰长跟我讲了他在印度洋的经历,早些时候,大约一年前,他在那里大有斩获;但接下来,敌人的航行路线越来越靠近海岸,要想有所收获变得越来越困难。[①]
>
> ——鸬鹚号指挥官西奥多·迪特马斯舰长

在"里德"会合

1941年3月,鸬鹚号朝西北方向穿过南大西洋,驶往赤道,当进入纳塔尔海峡时,迪特马斯预期会有新的胜利:"在我眼下进入的这一海域,我的看法是,会有十分活跃的航运,因为驶往弗里敦的船只必须在这里离开中立区。"[②]3月10日,偷袭舰进入北大西洋,迪特马斯遇到一艘没有亮灯的蒸汽船,但它的速度没法追赶。他收到新的命令,去和舍尔号会合,因为鸬鹚号上有那

[①] Detmers, *The Raider Kormoran*, p. 134.
[②] Winter, *War Diary (Kriegstagebuch) of the Raider Kormoran*.

19 新的行动海域

艘袖珍战列舰所需要的雷达石英。

3月15日，鸬鹚号在圣佩德罗和圣保罗群岩东北代号为"里德"的地点与U-124号潜艇会合，舒尔茨上尉登上了鸬鹚号，要求鱼雷和补给。迪特马斯邀请潜艇的船员登船，这样他们就可以离开拥挤的住处，享受更舒适的环境。偷袭舰的船员带领他们参观了自己的船，然后用最好的食物招待了他们一顿。潜艇船员还在电影院里看了一场电影；鸬鹚号的一些船员也回访了U型潜艇。①

舍尔号第二天抵达，鸬鹚号的船员在甲板上列队欢迎袖珍战列舰。迪特马斯登上舍尔号，克朗克舰长证实，现在在印度洋很难找到敌人的船只，并建议说，阿拉伯海和孟加拉湾是最有希望的猎场。②克朗克得到了鸬鹚号的雷达石英，但舍尔号没有白合金给偷袭舰。舍尔号启航离开，两艘舰的船员在甲板上列队，相互道别，4月1日，袖珍战列舰抵达基尔港。③

舒尔茨给了迪特马斯350公斤白合金，由于天气恶劣，不能进行鱼雷转交，鸬鹚号和U-124号潜艇向西南航行，寻找更平静的海域。4月17日，移交工作开始。潜艇接收了7颗鱼雷，鸬

---

① Detmers, *The Raider Kormoran*, p. 105.
② Krancke and Brennecke, *The Battleship Scheer*, p. 185.
③ 舍尔号声称在航行期间击沉了17艘船舰，后来它在基尔港维修。1945年4月9日，英国轰炸机空袭了它。在被5颗炸弹击中后，这艘袖珍战列舰倾覆并沉没了。克朗克被授予骑士十字勋章，晋升为海军上将。他接下来在希特勒的司令部担任雷德尔的常驻代表，后来成了西部战区海军总司令，控制着法国的所有德国海军单位。在这个位置上，他指挥了实力薄弱的德国海军部队抵抗盟军的诺曼底登陆。他后来成为德国海军挪威司令部的总司令。被英国人俘虏后于1947年释放，他退休回到汉堡附近的文托尔夫，1973年6月18日去世。

伪旗行动
第二次世界大战中的德国偷袭舰

鸬鹚号的机械师修复了潜艇上的一个漏洞。U-124 号潜艇离开之后，舒尔茨击沉了 7 艘敌船，然后返回洛里昂。①

迪特马斯决定在 U 型潜艇南边紧挨着赤道巡逻，然后与潜艇 U-105 号和 U-106 号会合。鸬鹚号朝东南方向航行，避开了一艘蒸汽船，因为它依然在泛美中立区之内。3 月 22 日，它抵达弗里敦-南美航线，瞭望哨发现了一艘油轮正在会合航线上。在早晨的大雾中，瞭望哨没法识别它的国籍，但一门舰炮很快就变得清晰可见。迪特马斯发信号问："什么船？"答复是："阿格尼塔号。"

盎格鲁撒克逊石油公司 3561 吨小型油轮阿格尼塔号装载着压舱物从弗里敦驶往委内瑞拉，装备有一门 4 英寸舰炮和两门 76 毫米防空炮。阿格尼塔号转舵、加速，并广播了遇袭警报。鸬鹚号的信号员干扰了警报，偷袭舰的炮手准备行动。阿格尼塔号的大副希尔-威利斯注意到：

> ……前甲板的头部向下折叠，前面的甲板室和后端甲板消失不见了，3 号舱门卷起来，一个装着测距仪的巨大平台迅速变成了前桅；与此同时，德国的旗帜出现在主桅顶端。整个变形只花了几秒钟的时间，一艘看上去似乎无害的商船

---

① U-124 号潜艇在巡逻期间击沉了 10 艘船舰，舒尔茨被授予骑士十字勋章。他在战争中幸存了下来，共击沉了 19 艘船舰。1943 年 4 月 2 日，U-124 号潜艇遭到护航舰队 OS 45 的袭击，轻巡洋舰景天号和小型护航舰黑天鹅号用深水炸弹击沉了它，船上 53 人全部丧生。

· 294 ·

19　新的行动海域

看上去是一艘十分要命的军舰。[①]

迪特马斯命令阿格尼塔号停船，然后开了火。一发炮弹击中了油轮的轮机室，第二波连发炮火之后，对方停下，无线电也悄无声息，船员们放下了救生艇。迪特马斯击沉了阿格尼塔号，13名英国船员和25名中国水手成了偷袭舰的俘虏。迪特马斯决定紧靠着阿格尼塔号沉没的地方，而不是通常的做法——尽可能离得远一些，由于出人意料，相信只有在罕见的情况下才能冒这样的风险。

3月25日，瞭望哨发现了一艘船，很快消失在大雾中。迪特马斯命令逐步改为截击航向，以避免怀疑。由于它的浅灰色而担心是一艘军舰，但雾散之后显示那是一艘油轮，有一门艉炮。鸬鹚号发射了两颗示警炮，但油轮加快速度，并广播了遇袭警报，偷袭舰的无线电干扰了警报。迪特马斯命令炮手开火；他想俘获这艘船，就指示炮手们避免严重损害。在第二波连发炮火险些击中油轮之后，它停下了，不再播发警报，船员们放下了救生艇。

这艘11309吨的加拿大油轮——加拿大莱特号正从弗里敦驶往委内瑞拉。登船搜查队控制了它，没有发生意外，它没有受到损害。迪特马斯决定把它作为一艘俘获船送往法国。登船搜查队发现了一只猴子。他们希望给汤米找个好伴儿，船员们在甲板上建了一个新的笼舍，与汤米的笼舍并排，两个家伙相处得很好。

迪特马斯组织了由16名水手组成的俘获船船员团队，由海

[①] *The Loss of HMAS SYDNEY II: Volume One*, p. 144.

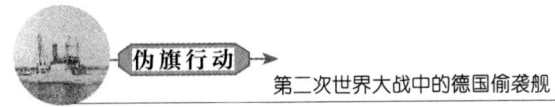

伪旗行动 第二次世界大战中的德国偷袭舰

军少尉布洛指挥,把阿格尼塔号送到法国。布洛患上了坐骨神经痛,俘获船的有些船员患上了热带病,迪特马斯想让他们打道回府。油轮的船长、大副、无线电操作员和皇家海军的一个炮手转到了鸬鹚号上,但54名俘虏留在油轮上。加拿大莱特号启航离开,4月13日到达法国。①

鸬鹚号向西驶往泛美中立区,3月27日,在圣佩德罗和圣保罗群岩以北与诺德马克号会合。由于那艘海军补给舰没有足够的燃料储备,油轮鲁道夫·阿尔布雷希特号稍后将给鸬鹚号补充燃料。诺德马克号转交给偷袭舰一些补给,包括7颗U型潜艇鱼雷。U-105号和U-106号两天后抵达,鸬鹚号把补给转交给了这两艘U型潜艇,随后,诺德马克号启航离开。不值班的潜艇船员登上了偷袭舰,U-105号给了迪特马斯一些白合金,质量很好,但数量不多。两艘U型潜艇离开后,U-105号又击沉了6艘货船,然后返回洛里昂;U-106号击沉了3艘商船,然后靠港。②

鸬鹚号驶向与鲁道夫·阿尔布雷希特号的会合地,后者最近从西班牙启航。4月3日,两艘船在圣佩德罗和圣保罗群岩西北会合。恩格兰特船长为迪特马斯提供了燃料、食物、杂志和英国

---

① 改名苏台德号之后,1944年8月13日,加拿大莱特号在布雷斯特的一次空袭中被击沉。

② U-105号潜艇指挥官乔治·施韦海军上尉被授予骑士十字勋章,他击沉了12艘船舰,总吨位71 450吨,使它的航行成为这场战争中第二成功的潜艇巡逻,鸬鹚号使得这样的胜利成为可能。施韦在这场战争中幸存了下来,但1943年6月2日,一架法国水上飞机在达喀尔击沉了U-105号潜艇,船上53名水兵全部丧生。U-106号潜艇指挥官尤根·奥斯滕海军上尉被授予骑士十字勋章,在这场战争中幸存了下来,但1943年8月2日在奥尔特加角附近,桑德兰式水上飞机发射的深水炸弹击沉了U-106号,导致22名船员丧生,不过有36名船员幸存。

19 新的行动海域

香烟，迪特马斯感谢道："必须特别提到，鲁道夫·阿尔布雷希特号的船员，尤其是船长，为了辅助巡洋舰而放弃了一切。我们在这里发现了发自内心的合作。"[1]

诺德马克号两天后抵达，带走偷袭舰上的潜艇补给和 42 名俘虏，但是，彼得·格劳少校拒绝搭载偷袭舰的俘虏并建议把他们转到鲁道夫·阿尔布雷希特号。由于油轮上没有卫兵，根据国际法，这样的转移是非法的。[2] 因此，迪特马斯任命恩格兰特为海军少校，由鸬鹚号上的一名水兵和诺德马克号上的 3 名水手组成一支海军卫队。满足了国际法的要求之后，俘虏们登上鲁道夫·阿尔布雷希特号。它后来抵达法国。[3]

鸬鹚号朝东南方向驶往赤道，迪特马斯想回到他截击阿格尼塔号和加拿大莱特号的海域。4 月 9 日，瞭望哨发现了一艘货船，迪特马斯估计它会赶上偷袭舰，因此把速度减到 8 节，让距离逐渐接近。由于它没有表现出任何可疑的迹象，船桥上大多数船员都相信那是一艘美国船，直至发现了艉炮。当两艘船隔着 4500 米的距离平行航行时，迪特马斯发射了一颗示警跑。货船掉头便跑，并广播了遇袭警报。当迪特马斯看到艉炮手奔向大炮时，即下令开火。第一波连发炮弹摧毁了货船的艉炮；货船加快了速度。3 分钟的炮击之后，它停了下来，无线电也悄无声息。迪特马斯下令停火，但两分钟后，它又开始移动，无线电再次播发警

---

[1] Winter, *War Diary (Kriegstagebuch) of the Raider Kormoran*.
[2] Winter, *HMAS Sydney: Fact, Fantasy and Fraud*, p. 69.
[3] 战后，英国人俘获了鲁道夫·阿尔布雷希特号，把它改名为帝国塔金达号，1952 年卖给了希腊。改名为威利斯之后，1960 年在意大利报废。

报。偷袭舰的大炮再次开火，又有几颗炮弹击中了货船，在船的中部引发了大火。第二次停船之后，船员们开始放下救生艇。迪特马斯派出登船搜查队，驶向正熊熊燃烧的货船。

8022吨的英国货船工匠号从苏格兰的罗塞斯驶往开普敦，装载着一张巨大的反潜网。5名水手丧命，46名幸存者成了俘虏。迪特马斯用一颗鱼雷击沉了货船，鸬鹚号向东南方向逃走，进入南大西洋。第二天，德国海军晋升迪特马斯为海军中校。

4月12日，瞭望哨在泛美中立区附近发现了一艘货船。迪特马斯让偷袭舰行驶在货船与中立区之间，以防止它逃跑。货船左转舵，但迪特马斯并没有追赶，在它重新回到原来的航线之后，距离逐渐接近。在迪特马斯命令停船之后，它试图逃走，并广播遇袭警报。一发炮弹击中货船，它停了下来，无线电无声无息，船员们放下了救生艇。

5486吨的希腊小型货船尼古拉斯·德·L号从温哥华运送木材到德班。由于船桥受损严重，迪特马斯决定击沉它。登船搜查队在轮机室放置了炸药，38名船员成了俘虏。爆炸没能把它炸沉，于是迪特马斯命令20毫米大炮朝甲板上的木材轰击，以引起大火。当这一招没有凑效时，5.9英寸大炮将尼古拉斯·德·L号轰成一艘熊熊燃烧的废船，鸬鹚号向南逃去。希腊无线电操作员已经成功地广播了遇袭警报，但把自己的位置错误地报告为20°S，而不是02°S，这对迪特马斯来说是个好消息，因为敌人的军舰将向错误的位置会合。

海军战争指挥部命令迪特马斯在特里斯坦－达库尼亚西北

19 新的行动海域

200英里处的"安达卢西亚"与亚特兰蒂斯号及补给舰阿尔斯特鲁弗尔号会合。4月19日各舰会合。罗格最近俘获了斯皮班克号[①]，击沉了受托者号和扎姆扎姆号。迪特马斯登上亚特兰蒂斯号，了解罗格在印度洋的经历，那里将成为他的新行动海域。罗格说，跟上一年比起来，他在那里斩获不大，因为敌方商船已经很少单独航行。

补给舰阿尔斯特鲁弗尔号装载着给罗格和迪特马斯的补给品从汉堡启航。鸬鹚号接收了弹药，并把77名俘虏转到补给舰上。迪特马斯还从阿尔斯特鲁弗尔号上接收了两名军官：鲁道夫·詹森少尉和布鲁诺·库伯少尉。

诺德马克号第二天抵达，给两艘补给舰运来了鲜货和燃料。由于那天是希特勒的生日，迪特马斯颁发了授给这艘舰的铁十字勋章。诺德马克号给鸬鹚号提供了燃料和食物，3名伤员和一名来自工匠号的勤杂工转移到诺德马克号上，因为它有更好的医疗设备。然而，有一个伤员——轮机长卡拉瑟斯后来死在船上。[②]迪特马斯还把船员们的邮件托付给诺德马克号；它带来U型潜艇的补给品。

这几艘德国船分手之后，诺德马克号于5月20日抵达汉堡。

[①] 斯皮班克号后来抵达波尔多，改造成一艘辅助布雷艇，1942年1月21日离开欧洲，去南非的入口布设水雷。这一使命在12日和13日晚上成功完成，它布设的水雷击沉船只的总吨位是35 076吨。

[②] Winter, *HMAS Sydney: Fact, Fantasy and Fraud*, p. 76.

4天后，阿尔斯特鲁弗尔号抵达波尔多。① 迪特马斯决定把鸬鹚号伪装成荷兰货船马六甲海峡号，驶往好望角。

大围捕

随着1941年的时间推移，雷德尔海军元帅预期有一些大的胜利。雷神号最近在南大西洋击沉了两艘货船以及武装商船伏尔泰号。4月30日，雷神号抵达汉堡，在它这次非常成功的航行期间击沉了13艘船。②

战列巡洋舰沙恩霍斯特号和格奈森瑙号在大西洋令人闻风丧胆，声称击沉了22艘船，给盟国护航体系造成了大规模的混乱，随后安全抵达布雷斯特。帕特里克·比斯利反思了这一时期："战

---

① 诺德马克号后来在北极服役，格劳舰长任哥本哈根德国海军部队的司令。战争结束时，英国人俘获了诺德马克号，改名为北马克号，而它被俘获的姊妹舰迪特马尔申号成了南马克号。英国皇家海军评估了这两艘舰，改进了它的海上加油能力。北马克号在1947年正式成为英国皇家海军军舰布拉瓦约号，因为"北马克"这个名字听上去很像"阿尔特马克"，让英国人听了很不好受。它1955年退役，并被拆解。

阿尔斯特鲁弗尔号作为一艘偷渡船服役，驶往远东，1943年3月29日装载着化学品、机器和工具离开圣纳泽尔，于1943年6月19日抵达横滨。11月10日，装载着货物离开巴达维亚，驶往欧洲。1943年12月27日，英国皇家空军海岸司令部311号中队的6架飞机击沉了它。

② 1942年1月14日，雷神号离开德国，开始它的第二次航行。进入南大西洋后，在特里斯坦-达库尼亚附近击沉了帕加西蒂科斯号，然后在南大西洋击沉了4艘商船。这艘偷袭舰接下来在印度洋击沉了5艘船，于10月9日抵达横滨。雷神号的船员在横滨为他们的第三次航行做准备，停泊在补给舰乌克马克号的旁边，此船就是臭名昭著的阿尔特马克号。11月30日，当一群中国工人清理乌克马克号的油箱时，这艘船突然爆炸，把熊熊燃烧的燃油喷向空中，炸死了船上的53个人。爆炸还摧毁了雷神号，死了13个人，殃及南京号和云海丸号。德国人把爆炸归咎于中国工人：他们要么是抽烟，要么是凿铁锈，从而点燃了易燃气体。

19 新的行动海域

列巡洋舰巡航了整整两个月，没有一次投入行动。……与武装商船巡洋舰及舍尔号和希佩尔号结合起来，它们迫使我们极大地分散了我们的努力。"①

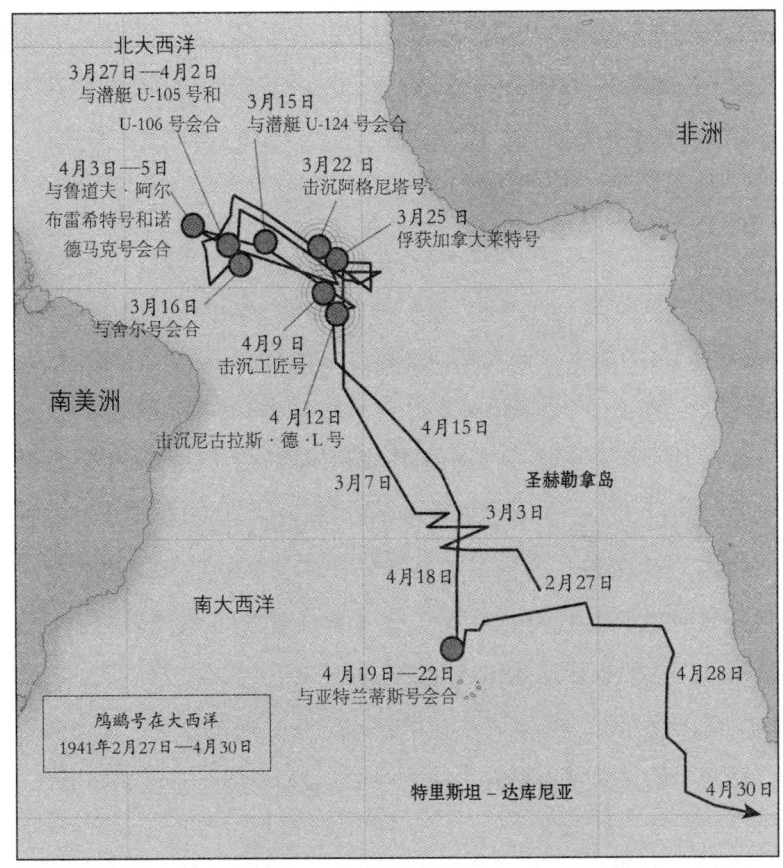

1941年5月，战列舰俾斯麦号和重巡洋舰欧根亲王号肩负着

---

① Beesly, *Very Special Intelligence*, p. 50.

在公海袭击商船的使命启航。① 在丹麦海峡击沉英国皇家空军的战列巡洋舰胡德号之后，欧根亲王号继续执行使命，而俾斯麦号则驶往法国的圣纳泽尔去修理。然而，从皇家方舟号航空母舰上起飞的剑鱼飞机发起了攻击，一颗鱼雷的爆炸使俾斯麦号的舵动弹不了，迫使它绕向正在追击的英国军舰，结果被摧毁。德国损失它最好的军舰，但雷德尔的运气很快就会变得更加糟糕。

5月8日，3艘驱逐舰打坏了U-110号潜艇，登船搜查队控制了这艘U型潜艇，缴获它的秘密文件和一台恩尼格玛密码机。英国皇家海军很快把文件和密码机送到布莱切利公园，密码破译专家利用它破译了的许德拉密码。辅助巡洋舰和补给舰使用专用密码100、西藏密码或其他分配给具体舰只的密码进行联络，英国人从未破解。② 如果在海上给U型潜艇补充补给，泄漏的U型潜艇信号可能被用来对付辅助巡洋舰和补给舰。由于海军战争指挥部组织这些活动，并使用泄露的许德拉密码发信号把会合的细节告知U型潜艇，英国皇家海军如今可以得知U型潜艇何时何地与辅助巡洋舰及补给舰会合。由于补给舰与U型潜艇的会合稀松平常，它们将会承受即将到来的所有攻击。

英国海军部对德国海军补给舰的进攻后来被称作"大围捕"。俾斯麦号的损失使得这行动成为可能，因为军舰——仅仅几天之

---

① 起初，俾斯麦号和欧根亲王号的启航原本要和来自布雷斯特的沙恩霍斯特号和格奈森瑙号的新行动同时进行，但是，沙恩霍斯特号需要修理发动机，格奈森瑙号在英国人的一次空袭中受损。没有其他德国军舰可以支援这次行动，因为提尔皮茨号的船员需要进一步训练，这艘战列舰也必须完成测试。舍尔号和希佩尔号最近刚结束航次，需要整修，而吕佐夫尚没有从挪威战役所造成的损伤中恢复过来。

② Beesly, *Very Special Intelligence*, p. 221.

19 新的行动海域

前还一直致力于遏制战列舰——如今可以放开手脚进行其他行动。6月,英国皇家海军利用新情报,击沉了4艘补给舰和6艘油轮。[1] 损失包括被分配给猎户星座号和阿尔斯特托尔号的埃格兰号和洛林号;它们先前给偷袭舰补充补给。"大围捕"扭转了战局,对偷袭舰不利,正如斯蒂芬·罗斯基尔所解释的:

> 这些成功更加重要,因为有些遭到截击的船舰被派去给U型潜艇提供补给,并被分派给偷袭舰……严重扰乱了敌人旨在破坏我们的商业航运的所有计划。[2]

雷德尔在全球范围发动海上战争的宏大构想遭到致命的一击,德国海军的衰落变得不可避免。

印度洋

1941年5月3日,鸬鹚号绕过好望角,进入印度洋,有一群信天翁在那里欢迎它。当偷袭舰朝东北方向驶往开普敦-弗里

---

[1] 6月3日,英国皇家海军的巡洋舰奥罗拉号和肯尼亚号击沉了偷袭舰贝尔兴号。第二天,冈森海姆号在遭到英国军舰海王星号的截击之后自我凿沉,油轮埃索号在遭遇英国巡洋舰伦敦号之后也是如此。那天,英国军舰马斯达尔号的登船搜查队俘获了油轮格但尼亚号。3天后,英国巡洋舰伦敦号和驱逐舰光辉号击沉了埃格兰号,而来自航空母舰鹰号的飞机第二天击沉了偷渡船易北河号。6月12日,英国巡洋舰谢菲尔德号击沉了油轮弗里德里希·不来梅号,3天后,英国巡洋舰达尼丁号俘获了油轮洛林号。6月21日,巴比同加号在遭遇伦敦号之后自我凿沉,第二天,两架水上飞机袭击了阿尔斯特托尔号,但它的防空炮摧毁了其中一架飞机。两天后,阿尔斯特托尔号在菲尼斯特雷海域遭到英国驱逐舰复仇女神号和马斯达尔号的截击之后自我凿沉。

[2] Roskill, *The Navy at War, 1939-1945*, p. 139.

伪旗行动 第二次世界大战中的德国偷袭舰

曼特尔航线时，迪特马斯决定不在南非港口布设水雷。① 没有遇到任何船只之后，他得出结论：所有船只想必都是紧靠海岸航行。5月9日，鸬鹚号过了马达加斯加，无线电室发觉，有一艘偷袭舰被英国海军军舰康沃尔号击沉了。迪特马斯知道这艘偷袭舰必定是企鹅号。原本预定企鹅号在毛里求斯东北方向代号为"紫罗兰"的地点与阿尔斯特托尔号会合，海军战争指挥部命令迪特马斯驶往那里补充燃料，并确定捕鲸船秃鹫号的命运。

当赫默中尉截听到克吕德尔最后的信号时，秃鹫号就在"紫罗兰"。赫默深感不安，便把船员们叫到一起，欢呼三声，并播放唱片《再见约翰尼》。

迪特马斯下令进行一次特别阅兵，并把企鹅号的覆灭告诉船员：

克吕德尔舰长和他的大多数船员如今已葬身海底。大约只有30人幸存下来。我现在把自己的人召集到一起，告诉他们所发生的事情。他们默不作声地听我说。②

迪特马斯决定把鸬鹚号伪装成日本货船崎户丸号，5月14日，偷袭舰抵达"紫罗兰"。与阿尔斯特托尔号和秃鹫号会合之后，赫默告诉迪特马斯，克吕德尔冒险进入阿拉伯海，在那里击沉了两艘船。迪特马斯考虑留下秃鹫号，作为一艘侦查舰，但又觉得，一艘捕鲸船在这个海域有些不伦不类，于是同意把它分派给彗星号，因为埃森请求得到那艘船。迪特马斯祝赫默好运，秃

---

① Winter, *War Diary (Kriegstagebuch) of the Raider Kormoran*.
② Detmers, *The Raider Kormoran*, p. 140.

19　新的行动海域

鹈号启航驶往会合地。

迪特马斯决定巡逻毛里求斯-沙璜航线,以重复亚特兰蒂斯号和企鹅号的成功。5月20日,鸬鹚号抵达行动海域,但迪特马斯推迟了在印度海岸布设水雷的计划,不希望由于靠近敌军基地而让他的偷袭舰冒险。[①] 鸬鹚号朝东北方向航行,迪特马斯评论道:"在一段合理的时间范围内,我们将是印度洋上唯一的德国军舰。我现在拥有了我一直渴望的行动自由。"[②] 6月3日,阿拉多式水上飞机执行侦察飞行,但飞行员阿尔中尉什么也没发现。迪特马斯决定把鸬鹚号伪装成日本国际轮船株式会社的货船金华丸号,放弃毛里求斯-沙璜航线,转而到查戈斯群岛和马尔代夫之间巡逻。

6月15日,瞭望哨发现了一艘客轮正向南航行。迪特马斯通常会避开客轮,因为它的速度更快,但由于航线将在9100米处交汇,遂决定破一次例。鸬鹚号减速,以避免怀疑,但排烟设备出了故障,留下一道烟幕。客轮掉头走开了,而浓烟让炮手们没法开火。在经历了安然无事的几周之后,船员们深感沮丧。

在科伦坡-沙璜航线没有发现敌船,于是迪特马斯下令向北航行,打算在马德拉斯的入口布设水雷。6月21日,鸬鹚号进入孟加拉湾,船员们在那里经历了潮湿闷热的雨季天气。

6月24日,鸬鹚号驶近印度海岸,迪特马斯计划在当天晚上开始布雷。然而下午,瞭望哨发现了一艘船,看样子应该是东印

---

① Winter, *War Diary (Kriegstagebuch) of the Raider Kormoran*.
② Ibid.

度公司的一艘马都拉级的轮船。迪特马斯不想截击它,因为遇袭警报会连累布雷行动。那艘船加快速度,转舵向偷袭舰驶来。迪特马斯相信遭遇了一艘武装商船巡洋舰,于是决定逃跑。那艘船追了过来,但没有什么进展之后便放弃了,重新回到原来的航线,驶往马德拉斯。迪特马斯担心当地的巡逻舰队会得到警报,于是取消了布雷行动。①

鸬鹚号朝东南方向驶往科伦坡-沙璜航线,6月26日02:44,瞭望哨发现了微弱的灯光。迪特马斯跑到舰桥上,起初什么也没看见,因为厚厚的云层挡住了月光。接下来,一艘货船的轮廓变得清晰可见。他发信号问:"什么船?"紧接着是"停船"命令,但那艘船没有回应,继续航行。

没有武装的4153吨南斯拉夫蒸汽船韦莱比特号正装载着压舱物从孟买驶往蒙巴萨。迪特马斯下令大炮开火之后,一发照明弹照亮夜空,第一波连发炮弹击中了它的船桥,第二波炮弹击中了船首并引发大火。停船之后,迪特马斯命令停火:

> 到这个时候,它的状况十分糟糕。整个上层甲板一团大火,甲板被炸裂,铁质构件在高温中弯曲。它的桅杆立在那儿,光秃秃地指向夜空,遍体鳞伤的弯曲烟囱看上去就像是一个筛子。我们通过望远镜搜索了甲板,看不到任何生命的迹象。②

---

① NAA File, *"Kormoran"* (B6121, 164N).
② Detmers, *The Raider Kormoran*, p. 151.

19 新的行动海域

韦莱比特号的船员放下了救生艇，迪特马斯没有派登船搜查队过去，听任货船自己沉入海底。鸬鹚号绕着残骸兜了一圈，船员们只发现一艘救生艇，上面有9个人。很多水手死在韦莱比特号上，但有些船员留在船上，正奋力扑火。它漂浮在海面上，最终搁浅在安达曼群岛的海滩上。几周后，一艘路过的船救起了被抛弃的幸存者。

鸬鹚号重新开始它的东南航行。那天下午，瞭望哨看到了另一艘货船。鸬鹚号采用相反的航向，没有被发现，相隔5500米的距离时，迪特马斯下令停船。

归属澳大利亚联合轮船公司的3472吨澳大利亚小型蒸汽船马里巴号，正从巴达维亚运输食糖至科伦坡。受到拦截之后，船长斯金纳下令无线电广播QQQQ的信息。鸬鹚号的无线电试图干扰信号，同时开火，第一波连发炮火击中了无线电室，第二波炮火击中了船的前部，第三波炮火打在吃水线上。船员们放下救生艇之后，迪比奇中尉率领的登船搜查队搜索了货船，但它受损严重，不可能用作辅助布雷舰。它的全体船员48人全都转到偷袭舰上。迪特马斯后来回忆：

> 马里巴号的船长是一个名叫斯金纳的老水手，他丝毫没有被吓住。他立即同意和他的船员们住在一起，对他们的良好行为负责，整个这段时间我们没有任何麻烦。作为回报，我们尽可能让他们轻松自在一些。[①]

---

① Detmers, *The Raider Kormoran*, p. 154.

伪旗行动
第二次世界大战中的德国偷袭舰

1941年6月在印度洋，鸬鹚号俘获了澳大利亚小型蒸汽船马里巴号，全部船员48人被转移到偷袭舰上。

登船搜查队弄沉了马里巴号，鸬鹚号朝东南方向航行，抵达栋德勒角－沙璜航线，但迪特马斯在6月28日取消了行动："补给舰最近可能指望不上。这也迫使我对我的发动机格外小心。"[1] 在大西洋对补给舰的"大围捕"甚至限制了鸬鹚号在印度洋的行动，证实了盟军反攻的有效性。偷袭舰向南航行，去寻找一个偏僻的地方进行维修。

追踪偷袭舰 G

鸬鹚号在大西洋取得的成绩让盟军警觉到一艘新的辅助巡洋舰的存在，它被贴上了一个标签："偷袭舰 G"[2]。马里巴号错误的

---

[1] Winter, *War Diary (Kriegstagebuch) of the Raider Kormoran*.
[2] *Weekly Intelligence Report Raider Supplement*, Number 1, 30 May 1941.

· 308 ·

19 新的行动海域

遇袭警报被接收到了，盟军怀疑印度洋有一艘偷袭舰，但他们没有把握，正如东印度海军站司令拉尔夫·莱瑟姆海军上将所表达的那样：

……26日收到一份可能是遇难信息的报告，大约在锡兰与亚齐角之间的半道上，但迄今为止没有证据证实确实有一艘偷袭舰在那里行动，尽管有一个可能的受害者（商船"马里巴"号）没有按时到达科伦坡。①

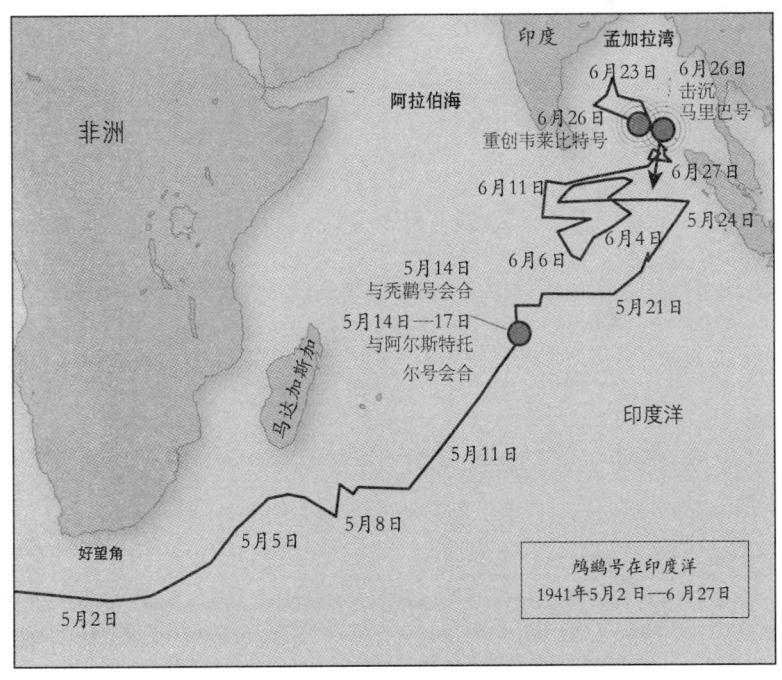

---

① Hore, *Papers in Australian Maritime Affairs*, pp. 39–46.

伪旗行动

第二次世界大战中的德国偷袭舰

6月23日,无线电测到有一艘德国军舰可能在印度洋,这个信息显示一艘偷袭舰的存在,但"19科"认为它更有可能来源自南大西洋。① 7月中旬,在韦莱比特号延误之后,有更多的证据显示孟加拉湾有一艘偷袭舰,但"19科"依然不敢肯定,因为恶劣的天气也可能导致延误。② 7月28日,盟军重新评估了早先的无线电方位测定报告,并得出结论:信号源自印度洋的一艘偷袭舰,它击沉了马里巴号和韦莱比特号。③ 到盟军证实鸬鹚号在印度洋存在的时候,已经太迟,什么也不能做了。"偷袭舰G"消失得不见踪影,谁也不知道它去了哪里。

---

① AWM File, *[Intelligence - Summaries, Bulletins, Memoranda, Newsletters:] (COIC) - Combined Operations Intelligence Centre - Weekly Summary of Operational Intelligence, Australian Station, 14 June 1941 to 6 December 1941* (AWM54, 423/11/1).

② *Weekly Intelligence Report*, Number 71, 19 July 1941.

③ AWM File, *[Intelligence - Summaries, Bulletins, Memoranda, Newsletters:]* (AWM54, 423/11/1).

20
秃鹳号的航行

> 几艘经过改装的捕鲸船作为辅助反潜舰和扫雷艇在南非海岸外行动。……英国的盟军商船队的船长们将被私下地告知上述信息,并指示他们如何对待远洋航线上看到的所有可疑捕鲸船。[①]
>
> ——东印度海军站司令拉尔夫·莱瑟姆上将
>
> 1941年5月10日

秃鹳号的新主人

离开凯尔盖朗群岛后,彗星号于1941年3月24日在中印度洋的"西伯利亚"号与奥勒·雅可布号会合。油轮给偷袭舰补充燃料之后,埃森下令朝东南航向驶往弗里曼特尔。船员们经过一段平静的时期,因为盟国船只要么在沿岸水域航行,要么改道经巴拿马运河穿过太平洋。偷袭舰继续穿越看上去空荡荡的印度洋。

---

① AWM File, Raiders in the Pacific (AWM124, 4/342).

伪旗行动
第二次世界大战中的德国偷袭舰

4月22日,彗星号朝东北方向驶往西澳大利亚,然后巡逻澳大利亚-荷属东印度群岛航线。5月7日,偷袭舰驶近西澳大利亚的昂斯洛,但埃森一无所获。两天后,无线电新闻告诉他英国皇家海军军舰康沃尔号击沉了一艘偷袭舰。埃森知道这必定是企鹅号,他举行了一场追悼仪式,船员们向阵亡的战友致敬。埃森请求得到企鹅号的辅助捕鲸船秃鹳号,海军战争指挥部同意之后,彗星号向西航行,去和新的侦查舰会合。

5月21日,彗星号和秃鹳号在"西伯利亚"以东的偏僻海域会合。赫默中尉发出了"K致K"(指挥官致指挥官)的信号,但埃森答复道:"你应该报告'K致A'(指挥官致舰队司令)。你这么长时间在什么地方?马上靠过来。"① 赫默一直很喜欢在克吕德尔手下的独立性,经过糟糕的开头之后,如今发现自己要给一位极其严厉的舰长当部下。埃森和他的副舰长约瑟夫·胡申贝斯少校都是极其刻板的人,他们恢复了海军礼仪,使赫默有些垂头丧气,他手下的船员则大发牢骚。埃森在彗星号上给他们安排了糟糕的住处,他们对胡申贝斯规定的纪律感到愤怒。秃鹳号的船员都来自企鹅号,有些看不起彗星号,后者只击沉了5艘船,跟克吕德尔的成绩比起来算是很小了。②

彗星号为了节省燃料拖着秃鹳号,朝西南方向驶往大澳洲湾。埃森给捕鲸船升了级,为它装备了一门60毫米大炮、两门20毫米加农炮、一台测距仪、一些磁性水雷,以及烟幕设备,与

---

① Muggenthaler, *German Raiders of World War II*, p. 167.
② Ibid. p. 171.

此同时，偷袭舰的机械师们检修了它的发动机。

新西兰行动

6月8日，彗星号和秃鹳号从鲁汶角以南驶过，埃森宣布，捕鲸船将在新西兰海域布雷。偷袭舰的水雷官威尔弗里德·卡斯滕中尉将指挥捕鲸船，赫默被降职为领航官。为了缓和关系，卡斯滕允许赫默留在船长舱，而自己决定睡在无线电室里。然而，赫默还是对失去指挥权耿耿于怀，两艘船的船员之间的关系依然很紧张。

两艘船分手了，秃鹳号驶往新西兰，彗星号直奔查塔姆群岛，它在那里等候捕鲸船。埃森概述了他的计划："45号舰（彗星号）按计划派秃鹳号去新西兰利特尔顿港和尼科尔森（惠灵顿）港的入口，在接下来的新月期布设10颗水雷。"[1] 6月13日，秃鹳号绕过塔斯马尼亚，进入塔斯曼海，7天后，船员们看到了奥克兰岛。捕鲸船的发动机出了麻烦，但卡斯滕决定继续前进，设定了东北航向，朝新西兰的南岛驶去。

6月24日，秃鹳号向西径直驶往利特尔顿。日落之后，卡斯滕注意到，黑夜对布雷来说很理想。船员们发现了利特尔顿的灯光，捕鲸船掉头向南，驶往北岛与南岛之间的库克海峡。21：00，赫默发现了惠灵顿附近的巴灵角灯塔，和平时期建造的航行灯极

---

[1] Waters, *German Raiders in the Pacific*, p. 26.

大地帮助了捕鲸船,尤其是戈德利角灯塔和基督城的飞机灯标。

午夜时分,秃鹫号在利特尔顿的入口、戈德利角外3英里处布设了10颗水雷。德国人没有看见新西兰海军的标志。早晨,捕鲸船离开,以10节的速度沿东北航向行驶。不久之后,船员们发现了一艘蒸汽船的灯光,卡斯滕避开了那艘船。日落之后,船员们看到积雪压顶的群山,让他们想起了家乡。卡斯滕的注意力集中在其使命的下一阶段:

> 我想今天晚上在港口得到警报之前在惠灵顿布设水雷——到现在为止,利特尔顿没有报告任何事情,然而,如果我以距离海岸150至200英里的安全距离航行,我今天就到不了那里。惠灵顿的安排和利特尔顿是一样的,不同的是那里更困难,因为惠灵顿的防御更好。①

秃鹫号以7节的速度朝北驶往惠灵顿,夜色茫茫,风平浪静,西北风徐徐吹来。21:00,船员们发现了巴灵角灯塔,一个小时后,他们看到了彭卡罗灯塔,捕鲸船转向西北直奔灯塔而去。帕尔默角与彭卡罗角之间有两个巨大的探照灯监视着惠灵顿港的入口,瞭望哨发现了3艘亮着桅灯的巡逻艇,但卡斯滕一直保持着距离。他决定全速穿过惠灵顿港的入口,在彭卡罗角外布下10颗水雷,然后在烟幕的掩护下迅速撤离。

---

① Waters, *German Raiders in the Pacific*, p. 27.

20 秃鹫号的航行

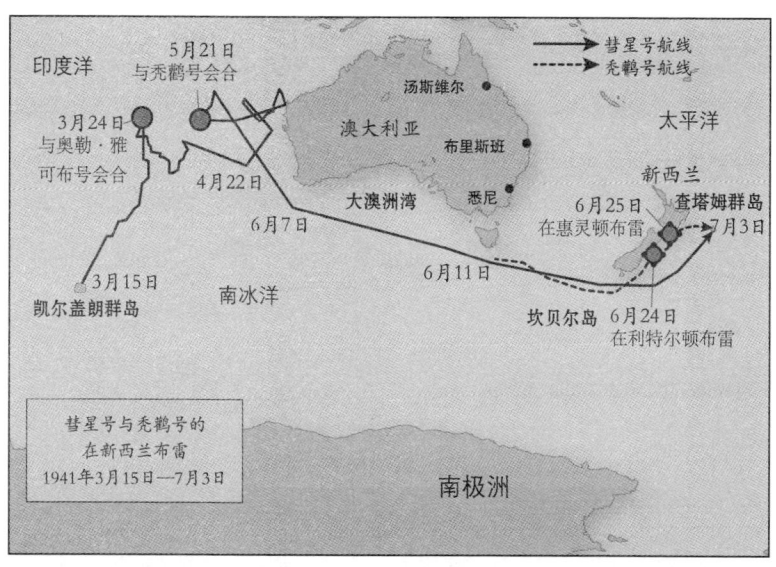

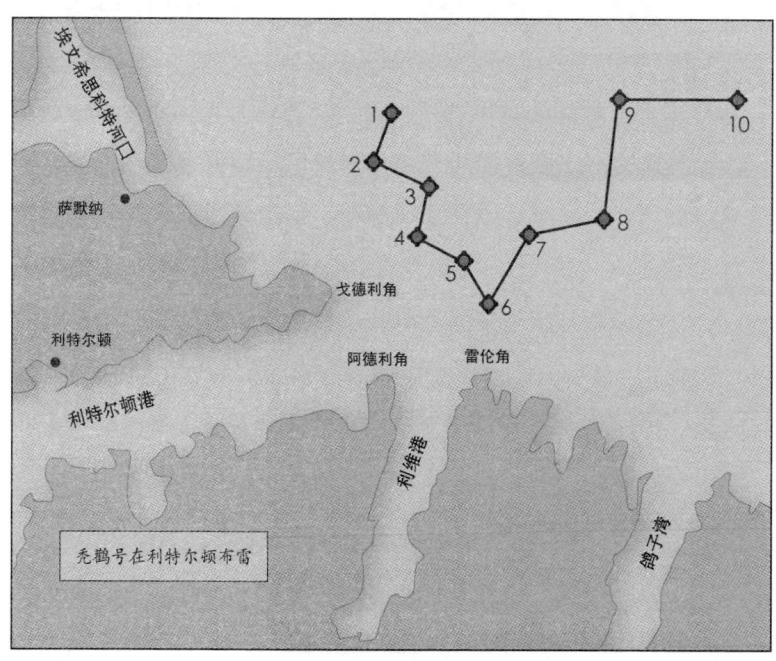

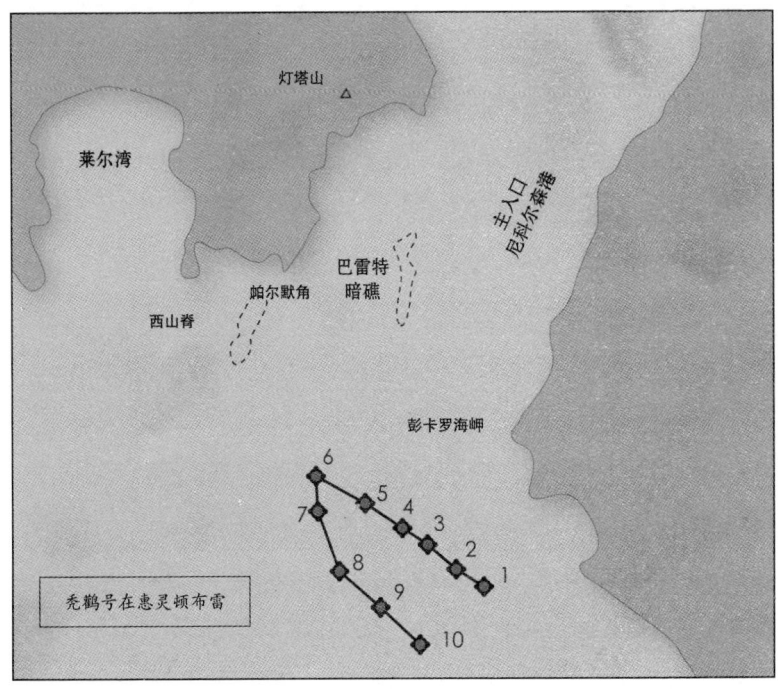

巴灵角的海岸电台询问秃鹫号,但卡斯滕没有回答。电台发信号给探照灯,探照灯照亮了捕鲸船,但卡斯滕鼓起勇气继续执行自己的使命。23:16,秃鹫号开始布设水雷,当第4颗水雷下水时,一个探照灯照亮了捕鲸船。卡斯滕下令放烟幕,船员们在23:28布下了最后一颗水雷。秃鹫号在新西兰海域总共布下了20颗水雷。捕鲸船逃走时,探照灯扫射了这一水域,卡斯滕后来回忆起当时的混乱:

> 共有3艘摩托鱼雷艇和1艘扫雷艇:一艘鱼雷艇在探照灯与彭卡罗灯塔之间;一艘鱼雷艇在探照灯与帕尔默角之

20　秃鹳号的航行

间；一艘鱼雷艇类型的小船冒着黑烟。所有这些船都亮着航行灯。巡逻船驶入中央探照灯的光柱里，亮着桅顶灯，它们用莫尔斯电码与灯塔山的信号站保持通讯。[1]

卡斯滕准备逃跑，但巡逻艇一直没有盘问他。秃鹳号绕过巴灵角之后，向东驶往查塔姆群岛，与彗星号会合。没有追击巡逻艇跟在后面，无线电侦听到新西兰机场与海军基地之间的联络信号，使卡斯滕相信搜索行动已经开始。秃鹳号暂停了一会修理发动机，然后在紧急船帆的帮助下以9节的速度继续航行。

新西兰当局对这次行动一无所知。秃鹳号很像那些在利特尔顿与惠灵顿之间行动的扫雷艇，操纵探照灯的人员很可能误认为它是一艘扫雷艇。

7月1日，秃鹳号在查塔姆群岛东北方向与彗星号会合，埃森对它的这次行动给予了积极的评价："我不认为秃鹳号在行动期间被发现了，尽管有探照灯活动。"[2] 彗星号的无线电室扫描了关于水雷的广播信号，什么也没听到，随后埃森道："没有获得关于秃鹳号布雷区导致任何船只损失的消息。"[3] 对德国人来说，不幸的是，没有一颗水雷造成任何受害者，极有可能是出了故障。在新西兰，没有人知道这次行动，直至战后，盟军缴获了德国人的记录。

---

[1] Waters, *German Raiders in the Pacific*, p. 29.
[2] Ibid. pp. 29–30.
[3] Ibid. p. 30.

由于秃鹳号的发动机彻底坏掉了，埃森决定凿沉它；他很惋惜，因为彗星号将会失去一艘侦查舰。赫默拆下了捕鲸船的舵轮和钟，目睹了秃鹳号的覆灭之后，他向埃森和胡申贝斯报告，因为"傲慢"而受到斥责。埃森清楚地表明他不喜欢赫默：

> 赫默中尉不幸因为企鹅号的辉煌成功和他作为秃鹳号指挥官的独立性而变得有点过于自信，而且，他和秃鹳号的全体船员都相信，他们可以屈尊俯就地带着一种夸大的自豪感看待彗星号。①

埃森把赫默在住处关了5天禁闭，他接受了惩罚，但默默地提醒自己，作为领航官，他对布雷行动的成功做出了贡献。

7月3日，彗星号已经在海上度过了一年，海军战争指挥部颁给偷袭舰一些铁十字勋章，让埃森酌情颁发。胡申贝斯、卡斯滕和轮机长阿尔姆斯上尉被授予铁十字勋章，赫默因为在企鹅号上的服务和指挥秃鹳号，也被授予一枚。

埃森决定在澳大利亚的海岸外行动。3天后，由于澳大利亚航运路线的改变，他决定巡逻新西兰-巴拿马航线。他还计划袭击巴拿马运河附近的船只，而且很快将在泛美中立区之内挑起战争。

---

① Muggenthaler, *German Raiders of World War II*, p. 172.

21

目的地波尔多

> 就这样,我们这艘神出鬼没的船非同寻常的航行不知疲倦地继续,敌人认为他同时在每个地方看见我们……但是,一切都有结束。①
>
> ——德国偷袭舰猎户星座号战地记者

水上飞机所见

1941年5月7日,猎户星座号和奥勒·雅可布号向东驶过马达加斯加附近海域,这时,无线电截听到不列颠皇帝号发出的QQQQ遇袭警报。维厄正确地猜测,企鹅号正在袭击一个受害者。第二天,收到帖木儿号发出的QQQQ信号之后,维厄再次肯定,克吕德尔截击了一艘船,根本没有想到,所谓"帖木儿号"事实上是企鹅号。在信号告诉他有一艘偷袭舰被击沉之后,维厄才发觉克吕德尔的命运。这个消息无疑是一个双重打击,因为企

---

① NAA File, *"Kormoran" - Translation of Diaries* (B6121, 165K).

鹅号就在他的附近被击沉,而且,有强大的皇家海军在这一海域存在,他放弃了原先的计划:向北驶往塞舌尔。然而,海军战争指挥部认为,向北推进是可行的,因为英国人如今觉得安全了。维厄命令向北航行。

奥勒·雅可布号离开了,而猎户星座号伪装成一艘法国货船,朝西北方向驶往阿拉伯海。绕过塞舌尔之后,瞭望哨一直在寻找凯蒂·布鲁维格号,不知道它已经被击沉。阿拉多式水上飞机每天执行两次侦查飞行,一无所获。5月18日早晨,温特费尔特中尉起飞,进行另一次侦查飞行,但偷袭舰的船员们看到飞机突然钻进了云层里。维厄推测他发现了一艘船,但水上飞机出人意料地返回,发射了两颗红色照明弹,这是危险的信号。

水上飞机着陆之后,温特费尔特告诉维厄,一艘有3个烟囱的重巡洋舰就在45英里之外。[1]温特费尔特看到的要么是康沃尔号,要么是格拉斯哥号。[2]由于偷袭舰和巡洋舰正在会聚,维厄命令全速朝东南航向行驶。他预计10:00能看到巡洋舰的船尾,但到那个时候,偷袭舰应该在地平线之下,看不见了。猎户星座号的命运取决于锅炉舱里船员们的技巧,他们必须防止烟囱里冒出黑烟,同时保持发动机全速运转。不出所料,10:00过后不久,瞭望哨发现了黑烟。巡洋舰保持最初的航向,当距离扩大时,船员们松了一口气,黑烟消失不见了。

海军战争指挥部命令猎户星座号继续驶往南大西洋新的行动

---

[1] Muggenthaler, *German Raiders of World War II*, p. 168.
[2] Roskill, *The Navy at War, 1939-1945*, p. 383.

21 目的地波尔多

海域。偷袭舰掉头向南。5月26日,中岛式水上飞机试图起飞时在汹涌的海浪里倾覆了,尽管船员们救起了机组成员,但飞机沉入汪洋大海。

猎户星座号朝东南方向航行,去和油轮奥勒·雅可布号会合。维厄认识到,他的航行会很快走向终结,因为偷袭舰的发动机和螺旋轴的状况正在恶化。他向船员们发表讲话,告诉他们最终的目的地将是法国,赢得船员们的热烈欢呼。①

6月3日,猎户星座号在中印度洋的"西伯利亚"与奥勒·雅可布号会合。"好好船长"施泰因克劳斯登上偷袭舰,为海军战争指挥部收集战报和船员们的信件。这是第一次,维厄允许他的船员给家里写信。油轮给偷袭舰补充燃料之后,维厄祝施泰因克劳斯一路平安,奥勒·雅可布号启航离开,7月19日抵达波尔多。

回到大西洋

猎户星座号朝东南方向驶往好望角,6月20日进入南大西洋,船员们奋力抵抗咆哮西风带强劲的飓风和汹涌的海浪。螺旋桨的白合金完全磨掉了,导致钢磨钢,只有在干码头上才能修理。螺栓压住尾轴之后,轴承断了,偷袭舰停下了。机械师们让螺旋桨再次转动起来,为减少尾轴突然断裂的可能性,他们在轴承上放上木料,以减少震动。猎户星座号继续航行。

---

① Muggenthaler, *German Raiders of World War II*, p. 175.

第二次世界大战中的德国偷袭舰

6月27日，海军战争指挥部通知维厄，分派给他的油轮埃格兰号被击沉了。"大围捕"还击沉了分派给猎户星座号的补给船阿尔斯特托尔号，进一步削弱了这艘偷袭舰的巡逻能力。①

海军战争指挥部命令亚特兰蒂斯号在特里斯坦－达库尼亚以北300英里的偏僻水域给猎户星座号补充燃料。7月1日，两艘偷袭舰会合时，爆发出一阵欢呼。

在亚特兰蒂斯号上，罗格告诉维厄，阿尔斯特托尔号的覆灭可能导致被救起的俘虏危及他在南大西洋的活动。因此，他需要足够的燃料到达太平洋的新行动海域，不可能给猎户星座号提供900吨燃料。维厄不同意，并向罗格保证，他将从安妮丽丝·埃斯贝格尔号那里得到燃料补偿。然而，罗格提醒维厄，考虑到猎户星座号没有效率的燃料消耗，亚特兰蒂斯号可能会更好地服务于战争。②维厄坚持认为，如果没有900吨燃料，他将不得不等待6周的时间，安妮丽丝·埃斯贝格尔号才能到达，但有了这些燃料，他在9月份回国之前就可以不受限制地行动。海军战争指挥部站在罗格一边。③猎户星座号从亚特兰蒂斯号那里得到了581吨燃料，足以到达法国，但不足以让维厄在回国途中进行大范围的巡逻。罗格后来回忆维厄多么羡慕他的现代化船只：

维厄——像我一样，从前是一艘帆船训练舰的舰长——

---

① Muggenthaler, *German Raiders of World War II*, p. 173.
② NAA File, *Raider "A" No 36 "Orion"* (B6121, 164B).
③ Woodward, *The Secret Raiders*, p. 70.

21 目的地波尔多

是个脾气很不好的人。……他的船是一艘高消耗的燃油船，因此，他总是担心自己的续航能力。他从未感受到像我在柴油机驱动的亚特兰蒂斯号上所拥有的那种自由。①

1941年7月1日，德国偷袭舰亚特兰蒂斯号（图中）给猎户星座号补充补给。请注意它的5.9英寸大炮，正常情况下，它们会藏得看不见。

尽管维厄和罗格在燃料问题上发生了争执，但两位舰长还是一起讨论战略，对比了海图。维厄给了罗格一些食品补给和他多余的弹药。7月6日，两艘偷袭舰分手了；亚特兰蒂斯号驶往太平洋，猎户星座号伪装成日本货船乌约丸号，向西驶往南美。

维厄决定推迟归国航程，因为巴西的港口有几艘德国和意大利的船只，很快会试图突破封锁线。德国海军担心巴西很快会加入盟国，因此命令这些船只回国。维厄等待这次突破封锁线的行

---

① Rogge and Frank, *The German Raider Atlantis*, p. 175.

动开始,因为它会转移英国皇家海军的注意力。

阿拉多式水上飞机一天执行3次侦查飞行,温特费尔特发现了巴西蒸汽船枣树号,猎户星座号避开了它。偷袭舰在拉普拉塔-弗里敦航线上太平无事地巡逻了4天,然后朝东北方向航行。7月19日,水上飞机在被一波海浪击中之后倾覆,尽管机组成员死里逃生,但严重受损的飞机再也飞不起来了。

7月21日,猎户星座号向北航行,打道回府,3天后进入北大西洋。当它驶入北大西洋战区时,船上的焦虑不安越来越严重。维厄没有理睬两艘蒸汽船,因为它们航行在轴心国偷渡船的航线上,可能是友船。

7月29日,瞭望哨发现佛得角群岛西南方向的一艘货船。维厄命令走平行航线,日落之后,没有亮灯表明它是一艘敌船。维厄担心它可能发出遇袭警报,决定不经警告就炮击它的无线电室。当猎户星座号靠近时,他决定用鱼雷攻击。偷袭舰发射了3颗鱼雷,不久,无线电室截听到信号:"SSS,乔叟号。"①

5792吨的英国货船乔叟号正装载着压舱物从米德尔斯伯勒驶往布宜诺斯艾利斯。船长查尔斯·布拉德利看到鱼雷险些击中自己的船,以为是U型潜艇发射的,无线电室发出SSSS潜艇袭击警报,但操作员发出了错误的位置——所在位置以北235英里。

猎户星座号的炮手开火了,但第一波连续炮击没有打中,乔叟号发出信号:"SSS,乔叟号遭炮击。"② 无线电操作员意识到遭遇的是一艘偷袭舰,发出了RRRR警报。货船掉转航向,并用

---

① Weyher and Ehrlich, *The Black Raider*, p. 186.
② Ibid. p. 186.

21 目的地波尔多

4英寸加农炮和40毫米博福斯式高射炮还击,一连串的炮弹瞄准猎户星座号的前探照灯,击中偷袭舰的前甲板和舰桥,导致轻微的损害,但没有人员伤亡。

猎户星座号的5.9英寸大炮继续开火,它的37毫米和20毫米大炮也开了火,炮火照亮了夜空。重火力迫使乔叟号停船,船桥和甲板上喷发出火焰。另一艘船终于接收到了它最早发出的SSSS信息,这对维厄来说是个好消息,因为U型潜艇袭击警报掩护了他的存在。

维厄又发射了3颗鱼雷,一颗击中了乔叟号,但没有爆炸。在乔叟号船员们放下救生艇之后,他下令停火,救起48名幸存者,包括13名伤员。猎户星座号的大炮击中了在劫难逃的货船,它很快消失在波涛之下。英国广播新闻宣布,乔叟号可能被一艘U型潜艇击沉了。

猎户星座号再也不能巡逻了,因为大炮的震动损害了电力系统,还因为恶化的螺旋轴和不断减少的燃料。当偷袭舰继续驶向中大西洋时,维厄和他的船员们都知道,他们很快会进入英国皇家海军频繁出没的危险水域。

突出重围

8月6日,猎户星座号的瞭望哨在黎明前的黑暗中发现了一艘船,但维厄没有理睬它。海军战争指挥部命令维厄在亚速尔群岛附近与两艘U型潜艇会合。它们将护送偷袭舰,直至驱逐舰在比斯开湾接管这项职责。几艘扫雷艇最终将会引导偷袭舰通过吉伦特布雷区，到达波尔多。当偷袭舰朝东北方向驶往法国时，维厄收到了一些好消息。西班牙海军正在亚速尔群岛外举行演习，而且，西班牙政府的运煤舰孔特拉马埃斯特雷·卡萨多号也参与其中。猎户星座号假冒它的身份，船员们把船体漆上了灰、黄、红色西班牙国旗条纹。

当猎户星座号驶近法国时，船员们担心最后一刻发生灾难，因为英国军舰、潜艇和飞机在比斯开湾驻有强大的兵力。8月16日，偷袭舰抵达亚速尔群岛外的会合位置，潜艇U-75号和U-205号浮出水面，取得了联系。护航舰队OG 71最近在附近遭到U型潜艇的袭击，这增加了维厄的担心，因为英国皇家海军无疑会严防死守。

猎户星座号向东驶往西班牙，但U-75号潜艇由于发动机故障而不得不离开。偷袭舰进入比斯开湾之后，瞭望哨发现了一艘西班牙拖网渔船，没有亮灯，无线电天线多得异乎寻常。它很快消失在黑暗中，导致维厄担心它可能是一艘英国间谍船。偷袭舰与无数西班牙渔船擦肩而过，当向东驶往伊比利亚半岛时，看见又一艘拖网渔船，让船上的气氛更加焦虑不安。

8月21日，瞭望哨发现了一架飞机，认出那是一架福克-沃尔夫鹰式飞机之后，船桥上的军官们松了一口气。过了一会儿，更多的鹰式飞机出现在头顶的上空，紧接着是两架亨克尔115型轰炸机。一架亨克尔飞机与偷袭舰交换了确认信号，并补

21 目的地波尔多

充道:"汤米为汤米叫好。"① 飞行员是偷袭舰鱼雷官汤姆森中尉的兄弟。晚上,猎户星座号与护航驱逐舰会合,几艘船驶往波尔多。第二天,4艘扫雷艇出现了,这个小舰队的指挥官发信号问:"你们从哪儿来?"维厄答复道:"直接从基尔来。"② 护航舰把偷袭舰团团围住,船员们拆除了西班牙伪装,升起德国海军的旗帜。但还没有完全脱离危险,维厄担心英国的潜艇,这些潜艇经常在船只抵达港口之前发起攻击。

猎户星座号继续驶往波尔多,晚上,更多的鹰式飞机出现在头顶上空。午夜之后,扫雷艇引导偷袭舰穿过了布雷区。8月23日早晨,瞭望哨看到了陆地,偷袭舰在鲁瓦扬的海岸外抛锚,等待潮汐改变。一艘拖船给船员们送来了新鲜食物和邮件。下午早些时候,一艘领航船和两艘扫雷艇护送偷袭舰驶入吉伦特河,船员们——有些人眼里噙满泪水——注视着眼前陌生的景象:墨绿色的树木、山峦和村庄。18:00,船员们穿着他们最好的制服,聚集在甲板上。偷袭舰从德国和意大利的船只旁边驶过,其中包括曾在太平洋给偷袭舰提供补给的雷根斯堡号,这让船员们十分高兴。③ 当太阳开始落山,船员们在傍晚的天空下看见了埃姆兰号

---

① Muggenthaler, *German Raiders of World War II*, p. 175.
② Ibid. p. 176.
③ 雷根斯堡号成为一艘偷渡船,并为雷神号在南大西洋的航行提供支持。1942年回到远东之后,10月9日启航前往欧洲。3天后在巴达维亚水域遭美国潜艇海鸦号的鱼雷袭击。这艘偷渡船在巴达维亚修理之后,1943年2月6日第二次启航,3月30日遭到英国军舰格拉斯哥号的截击,德国人试图凿沉船。船员们只放下一艘救生艇,英国人救起6名水手,112名船员葬身冰冷的海水。巡洋舰用一颗鱼雷和炮火击沉了这艘受损严重的船。

和奥勒·雅可布号。①施泰因克劳斯站在油轮的甲板上，向他们打招呼，汽笛欢快地鸣响，港口里的其他船只也加入进来。偷袭舰抵达波尔多港内，它的航行结束了。

猎户星座号是一艘成功的偷袭舰，在它 510 天的航行中，击沉 15 艘船，总吨位 71200 吨，航程 112337 英里，足以绕地球 5 圈，是历史上航行最长的偷袭舰。猎户星座号取得引人注目的成绩，尽管它的发动机状况糟糕，燃料消耗很大。它原本不应该成为一艘偷袭舰，但维厄的领导能力和船员们的高超技巧使它保持了很好的行动能力，远远超出海军战争指挥部的预期，是航海技术的一个绝佳例证。

维厄被授予骑士十字勋章，海军战争指挥部对猎户星座号的航行极其满意，宣布：

> 这艘很不合适的船原本和辅助巡洋舰毫无关系，却能有 80000 吨敌船入账，这显示了这艘船的杰出指导，以及船员们值得赞扬的坚持不懈和热情高涨。②

维厄是一个不拘小节、灵活变通的领导者，和自己的船员们建立起强大的感情纽带，赢得了敌人的钦佩。大多数俘虏都称

---

① 奥勒·雅可布号改名为本诺号，再次充当偷袭舰的补给舰。1941 年 12 月 23 日，在西班牙海岸外遭澳大利亚皇家空军第 10 中队桑德兰式水上飞机袭击受损。第二天，英国一架博福特式轰炸机击沉了这艘油轮。

② AWM File, *Operations, German and Japanese Armed Merchant Cruisers* (AWM69 23/20).

21　目的地波尔多

赞维厄，战后，灵伍德号的帕克船长送给他一个上好的樟木箱子，感谢他的人道。航行结束之后，维厄声称："我用常识和幸运领导我的船，用我的心灵领导我的人……我们履行了我们的职责。"① 战后，他说：

> 要不是因为船员们毫不吝啬的支持，以及他们的信赖——还有我的好运，我们的行动绝不可能成功，我做梦也别想把我的船带回国；船员们全心全意地恪尽职守。荣誉是我的，但所有的功劳都是船员们的。②

维厄后来在海军战争指挥部工作，再后来成为爱琴海地区海军司令的第一参谋。1942年6月，他被晋升为海军上校，后在黑海指挥第10本地护航师。接下来在克里特岛担任高级海军军官，1944年11月成为东弗里西亚的司令。他在1945年1月被晋升为海军少将。

当战争结束时，维厄反思道："我有了一个这样的名声：在一场战争中作为德国皇帝最年轻的海军学员而投降，在另一场战争中作为希特勒最年轻的海军将领而投降。"③ 在西德，维厄成为联邦海军的少将，担任基尔第一防区的司令。他还在英国海军部工作，研究黑海海战，写了一本介绍猎户星座号的书，题为《黑色偷袭舰》(*The Black Raider*)。在离开海军之后，他成为一个作

---

① Muggenthaler, *German Raiders of World War II*, p. 176.
② Weyher and Ehrlich, *The Black Raider*, pp. 199–200.
③ Muggenthaler, *German Raiders of World War II*, p. 192.

家和讲师。他和妻子玛格丽特一起生活在威廉港，他的儿子也成为联邦海军的一名军官。在反思指挥猎户星座号的那段时期时，维厄评论道："对于一个海军军官来说，那是最独立的，因此也是最美好的指挥权。"① 维厄1991年12月17日死于威廉港。

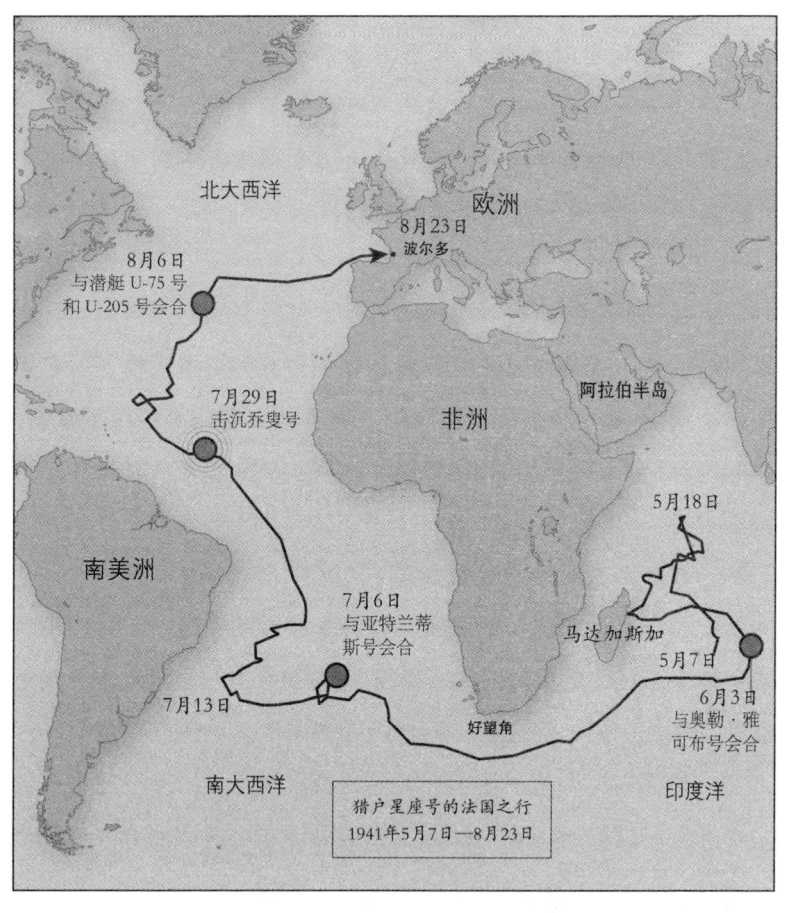

① Muggenthaler, *German Raiders of World War II*, p. 192.

21　目的地波尔多

波罗的海撤退

1945 年，当苏联红军穿过东普鲁士向前进击，德国面临着彻底失败，并导致潮水般的难民。随着陆上运输受到限制和苏联人包围了几座沿海城市，很多难民纷纷逃往波罗的海港口。在那里，他们逃走的唯一希望是经由海路。为了撤离滞留在这些港口的人，德国海军着手实施"汉尼拔行动"——有史以来最大的海上撤退——用 1080 艘船撤离了 236 万人，其规模远远超过敦刻尔克大撤退。①

猎户星座号改名为赫克托耳号，改装成一艘重炮训练舰。汉尼拔行动期间，在舰长约阿希姆·阿斯姆斯的指挥下，撤离了 2 万军队和难民。②5 月 4 日，俄国轰炸机空袭的时候，这艘从前的偷袭舰正装载着难民驶过德国希维诺乌伊希切附近海域，遭重创之后，搁浅在波罗的海普鲁士海岸。4 天后，战争结束。这片海滩后来属于波兰，1952 年，波兰劳工打捞出它的残骸，拆解了这艘曾经辉煌的猎户星座号。③

---

① Koburger, *Steel Ships, Iron Crosses, and Refugees*, p. 107.
② Williamson, *Kriegsmarine Auxiliary Cruisers*, p. 12.
③ Haws, *The Ships of the Hamburg America, Adler, and Carr Lines*, p. 162.

伪旗行动 第二次世界大战中的德国偷袭舰

22
加拉帕戈斯群岛偷袭舰

当你看到一条响尾蛇准备攻击时,要在攻击之前把它消灭。这些纳粹潜艇和偷袭舰就是大西洋的响尾蛇。它们威胁着公海上的自由通道,是对我们的主权的挑战。①

——富兰克林·罗斯福总统

1941 年 9 月 13 日

加拉帕戈斯群岛

离开查塔姆群岛之后,1941 年 7 月 14 日,彗星号在皮特凯恩岛与新西兰之间的"巴尔博"与偷渡船安妮丽丝·埃斯贝格尔号会合,后者装载着橡胶从满洲里启航驶往法国。它给彗星号补充了补给,船上的军官奥托·吉泽后来还记得埃森:

---

① "U-Boat Piracy Condemned by Roosevelt", *The Courier-Mail*, 13 September 1941.

22 加拉帕戈斯群岛偷袭舰

这段时期,我们常常能听到对面船上埃森船长恐吓的声音,他对自己船上发生的一切都感兴趣。他始终让他的船保持着漂亮的外形,让他的水手保持整洁。尽管他们远离家乡已经很长时间,但船员们的纪律和精神依然令人印象深刻。[①]

两艘船分开之后,彗星号伪装成日本货船凉玖丸号,朝东北方向驶往加拉帕戈斯群岛,而安妮丽丝·埃斯贝格尔号则继续它的航程,9月10日抵达波尔多。[②]

海军战争指挥部命令埃森10月前回国,但他想先在巴拿马-澳大利亚航线行动,8月,海军战争指挥部批准他袭击巴拿马运河附近的船只。

8月14日,瞭望哨发现加拉帕戈斯群岛以南20英里处有一艘船。5020吨的新西兰货船澳大利恩号正从阿德莱德驶往英国,装载着干果、蜂蜜和锌。船长史蒂文斯注意到了偷袭舰,相信了它的日本伪装,决定让它过去。

彗星号在4500米之外升起德国海军旗帜,发射了两响示警炮。史蒂文斯船长下令全速前进,并指示无线电室发出遇袭警报;与此同时,澳大利亚皇家海军炮手麦克斯塔维克和其他人跑向4英寸舰炮。彗星号的炮手开火,麦克斯塔维克予以还击,直至一发炮弹落在附近,打残了他的大炮。第二波连发炮火击中了

[①] Giese and Wise, *Shooting the War*, pp. 82–83.
[②] 安纳利斯·埃斯贝格尔号继续充当一艘偷渡船,1942年11月5日启航驶往日本。11月21日,在巴西与非洲之间的大西洋遭美国巡洋舰辛辛那提号和密尔沃基号截击,船员们凿沉了船,美国人救起全部85名船员。

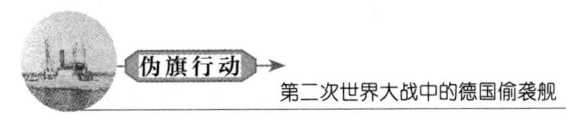

伪旗行动 第二次世界大战中的德国偷袭舰

船桥，炸死史蒂文斯船长和另外两名高级船员。三副伯德目击了这场毁灭：

> 我正要登上下层船桥，又一颗炮弹击中了船长的住处。我跑上船桥，看到船长面朝下躺在下层船桥楼梯脚下，埋在一堆碎片里。我把他翻过来，看到他的头和脖子被打穿，已经死亡。①

澳大利恩号的无线电没有了动静，船员们放下救生艇。威尔弗里德·卡斯滕中尉率领的登船搜查队控制了货船，护送43名幸存者登上彗星号，然后弄沉了这艘船。一个受伤的英国高级船员后来死了，埃森为他举行了海葬。

彗星号留在加拉帕戈斯群岛附近，第二天追猎一艘被怀疑是荷兰的货船，但没有成功。夜里，无线电室截听到英国货船洛克莫纳号发出的信号，报出了它的位置，以及预计抵达巴拿马运河的时间。埃森计算它明天会在附近，但洛克莫纳号没有出现，船员们很是失望。

彗星号时来运转，8月17日，瞭望哨发现了一艘货船。7322吨的荷兰货船科塔诺班号从纽约启航，驶往望加锡（苏拉威西岛），装载着橡胶、锡、锰、咖啡、茶叶和香料，船员有35名荷兰人水手和16名爪哇水手。船长哈特布尔正要做晨祷，值班驾

---

① Bennett and Bennett, *Survivors*, p. 61.

22 加拉帕戈斯群岛偷袭舰

驶员叫他去船桥。看见正前方的一艘船之后,他加快速度,直奔40英里之外的加拉帕戈斯港的安全区。

科塔诺班广播遇袭警报之后,埃森发射了一颗示警炮。货船的4英寸舰炮开火了,但没有打中。彗星号的第一波连发炮弹紧挨着货船落下之后,哈特布尔船长决定弃船。埃森下令停火,俘获了货船。埃森决定把它送回德国,俘获船的船员由24名德国人组成,还有自愿帮忙的荷兰水手和爪哇水手;他们将会获得一笔薪水。船员们把部分货物转移到了彗星号上,以提高某些战利品抵达德国的可能性。为了腾出空间,他们把布雷摩托艇陨石号、空炮筒和其他物品扔到了海里。

两天后,彗星号的瞭望哨发现加拉帕戈斯群岛西南有一艘船。英国印度轮船公司9036吨的蒸汽船德文郡号正从利物浦驶往新西兰,船员共有144人。船长里德伍德试图逃跑,并广播了遇袭警报。追了25分钟之后,偷袭舰在7300米之外开火了。险些被击中之后,德文郡号停了下来,无线电悄无声息。登船搜查队弄沉了这艘货船,彗星号和科塔诺班号朝西南方向逃去。

埃森在偏远海域连续斩获了3艘船,这场战争此前从未达到这里。由于这些袭击都发生在泛美中立区内,他因此制造了一个强有力的新敌人。

伪旗行动
第二次世界大战中的德国偷袭舰

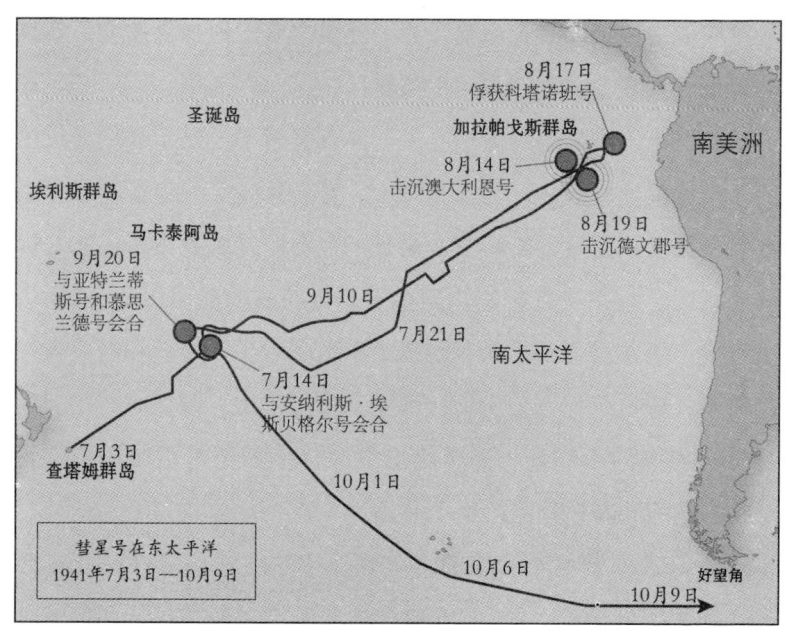

在中立区追猎偷袭舰

当澳大利恩号延误时，英国皇家海军怀疑加拉帕戈斯群岛附近有一艘偷袭舰，科塔诺班号的遇袭警报证实了这一怀疑。[①] 英国海军部命令船只避开这一水域，皇家海军巡洋舰猎户星座号——附近水域唯一的盟军军舰——开始搜寻偷袭舰。巡洋舰舰长没有这一海域的海图，导航员不得不依靠一张手绘地图和一本地图册。

---

① AWM File, *[Intelligence - Summaries, Bulletins, Memoranda, Newsletters:]* (AWM54, 423/11/1).

22 加拉帕戈斯群岛偷袭舰

彗星号还引起美国的注意。美国政府对侵犯泛美中立区的行为大为愤怒,命令海军击沉入侵者。这一时期,美国海军和德国海军处在不宣而战的状态。①10月17日,美国驱逐舰卡尼号攻击了一个U型潜艇舰队之后,德国潜艇U-568号在冰岛附近用鱼雷袭击了卡尼号。驱逐舰幸存下来,但11名水兵丧生。两周后,U-552号潜艇击沉了正在护航的美国驱逐舰雷本·詹姆斯号,160名船员只有45人幸存。②埃森在"美国海域"的袭击让不宣而战的状态更加严重。

8月末和9月初,美国海军在加拉帕戈斯群岛外对彗星号的追猎并不成功。③9月中旬,美国人扩大了搜索范围,一直延伸到巴拿马运河西南更宽阔的海域,美国海军宣布:

> 我们尚不知道,报告所说的这艘活跃在加拉帕戈斯群岛附近太平洋海域的偷袭舰究竟是一艘潜艇、水面军舰,还是武装商船。……我们理解,根据罗斯福总统最近的声明,任何美国军舰都将得到授权,一旦看到这样一艘偷袭舰,就会与之战斗。④

第15海军军区司令塞德勒海军少将宣布:"如果有一艘偷袭

---

① Bailey and Ryan, *Hitler vs Roosevelt*, p. 183.
② Ibid. p. 205.
③ AWM File, *[Intelligence - Summaries, Bulletins, Memoranda, Newsletters:]* (AWM54, 423/11/1).
④ "Mystery of Pacific Raider", *The Argus*, 16 September 1941.

伪旗行动
第二次世界大战中的德国偷袭舰

舰在巴拿马运河 600 英里之内行动,就绝不会让它在那儿行动很久。"① 尽管有这一决心,美国人还是没能发现彗星号的踪迹;英国人的搜索也一无所获,尽管有一个阶段,英国军舰猎户星座号距离偷袭舰不到 100 英里。② 埃森再一次在制造了轰动国际的头条新闻之后消失得无踪无影。

彗星号与亚特兰蒂斯号

由于埃森需要给科塔诺班号提供燃料,才能让它航行到法国,于是海军战争指挥部安排他在代号"巴尔博"的地点与亚特兰蒂斯号及偷渡船慕思兰德号会合;后者从横滨启航。彗星号和科塔诺班号转西南航向,9 月 20 日与亚特兰蒂斯号会合。当亚特兰蒂斯号出现时,莫尔上尉提醒罗格,埃森如今是一位将军,于是,亚特兰蒂斯号鸣礼炮祝贺埃森晋升。莫尔记载道:

> 罗格穿着一身洁白的制服,镶着金色穗带,去进行一次礼节性的拜访,仿佛他是一位在职的巡洋舰舰长,在俾斯麦号上。但对我们来说,却觉得有些可笑。埃森对这一切当仁不让,以总司令的威严礼节接待了我们。③

---

① "German Raider Operates in Pacific", *The Canberra Times*, 19 November 1941.
② Padgett, "Orion limps to Mare Island", p. 38.
③ Mohr and Sellwood, *Phantom Raider*, p. 189.

22 加拉帕戈斯群岛偷袭舰

一艘 U 型潜艇在南大西洋与企鹅号会合。

埃森和罗格有过一些初步的积极讨论,但在第二天,慕思兰德号抵达,两个人围绕补给问题争吵起来。埃森要求得到分配给亚特兰蒂斯号的储备物资,而罗格坚持认为,他的偷袭舰有更大的需求,因为它会继续行动,而彗星号很快会打道回府。[①] 埃森退让了,只是拿出一部分啤酒和食物交换弹药、航空燃油、一台 X 射线机、小五金和衣服。彗星号和科塔诺班号都从慕思兰德号那里接收了燃料,足以让它们回国。亚特兰蒂斯号转移了俘虏;高级船员去了彗星号,水手们去了科塔诺班号。

9 月 24 日,德国舰离开了,慕思兰德号随后抵达日本。[②] 彗星

---

① Slavick, *The Cruise of the German Raider Atlantis*, p. 180.
② 1942 年 2 月 18 日,慕思兰德号作为一艘偷渡船离开神户,5 月 17 日安全抵达波尔多。在德国海军正式让它服役并把它改名为瓦尔肯里德号之后,它在波罗的海充当一艘补给舰,1944 年 1 月 20 日,当它试图通过英吉利海峡时,海岸大炮在多佛尔水域击沉了它。

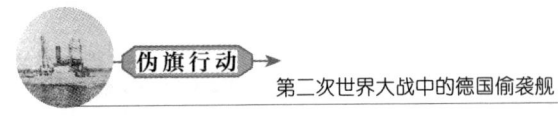

伪旗行动
第二次世界大战中的德国偷袭舰

号和科塔诺班号驶近智利南部，10月10日绕过合恩角，进入南大西洋，7天后分开，11月16日，科塔诺班号安全抵达波尔多。①

亚特兰蒂斯号绕过合恩角，进入南大西洋。罗格计划12月抵达法国，但得到命令先去给U型潜艇补充补给。11月15日，他在圣赫勒拿岛以南给U-68号潜艇补充了燃料，但英国人得知了这次会合，因为布莱切利公园破译了已经泄露的U型潜艇信号。密码破译者接下来解读了发给U-126潜艇的信号，让潜艇去阿森松岛东北与亚特兰蒂斯号会合。附近的英国军舰德文郡号上的奥利弗船长得到命令：击沉偷袭舰。②11月22日，亚特兰蒂斯号与U-126潜艇会合。不久，德文郡号出现。罗格声称他的船是波吕斐摩斯号，但没有骗过对方，巡洋舰开火③，炮弹击中了亚特兰蒂斯号。由于大炮射程不足，罗格凿沉了偷袭舰，船员们弃船。亚特兰蒂斯号，历史上最伟大的偷袭舰之一，击沉或俘获

---

① 科塔诺班号改名为卡林号，成了一艘偷渡船。1942年11月5日离开拉帕利斯之后，抵达巴达维亚。1943年2月4日装载着橡胶和锡启航驶往法国，3月10日，遭美国巡洋舰萨凡纳号和驱逐舰埃伯利截击并登船搜查。德国船员凿沉了船，9名试图救援的美国水手淹死，72名德国人成了俘虏。

② Winter, *The Intrigue Master*, p. 49.

③ Oliver, "Actions Against Raiders".

22 加拉帕戈斯群岛偷袭舰

了 22 艘船，总吨位 145697 吨。①

回国航行

彗星号向东驶往特里斯坦－达库尼亚，然后掉头向北，埃森打算在南大西洋海域袭击船只。11 月 1 日晚上，发现一艘未知货船之后，由于偷袭舰速度很慢而放弃追击。4 天后，瞭望哨发现了黑烟，但埃森不想去盘问。

11 月 6 日，彗星号进入南大西洋，埃森接到命令：停止袭击商船，经由英吉利海峡驶往汉堡。11 月 17 日，偷袭舰伪装成葡萄牙货船 S. 托姆号，在亚速尔群岛附近与潜艇 U-516 号和 U-652 号会合，后者将护送它去西班牙的菲尼斯特雷角。船员们

---

① 奥利弗船长离开这片水域，没有营救幸存者，他担心 U-126 号潜艇。潜艇很快浮出水面，帮助救生艇和救生筏上的幸存者。补给船巨蟒号救起了幸存者，然后与 U-68 号潜艇和 U-A 号潜艇会合。布莱切利公园截听到潜艇的信号，英国军舰多塞特郡号驶往会合地。军舰出现之后，巨蟒号的船长凿沉了船，亚特兰蒂斯号的船员再次弃船。多塞特郡号离开了这一水域，414 名德国人在 11 艘救生艇上，两艘潜艇都浮出水面提供帮助。德国海军着手一次引人注目的救援行动：U-124 号和 U-129 号潜艇，还有意大利的 4 艘潜艇，与幸存者会合，并把他们转移到了法国。罗格成为基尔海军教育督查办公室的参谋长，随后被晋升为海军少将。1944 年，他在波罗的海指挥波罗的海第一军团。重巡洋舰欧根亲王号成为他的旗舰，他的部队包括袖珍战列舰吕佐夫号和舍尔号。1945 年 3 月，他晋升为海军中将。德国战败之后，英国人把他关押在基尔附近的一个战俘营里，1945 年 9 月释放。在平民生活中，罗格给商业航运企业当顾问，并娶了第二任妻子埃尔斯贝特。1957 年作为海军少将加入联邦海军。他出版了一本关于亚特兰蒂斯号的书，题为《在十面旗帜下》(*Under Ten Flags*)。1962 年，罗格从联邦海军退役。他给石勒苏益格－荷尔斯泰因和汉堡的政府担任民防顾问，直至 1965 年。后来，他在汉堡退休，不过仍然联合管理着汉堡－大西洋轮船公司的业务，并担任德国航海协会的主席，1982 年 6 月 29 日去世。

看到德国飞机后士气大振，偷袭舰进入比斯开湾。有一架飞机出现在头顶上空，而船员们还要转到英国潜水艇频繁出没的危险水域。与一艘扫雷艇会合之后，船员们觉得更安全了。

彗星号伪装成一艘突破舰，驶近波尔多，紧挨着法国海岸向北航行。与此同时，布莱切利公园的密码破译者追踪着它的踪迹，进入国内水域之后，它的无线电转到已经泄露的恩尼格玛密钥。[1] 英国皇家海军的多佛海防部队计划在英吉利海峡击沉偷袭舰。

11月26日，偷袭舰的瞭望哨看见了法国海岸，它先在瑟堡抛锚，然后在抵达勒阿弗尔。当偷袭舰在11艘扫雷艇和3艘鱼雷艇的护航下离开之后，英国鱼雷艇在11月28日黎明前的黑暗中发起了袭击。对立双方的船打了一场没有胜负的战斗。护航舰上3人死亡，彗星号上一个水兵受轻伤，几艘英国鱼雷艇受损。另有3艘鱼雷艇增援护航，德国舰队继续穿过英吉利海峡。

彗星号在敦刻尔克躲避了一阵，然后继续向北，当它驶近荷兰时，荷兰俘虏听到了家乡的广播节目。一架低空飞行的布里斯托尔－布伦海姆式水上飞机袭击了偷袭舰，3颗炸弹掉在大海里，第四颗炸弹击中了舰桥，离赫默中尉只有3米。爆炸只造成了轻微的损害，没有人员伤亡。

11月30日，彗星号在库克斯港抛锚，让俘虏们登陆上岸。那天的晚些时候，它将在布伦斯比特尔水域抛锚，这样埃森就可以会见冈普里希舰长，后者将指挥雷神号的第二次航行。[2] 偷袭

---

[1] Hinsley, *British Intelligence in the Second World War*, p. 166.
[2] 冈普里希曾向迪特马斯建议使用"鸬鹚"这个名字。

22　加拉帕戈斯群岛偷袭舰

舰继续向北，18：00在汉堡抛锚，它的航行结束了。炮兵指挥官卡尔·鲍尔泽上尉经历了一生中最令人感动的夜晚之一。在值班时——这时还不允许任何人上岸——他在夜雨中走下跳板，触摸到了陆地。[①] 船员们享受了45天当之无愧的休假，埃森被授予骑士十字勋章。

彗星号在海上度过了515天，航程86988英里。它击沉或俘虏了10艘船，总吨位42959吨。考虑到航行时间的长度，这个成绩只能算是马马虎虎，但埃森把他的船和人安全地带了回来[②]。彗星号穿越西伯利亚冰封航道的航行是一项引人注目的航海功绩。埃森，一个刻板而过时的指挥官，缺乏其他偷袭舰舰长的好斗精神，有一种容易犯错的倾向。他在埃米劳岛释放战俘导致盟军发现并破译了它们的商船密码，他对瑙鲁的袭击让德日关系变得紧张。然而，他对待俘虏很好，彗星号的航行是一次成功的航行。

埃森后来担任东线战区第四空军舰队的海军联络官，然后担任奥斯陆海军仓库的首脑，负责船舶的调动。后来，他担任维也纳军区的指挥官，于1945年4月30日退休，8天后，战争结束。1960年3月31日，埃森去世。鲍尔泽致悼词，用了这样的一段话："你饶过很多人的命……你会活着……作为一个愉快的好朋友。"他的副官威尔弗里德·卡斯滕在题词中写道："铭记不忘。"[③]

[①] Muggenthaler, *German Raiders of World War II*, p. 183.
[②] 这个吨位数的一半功劳要分给那些与猎户星座号有联系的被击沉的船舰。
[③] Muggenthaler, *German Raiders of World War II*, p. 193.

伪旗行动
第二次世界大战中的德国偷袭舰

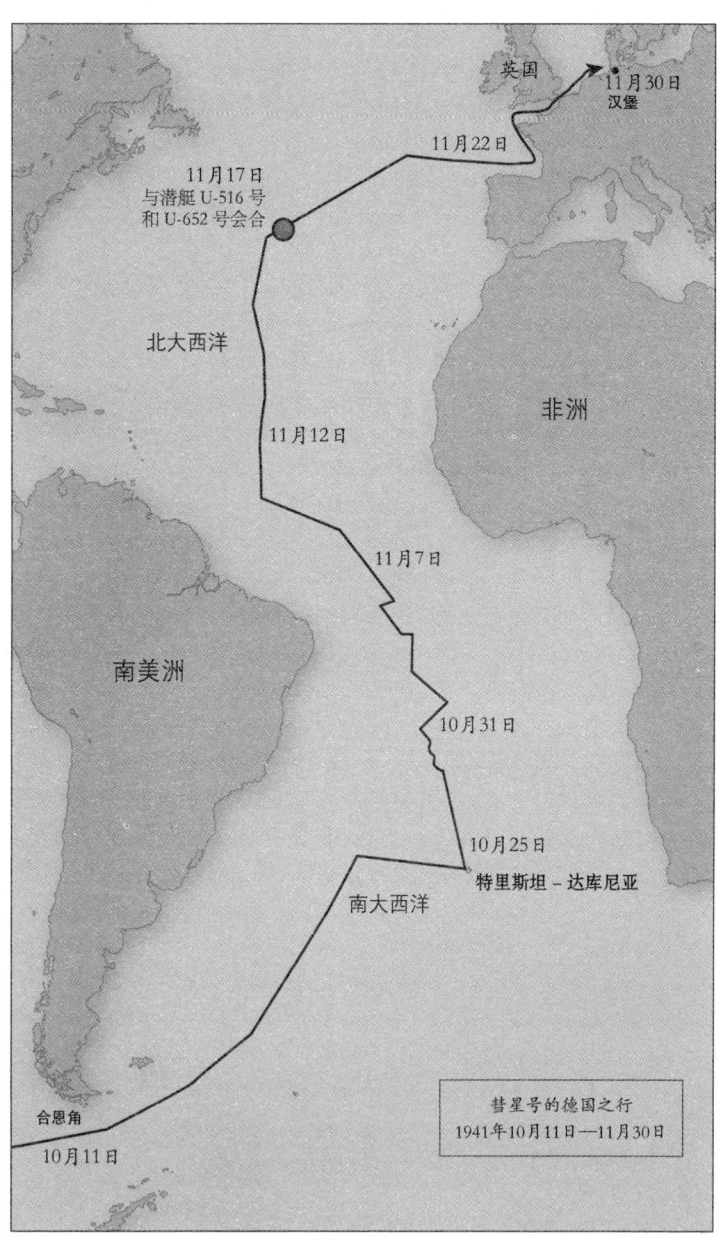

22　加拉帕戈斯群岛偷袭舰

第二次航行

1942年10月，彗星号伪装成突破舰22号离开德国，进行它的第二次航行。舰长乌里希·布洛克辛计划经由英吉利海峡突破封锁线，进入大西洋。胡申贝斯少校和信号官威廉·多贝尔施泰因中尉是上次航行中留下来的两位军官。布莱切利公园得知了偷袭舰的启航，因为它一直使用已经泄漏的许德拉密码。① 密码破译者追踪它从基尔到希维诺乌伊希切，并正确地断定：它很快会进入英吉利海峡。② 然而，在偷袭舰改为恩尼格玛密钥之后，就失去了它的踪迹。③ 10月7日，布莱切利公园发现彗星号所在的地方，一个破译的信号声称，突破舰22号将在那天抵达法拉盛（荷兰）。英国人知道真正的突破舰22号已经被击沉，猜测这个名字指的就是偷袭舰。皇家海军在英吉利海峡等待彗星号，由于破译和解读恩尼格玛信号要花36个小时，英国人不可能确定偷袭舰的准确位置。10月10日，一支驱逐舰队没能找到它，空中巡逻也一无所获。

10月13日，彗星号抵达勒阿弗尔，那天晚上启航，在4艘鱼雷艇的护卫下突破英吉利海峡的重重封锁。"19科"追踪了它的行动，帕特里克·比斯利后来回忆：

---

① Beesly, *Very Special Intelligence*, p. 222.
② Ibid. p. 223.
③ Hinsley, *British Intelligence in the Second World War*, p. 191.

伪旗行动
第二次世界大战中的德国偷袭舰

彗星号接下来绕过巴尔夫勒角驶往瑟堡，几乎可以肯定是计划在13日晚上进行。所以，那天下午，朴次茅斯总司令下达了实施"鲍里行动"的命令，涉及9艘驱逐舰和12艘摩托鱼雷艇。①

当彗星号驶往阿格角时，4艘鱼雷艇围着它组成一个防守圈。21:00，巴尔夫勒附近的英国雷达发现了偷袭舰，一架剑鱼式飞机在附近投下了信号弹。T-14号舰的指挥官建议躲在瑟堡，但布洛克辛没有采纳，小舰队坚持它的航向。

02:05，彗星号发信号说遭到了袭击。英国驱逐舰开了火，摩托艇发射了鱼雷。所有护航舰都遭到打击，15名德国水兵丧生，包括这支小舰队的领导人汉斯·韦尔克上尉。T-14号舰的指挥官后来声称，彗星号上操作20毫米大炮的船员惊慌失措，朝3艘鱼雷艇开了火，尽管能见度很好。②鱼雷艇MTB236号上的德雷森朝偷袭舰发射了一颗鱼雷。02:15，彗星号爆炸，一连串的火焰高高地窜向夜空，很快只剩下还在燃烧的油和残骸。T-14号舰返回圣马洛，并报告："肯定没有幸存者。"③布洛克辛和他的350名船员全部丧生，英国人只有两个人受伤，一艘驱逐舰轻微受损。

据幸存的德国鱼雷艇军官说，爆炸极有可能是由于炮火点着

---

① Beesly, *Very Special Intelligence*, p.223.
② Muggenthaler, *German Raiders of World War II*, p.243.
③ Ibid. p.245.

22 加拉帕戈斯群岛偷袭舰

了航空燃油,继而引爆了弹药库。他们没有看见鱼雷袭击所产生的水柱,没有听到鱼雷的声音。① 然而,英国人把彗星号的沉没归功于德雷森。比斯利后来反思:"这是一次极为成功的行动,由于准确的情报和声音鉴别而成为可能,这些都是基于对德国程序的透彻了解。"②

---

① Muggenthaler, *German Raiders of World War II*, p. 245.
② Beesly, *Very Special Intelligence*, p. 223。1941 年,帕特里克·比斯利从"19 科"调到海军部作战情报中心的潜艇追踪室,成为罗杰·温恩海军中校的副手,他一直待在这个岗位上,直至战争结束,对盟军战胜 U 型潜艇做出了重要贡献。德国投降后,他在弗伦斯堡和明登担任海军情报官。他的军衔为少校,1945 年 12 月从皇家海军退役。美国政府授予他美国功勋章。在战后的英国,他成为伯明翰一家金属窗制造公司的执行董事。1974 年退休之后,写了一本有关海军部作战情报中心的书,题为《极为特别的情报》(*Very Special Intelligence*)。之后,他又出版了一本海军情报主管的传记,题为《极为特别的海军上将》(*Very Special Admiral*)。1986 年 8 月 16 日,比斯利去世。

23
鲨鱼湾的遭遇战

描绘任何一艘特定的船毫无必要。野狼号和海鹰号结束了。对手在密切注视,一切都停止了。然而,即使停了下来,也只有一条出路:战斗。[1]

——鸬鹚号指挥官西奥多·迪特马斯舰长
1941 年 7 月 8 日

彗星号休息

1941 年 7 月 2 日,鸬鹚号抵达斯里兰卡以南的偏僻海域,进行发动机大修。水兵库尔特·霍夫曼在用一个电钻修理一架阿拉多式水上飞机的浮筒,突然遭到电击,被带到医务室之后,试图让他苏醒过来的努力没有凑效。迪特马斯为他举行了海葬,一个调查法庭得出结论:3 个水兵疏忽大意。

迪特马斯决定再次把鸬鹚号伪装成荷兰货船马六甲海峡号,因为只有一些更老的日本船在这一海域行动。船员们把船体漆成

---

[1] Winter, *War Diary (Kriegstagebuch) of the Raider Kormoran*.

23 鲨鱼湾的遭遇战

了深灰色,上层建筑是浅棕色,烟囱是黑色,桅杆是黄色。迪特马斯描述了船员们如何变得焦躁不安:

> 辅助巡洋舰上的生活非常单调乏味。连续几周,事实上是连续几个月,船员们不得不履行日常职责,没有来自家乡的任何消息,没有一张卡片或一封信,当然也不会有邮包——而且没有上岸休假。只是通过无线电,他们才对国内正在发生的事情有一个模糊的概念。①

俘虏们在游泳池里游泳,有些人在甲板上搭建的拳击台上开始他们的拳击比赛。来自马里巴号的威廉·琼斯后来回忆起当俘虏的日子:

> 我们在偷袭舰上 5 个月的时间里,受到很好的对待。……他(迪特马斯)告诉我们,他很喜欢澳大利亚,而且他很想善待我们,以报答我们的同胞曾经对他的盛情款待。在他生日那天,他安排了一次歌咏会,让我们开怀畅饮。船员当中另外一些人总是把香烟及别的礼物丢到楼梯的底部,这样我们就可以"碰巧"发现它们。②

7 月 16 日,船员们完成检修之后,迪特马斯计划回到孟加拉

---

① Detmers, *The Raider Kormoran*, p. 161.

② NAA File, SS "Mareeba", *Sinking of (German AMC "Komorant" Casualties POW Experiences* (B6121, 153H).

伪旗行动 第二次世界大战中的德国偷袭舰

湾,实施他预谋已久的布雷行动。① 鸬鹚号朝西北方向驶往查戈斯群岛,但是,由于英国皇家海军增强了在孟加拉湾的兵力,迪特马斯放弃了原先的计划。他计划在苏门答腊岛和爪哇岛外行动,然后驶往西澳大利亚。鸬鹚号因此向东驶往荷属东印度群岛。7月25日,偷袭舰穿过西比路海峡,没有看到任何船只。迪特马斯决定巡逻弗里曼特尔－巽他航线和龙目海峡。

鸬鹚号花了一周多时间,在爪哇岛与澳大利亚之间海域曲折前行,一无所获。8月13日,瞭望哨在黎明的微光中发现了一艘船,位于卡那封以西200英里处。迪特马斯没有采取行动,因为它们的航线正在会合。接下来,那艘船突然转向,朝偷袭舰驶来。他发现这一行动很古怪,因为商船通常会保持航向或逃跑。那艘船开始每隔5到10分钟广播QQQQ信号,没有报出位置,这显示它必是一支护航舰队的诱饵船。迪特马斯命令转至截击航向,但没有取得任何进展之后便放弃了。②

迪特马斯考虑在卡那封和杰拉尔顿的入口布设水雷,但又放弃了这个想法:"在这两个地方布雷都完全有可能。然而,考虑到这两个地方即使在和平时期往来船只也很稀少,我的水雷对它们来说还是太昂贵。"③

鸬鹚号朝东北方向驶往荷属东印度群岛,8月22日绕过圣诞岛。3天后,船员们发现恩加诺岛(苏门答腊岛外)上的博卡博卡山峰,这是航行以来看到的第一片陆地。在迪特马斯看来,它

---

① Winter, *War Diary (Kriegstagebuch) of the Raider Kormoran*.
② Ibid.
③ Ibid.

23 鲨鱼湾的遭遇战

出现"在我们面前,就像是一束神奇光亮中的南海神话故事"[1]。海军战争指挥部通知迪特马斯,库尔默兰号很快会从日本启航,给鸬鹚号补充燃料。他决定先巡逻斯里兰卡水域,然后再去会合。

9月1日,瞭望哨在斯里兰卡以南发现了一艘韦盖尼级的船,由于船尾上有一面旗,迪特马斯担心可能是一艘武装商船巡洋舰。然而,由于它保持了航向,他开始认为那不是一艘军舰。迪特马斯决定保持距离,然后在晚上发起突袭。当那艘船消失在地平线之后,他改变航向,下令全速前进。他觉得有些失望,但依然认为它的存在是值得的:"辅助巡洋舰目前在印度洋的任务就是警察工作,通过它的存在,阻止了敌人使用更短的航线。"[2]

鸬鹚号向东驶往撒雅德玛哈浅滩,然后朝西北方向驶往红海。在偷袭舰抵达八度海峡－塞舌尔航线之后,阿拉多式水上飞机执行了一次侦查飞行,什么也没发现。

9月23日晚上,瞭望哨发现了马尔代夫与塞舌尔之间有一艘船的绿色灯光。迪特马斯发信号问:"什么船?"对方答道:"希腊船斯塔玛提奥·G.安贝里科斯号。"他命令停船,船长迈克尔·帕莱奥格拉萨斯服从了,他以为对方是一艘英国船,只是当迪比奇中尉率领的登船搜查队到达并拔出手枪时,他才明白并非如此。

3941吨的小型货船塔玛提奥·G.安贝里科斯号正装载着压舱物从肯尼亚的蒙巴萨驶往科伦坡。登船搜查队把帕莱奥格拉萨斯和5名水手转到了偷袭舰上,然后弄沉货船,但是,两艘救生

---

[1] Winter, *War Diary (Kriegstagebuch) of the Raider Kormoran*.
[2] Ibid.

艇载着24个人逃脱了德国人之手，打算到塞舌尔。第二天，水上飞机发现了逃走的救生艇，偷袭舰俘虏了逃跑者。

鸬鹚号继续朝东南方向航行，10月16日，在中印度洋的"马里乌斯"与库尔默兰号会合。补给船装载着偷袭舰的燃料和供应品从神户启航。它还将把迪特马斯的俘虏送到皮特凯恩岛与新西兰之间代号为"巴尔博"的地点，转到偷渡船施普雷瓦尔德号上。来自马里巴号的俘虏卡尔·冈德森52岁，死于心脏病。迪特马斯为他举行了海葬，琼斯后来回忆："德国人给他举行了一场令人印象深刻的葬礼，所有人都聚集在甲板上给他送葬。"①

两艘船朝西北方向航行，寻找更好的天气条件转交补给。第二天，转交工作在风平浪静的海域着手进行。库尔默兰号给鸬鹚号补充了燃料，迪特马斯终于获得了充足的白合金储备。偷袭舰还得到了新鲜的食物和啤酒，以及驻日本海军武官温内克少将提供的关于船只情况的情报报告。② 俘虏们转移到库尔默兰号上，除了4名华人洗衣工之外，他们加入了偷袭舰的团队。俘虏们将被转移到施普雷瓦尔德号上，迪特马斯提供了一支5人海军卫队陪同，包括领航官奥策尔中尉，他患上了热带疱疹。黑克霍夫上士和3名水兵出现维生素缺乏的症状。迪特马斯在作战日志上写下最后一个条目，然后提供了一份副本给佩施恩德，转交温内克：

我打算接下来立即进行改变，采用一号发动机作为船的

---

① NAA File, *SS "Mareeba"* (B6121, 153H).
② 海军少将温内克一直作为海军武官待在日本。日本参战之后，他试图说服日本人集中他们的潜艇对付商船，但他的建议被当作耳旁风。

23 鲨鱼湾的遭遇战

储备网络发动机。多亏了供应的快速完成,我希望下一个新月期回到我的行动海域。①

10月26日,库尔默兰号启航离开,驶往与施普雷瓦尔德号的会合地。琼斯后来抱怨补给船上的恶劣条件:"这艘船上的待遇最糟糕……我们像猪一样每天三顿吃大米,睡在中国席子上。"② 俘虏们在"巴尔博"被转移到施普雷瓦尔德号上,库尔默兰号12月16日回到日本。③ 施普雷瓦尔德号继续向欧洲航行,来自马里巴号的船员阿雷克·马瑟森在偷渡船上自然死亡。

正当施普雷瓦尔德号的航行快要结束时——1942年1月31日在比斯开湾,U-333号潜艇的鱼雷击中了它。偷渡船出现在错误的位置,而且比日程安排提前了。彼得-埃里希·克雷默上尉指挥的U-333号潜艇发现这艘船曲折前进,看样子是一艘敌船正驶往英国。来自马里巴号的维克·泰西目击了当时的恐慌:

它刚刚被击中,人们就手忙脚乱地争相逃命。很多人死于爆炸,左舷的救生艇都被炸得稀烂。在恐慌中,德国人的运气最糟糕。每个人都争相进入右舷一艘很大的钢质救生艇。……在恐慌和混乱中,3个德国人(一个乘务员,一个

---

① Winter, *War Diary (Kriegstagebuch) of the Raider Kormoran*.
② NAA File, *SS "Mareeba"* (B6121, 153H).
③ 库尔默兰号作为一艘偷渡船服役,1942年11月7日抵达波尔多,但在1943年9月23日对南特的一次空袭中遭到严重损坏,以至不适于航海。1944年,撤退的德国人在南特凿沉了它,但法国人在1945年把它打捞出水,拖到威尔士的布里顿费里拆解。

卫兵以及二副）彻底崩溃，开枪自杀了。①

U-105号潜艇从3艘救生艇上救起25名德国人和55名俘虏。施普雷瓦尔德号的舰长布尔、马里巴号的船长斯金纳和另外23个人，包括来自马里巴号的7名水手，在第四艘救生艇上，从此再也没有人见过。②当U-105号潜艇到达法国时，所有幸存的俘虏登陆上岸。克雷默在军事法庭接受审判，但由于施普雷瓦尔德号无视通过比斯开湾的规定，他被宣判无罪。

印度洋偷袭舰

9月份，盟军情报部门怀疑印度洋存在一艘偷袭舰。他们的注意力被错误地吸引到南印度洋，因为测向报告认为凯尔盖朗群岛与阿姆斯特丹岛之间有一艘偷袭舰。③这给一位来自企鹅号的俘虏的陈述增加了分量。他声称，他所在的那艘偷袭舰曾在凯尔盖朗群岛与阿尔斯特托尔号会合。④11月1日，澳大利亚皇家海军军舰澳大利亚号抵达凯尔盖朗群岛，船员们在那里找到了德国人存在的证据——板刷、瓶子和航空燃油罐，全都贴有德国的标签。⑤巡洋舰在关键通道和锚泊地布下了水雷，然后离开了。

---

① "Mr. Vic Tessy: Man's Graphic Story of Life Aboard Nazi Raiders and in Prison Camp", *Barrier Miner*, 26 July 1945.
② NAA File, *Capture of SS MAREEBA* (B1957, M1943/1354/2113).
③ AWM File, *[Intelligence - Summaries, Bulletins, Memoranda, Newsletters:]* (AWM54, 423/11/1).
④ Ibid.
⑤ NAA File, *Kerguelen - HMAS Australia Visit* 1941 (B6121, 305R).

23 鲨鱼湾的遭遇战

1941年11月,盟军怀疑印度洋可能有一艘偷袭舰正驶往澳大利亚,但没有人预见到鸬鹚号在西澳大利亚水域的出现所导致的灾难性后果。

盟军情报部门并没正确地再现鸬鹚号的航程。他们怀疑迪特马斯在孟加拉湾的行动是猎户星座号干的。[1] 两周后,他们又犯了一个错,当时,澳大利亚海军情报部门把加拉帕戈斯群岛的击沉事件归到"偷袭舰G"(鸬鹚号)的名下。[2] 然而,一周后,他们正确地得出结论:鸬鹚号与孟加拉湾的击沉货船事件有关,因为"所有证据都确凿地显示偷袭舰G(46号)是印度洋和太平洋的偷袭舰"[3]。尽管盟军终于弄明白鸬鹚号曾经在孟加拉湾,但如今相信它在太平洋,9月末,印度洋看来没有偷袭舰。[4]

---

[1] AWM File, *[Intelligence]* (AWM54, 423/11/1).
[2] Ibid.
[3] AWM File, *[Intelligence]* (AWM54, 423/11/1).
[4] Hore, *Papers in Australian Maritime Affairs*, p. 46.

10月，澳大利亚人依然相信，鸬鹚号在太平洋，因为太平洋战区联合司令部报告："偷袭舰G（鸬鹚号），重复一遍G，可能是太平洋偷袭舰，大概是9800吨的德国船'施泰尔马克'号。"①与此同时，当斯塔玛提奥·G.安贝里科斯号延误时，澳大利亚人得到的情报表明，有一艘偷袭舰可能活跃在印度洋。澳大利亚皇家海军得出结论："这样一艘偷袭舰如今可能在澳大利亚海军站的范围内。"②这一怀疑到了10月底更加强烈：

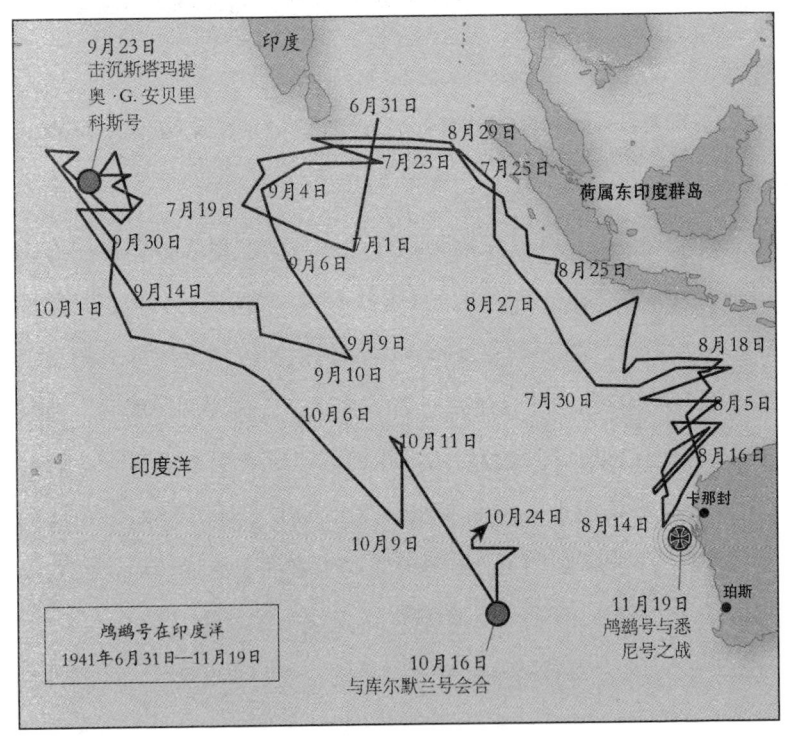

① AWM File, *Raiders in the Pacific* (AWM124, 4/342).
② AWM File, *[Intelligence]* (AWM54, 423/11/1).

23 鲨鱼湾的遭遇战

安贝里科斯号没能到达以及进一步的延误有力地支持了这样一个观点：有一艘偷袭舰在印度洋行动，本月初大概还在阿拉伯海行动。这样一艘偷袭舰眼下可能到达澳大利亚海军站的西区。①

盟军怀疑印度洋存在一艘偷袭舰，可能正在驶往澳大利亚，但没有人预料到鸬鹚号出现在西澳大利亚水域将会是怎样的悲剧。

重大决定

迪特马斯需要给鸬鹚号的发动机重新配线，领航官亨利·迈耶建议，可以在西边的偏僻海域来做这项工作。迪特马斯同意了，在偷袭舰抵达该位置之后，维护发动机的工作开始着手进行。

迪特马斯打算在弗里曼特尔的入口布设水雷，11月14日，海军战争指挥部发来信号："有一艘巡洋舰，推测起来应该是康沃尔号，11月6日离开澳大利亚港口，11月11日在南41度澳大利亚以西与一支护航舰队会合。"② 这里所说的巡洋舰实际上是澳大利亚皇家海军军舰堪培拉号。这一报告使得迪特马斯避开弗里曼特尔，决定去勘察西澳大利亚海岸的鲨鱼湾水域：

---

① AWM File, *[Intelligence]* (AWM54, 423/11/1).
② *The Loss of HMAS SYDNEY II: Volume One*, p. 324.

> 我打算沿着澳大利亚西海岸航行,如果有机会的话就在鲨鱼湾布设水雷;接下来再次向北,离开爪哇岛和苏门答腊岛向右转,再次进入孟加拉湾,有可能的话就在加尔各答及其他港口外布设水雷。①

考虑到通过这些水域的船只数量甚少,而且因为迪特马斯想保存水雷,留到更重要的水域使用,这只能是一次小行动。他之前决定不在卡那封和杰拉尔顿入口布雷,正是因为它们无关紧要,但现在改变了注意,因为他想让自己的存在被人感觉到。一次小行动会提醒敌人:偷袭舰在活跃,从而制造混乱。有了这个目标,鲨鱼湾的布雷使命也就可以理解了。

11月19日,鸬鹚号伪装成马六甲海峡号驶往鲨鱼湾。②偷袭舰穿过一片中浪海域,瞭望哨在这个闷热晴天极好的能见度中扫描着地平线。迪特马斯计划保持当前航向,然后在夜里向东转,驶往鲨鱼湾。由于那天是德国的"忏悔祈祷日",很多船员没有正常值班,大多躺在吊床上休息、读书或闲聊。

下午,迪特马斯离开舰桥,在军官餐厅里与军官们一起喝咖啡。15:55,一个信号员向他报告,詹森少尉从瞭望台上发现了一艘船,可能是一艘帆船。迪特马斯立即来到舰桥上,值班军官约阿希姆·冯·戈斯林中尉一口喝掉剩下的咖啡,跑到他的舱室

---

① Detmers, *The Raider Kormoran*, pp. 175–76.
② *HMAS Sydney II Commission of Inquiry: Report on Technical Aspects*, p. i.

23 鲨鱼湾的遭遇战

里去拿帽子。在舰桥上,迪特马斯看到那艘船,就在 20 至 25 英里之外,在微光中看上去只是地平线上的一个小圆点。戈斯林拿了帽子,跑向舰桥:"我匆匆赶到舰桥上,获得了关于航向和速度的数据,挂上我的望远镜,作为一个值班作战军官向指挥官报告。"① 目击报告随着前桅平台瞭望哨高喊"两帆""多艘船""黑烟",快速变化着。② 迪特马斯和舰桥值班军官这会儿可以看到两艘帆船,同时更远处还有另外几艘船以及两排黑烟。看样子像是一支护航舰队。③

16:00,迪特马斯下令各就各位,左满舵,全速前进,然后走到信号桥楼甲板,以便通过大炮的望远镜看得更清楚些。闷热的空气模糊了他的视野,但很快,一幅图像进入焦点,他心里一沉。帆船和其他船只的最初印象是视觉幻象,一艘船的轮廓变得很清晰,有一个船桥、高高的桅杆和烟囱。迪特马斯认出那是澳大利亚珀斯级巡洋舰的形状。他遭遇的是澳大利亚皇家海军军舰悉尼号。

---

① Gosseln, "The Sinking of the Sydney", p. 120.
② *The Loss of HMAS SYDNEY II: Volume Two*, p. 31.
③ Ahl, "Sinking of Sydney by Kormoran".

24
鸬鹚号与悉尼号之战

今晚，在海岸外的一场模拟战斗中，一艘澳大利亚巡洋舰演示了澳大利亚皇家海军的军舰会如何对付在我们的海岸外截住的一艘敌军偷袭舰。这艘巡洋舰正在演习一次行动，而这样的行动对其他澳大利亚部队来说已经是一个现实。军舰投入战斗的速度，以及大炮的准确性，使得我们很容易理解，在海外水域服役的澳大利亚舰队为什么在这场战争中有如此杰出的记录。①

——《百眼巨人报》1941年6月7日

澳大利亚军舰悉尼号

第二次世界大战爆发之后，约翰·科林斯舰长负责指挥6830吨珀斯级轻巡洋舰悉尼号，在1940年到达地中海之后，它击沉了意大利驱逐舰希望号和巡洋舰巴托洛梅奥·科莱奥尼号，成了澳大利亚皇家海军的骄傲。1941年2月，巡洋舰回到澳大利亚，

---

① "Raider Pounded", *The Argus*, 7 June 1941.

24 鸬鹚号与悉尼号之战

满腔热情的公众像欢迎英雄一样欢迎它。

1940年，澳大利亚皇家海军巡洋舰悉尼号。

5月15日，约瑟夫·伯内特舰长接管了悉尼号的指挥权。在第一次世界大战期间，伯内特在北海效力于澳大利亚号，战后，他在阿德莱德号和堪培拉号上服役。他后来在海军部工作，并成为堪培拉号和战列舰皇家橡树号的副舰长。第二次世界大战爆发之后，伯内特成为海军副参谋长，在拉格纳·科尔文海军上将手下工作，后者说：

> 他长期在皇家海军的军舰上效力，战争爆发几个月之后，他在一些人的强烈推荐下来到我的身边，担任海军副参谋长。这些推荐并没有让人失望，因为他迅速掌握形势和构

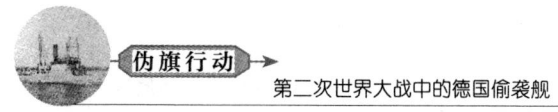

想决策的能力都相当引人注目。①

1940年7月19日,澳大利亚巡洋舰悉尼号在战胜意大利巡洋舰巴托洛梅奥·科莱奥尼号之后,军官和船员们合影。

尽管悉尼号是伯内特指挥的第一艘军舰,但他有相当的海上经验。第一次执行任务时,他给装载第8师去新加坡的运兵船西兰蒂亚号护航,后来执行过多次护航任务和本地巡逻。10月11日,巡洋舰为从墨尔本到巽他海峡的护航线 US 12B 护航,随后返回弗里曼特尔。这一时期,海军少校雷文斯克罗夫特在伯内特手下效力:

> 我的印象是,伯内特舰长是一个很有能力的军舰指挥官。他知道,他指挥的是一批技术精湛、受过良好训练的船

---

① Gill, *Royal Australian Navy*, 1939–1942, p. 451.

24 鸬鹚号与悉尼号之战

员,有一帮训练有素、经验丰富、作战顽强的高级军官提供支持。他给我留下的深刻印象是,他是一个愿意倾听并采纳建议的人。①

11月11日,悉尼号从弗里曼特尔启航,驶往巽他海峡,给驶往弗里曼特尔的运兵船西兰蒂亚号护航。②船员们多半预期这是一次太平无事的归国航行,但11月19日下午,瞭望哨发现了一艘货船,悉尼号上的645人很快将会葬身鱼腹。

一场不相称的遭遇战

就战斗准备而言,悉尼号完全优于鸬鹚号。③它的8门6英寸大炮,4个双座炮塔,每分钟可以发射6至8发炮弹。舰桥上方的指挥控制塔提供了火力控制,而且,如果主控制塔被打掉的话,可以由船尾火力控制位置接管。④前部的"A"和"B"炮塔,以及尾部的"X"和"Y"炮塔还可以手动操作。鸬鹚号的6门5.9英寸大炮不及悉尼号大炮的火力,但每分钟可以发射5至7

---

① *Report on the loss of HMAS Sydney*, p. 28.
② Olson, *Bitter Victory: The Death of HMAS Sydney*, p. 33.
③ 伯内特在1941年10月4日的行动报告中只提到他的军舰的一个缺点。炮塔"A"出现了一些故障,但是,当悉尼号在1941年11月11日离开弗里曼特尔时,炮塔"A"及其他所有武器装备都处在良好的作战状态。这艘巡洋舰做好了战斗准备。
④ 在发现一个目标之后,控制塔里的人估算它的方位、距离、航向和速度,然后把这些数据输入机械计算器中,在对天气做出修正之后,输出数据指挥炮台。

发炮弹。① 然而，偷袭舰的大炮只能在 10000 米的射程内实现准确开火，相比之下，悉尼号的射程是 18200 米。② 此外，偷袭舰的舷炮齐发只能发射 5 发炮弹，而巡洋舰则是 8 发炮弹。

悉尼号装在艉炮甲板上的 4 门 4 英寸大炮对水面目标可以每分钟发射 20 发炮弹，但是，由于没有安装防护装置，船员没有保护。③ 巡洋舰还有 3 门刘易斯大炮，安装在四座底架上。④ 相比之下，鸬鹚号两门 37 毫米大炮每分钟可以发射 80 发炮弹，它的 20 毫米大炮每分钟可以发射 100 发炮弹。

悉尼号的 8 颗鱼雷装在上层甲板上的两个四座鱼雷发射管里，射程 12350 米，但它们在海上不能重新装载。⑤ 鸬鹚号的鱼雷可以达到 14000 米的射程，但只能在两个散射范围内开火，而悉尼号是 4 个散射范围。

尽管悉尼号有压倒性的优势，但迪特马斯有一个决定性的优势；他知道所面对的是一艘敌舰，正如阿尔中尉清楚地表明的那样："我们最大的优势是，我们知道悉尼号是一艘敌舰。因此，我们从一开始就做好了充分的战斗准备。"⑥ 相比之下，伯内特遇上的是一艘未知货船；因此，迪特马斯掌握着主动。

---

① *HMAS Sydney II Commission of Inquiry: Report on Technical Aspects*, p. 123.
② *The Loss of HMAS SYDNEY II: Volume One*, p. 93.
③ 左舷炮是 "P1" 和 "P2"，而右舷跑是 "S1" 和 "S2"。
④ 一门大炮在探照灯平台上，另外两门在信号桥楼甲板的两侧。
⑤ *HMAS Sydney II Commission of Inquiry: Report on Technical Aspects*, p. 63.
⑥ Ahl, "Sinking of Sydney by Kormoran".

24 鸬鹚号与悉尼号之战

鸬鹚号的舰桥

鸬鹚号的船员面对着一艘敌人巡洋舰所带来的恐惧，正如阿尔所说："这一刻我想到的是，我们所有人几乎看不到幸存的机会。"① 迪特马斯命令全速前进，转了250度，朝着太阳驶去，打算逃走，不被发现，同时船员们都跑向战斗岗位。枪炮官弗里茨·斯克里斯中尉、海因茨·梅塞施密特中尉和路德维希·恩斯特上士赶到舰桥上方的炮火控制台。斯克里斯指挥5.9英寸大炮，梅塞施密特负责电话联系，恩斯特计算大炮的仰角。威廉·布林克曼中尉负责指挥更小一些的炮，他带着阿尔一起赶到艉楼甲板上的船尾指挥控制台，阿尔负责观察炮弹的落点。

鸬鹚号达到了全速，开始冒出浓烟。16:04，轮机长鲁道夫·伦施报告，4号发动机由于活塞运转发热而关闭了，偷袭舰只能跑到14节。

悉尼号加快了速度，改变航向驶向鸬鹚号；澳大利亚人隔着15000米的距离发现了偷袭舰。② 偷袭舰只能跑到14节，相比之下，巡洋舰的最高速度是32.5节，它不可能在天黑之前逃脱巡洋舰的追击。

迪特马斯不打算不战而降，甚至想凿沉鸬鹚号，但他下令，如果能逃开的话，要避免开战。因此，他要努力欺骗澳大利亚人，让他们相信偷袭舰是马六甲海峡号。如果这一招不凑效，他

---

① Ahl, "Sinking of Sydney by Kormoran".
② *HMAS Sydney II Commission of Inquiry: Report on Technical Aspects*, p. 208.

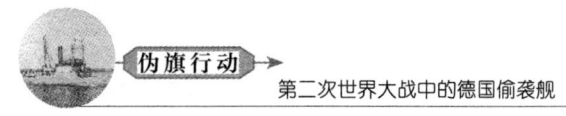
伪旗行动　第二次世界大战中的德国偷袭舰

将会战斗：

> 我们当然被严格禁止寻求与敌人的任何海军单位发生战斗……很自然，如果我们发现不得不与敌人海军单位战斗，那么就不得不接受，并尽我们最大的努力。但是，只要我们能够逃避战斗，就有责任这样做。①

巡洋舰必须靠近，才能确定这艘神秘货船的身份。至少，这对迪特马斯更有利，因为悉尼号靠得越近，它的火力优势就越会减弱："如果我能让它靠得足够近，那么我的15厘米大炮就不比他的6英寸大炮差很多。"②迪特马斯有了一项计划，但事情如何发展完全取决于伯内特的行动。

悉尼号的舰桥

伯内特和舰桥指挥官起初没有多少怀疑，因为瞭望哨只是发现一艘货船转舵朝太阳驶去，试图逃跑，而任何一艘盟国商船在看到一艘军舰之后都会这样做。③伯内特大概只是想完成一次例行公事的核实身份。这个过程的第一步是查阅预期船只名单，澳大

---

① Detmers, *The Raider Kormoran*, p. 60.
② Ibid.
③ *Inquiry into the Loss of HMAS Sydney II*, Transcripts, 18 March 2009.

24 鸬鹚号与悉尼号之战

利亚海军站有每艘商船的位置和航线的资料。① 在附近唯一活动的船只是拖船尤西奥号，在 100 海里之外看到的这艘货船是预料之外的；这是第一个迹象，表明有什么事情不对头。②

伯内特从担任海军副参谋长的时期起就非常熟悉商船活动部门。他经常探访那个团队，查询他们的效率，并且知道大约有 3% 的来自荷属东印度群岛和日本的船只到达时并不通知。③ 伯内特还知道，名单有时候包含错误信息，而且，一艘预料之外的货船本身只是怀疑的理由，而不是警戒的根据。④

伯内特并没追猎过偷袭舰，这让他跟康沃尔号的曼沃宁舰长比起来有很大劣势，后者发现企鹅号时，曾经参加过反偷袭舰行动。尽管盟军相信"偷袭舰 G"（鸬鹚号）从 9 月起就一直在太平洋行动，但最近的情报报告认为，它可能在印度洋。伯内特肯定读过 11 月 3 日的每周情报摘要：

> 荷兰船只"奥利维亚"号 10 月 20 日从塞舌尔以北大约 250 英里处发出一个没有具体说明的遇袭信息，袭击它的那艘偷袭舰眼下大概在澳大利亚海军站的西部。⑤

---

① 澳大利亚皇家海军每天把这份名单向各军舰广播两次，悉尼号的军官给所在水域的船只做了标记。

② *The Loss of HMAS SYDNEY II: Volume One*, p. 250.

③ *The Loss of HMAS SYDNEY II: Volume One*, p. 245.

④ 由于名单不完整，澳大利亚海军站至少出过 3 次事。1941 年 1 月 21 日，莫尔兹比号截击了一艘名单之外的船，结果证明是图拉吉号。1941 年 10 月 7 日，延德拉号盘问了萨兰德号，它比预期时间早到了。1941 年 11 月 10 日，西拉利亚号发现了马雷拉不列颠号，它没有出现在名单上。

⑤ AWM File, *[Intelligence]* (AWM54, 423/11/1).

伪旗行动　第二次世界大战中的德国偷袭舰

在离开弗里曼特尔之前，伯内特可能读到了接下来的那份摘要，它警告，有一艘可能的偷袭舰在西澳大利亚的杰拉尔顿附近行动。① 然而，他懂得情报的不可靠性，因为澳大利亚海域的水雷曾经被归到猎户星座号的名下，随后又被归到库尔默兰号的名下，最后才正确地归到企鹅号的名下。他还知道，情报部门直至企鹅号被击沉之后才确定它的身份，此前，它所有的行动都被错误地归到亚特兰蒂斯号和雷神号的名下。因此，伯内特可能并没有仅仅因为一份情报指出的这种可能性，便认为有一艘偷袭舰在印度洋。最后，这些报告也不可能帮助伯内特识别那艘未知船只的身份。②

伯内特肯定怀疑印度洋有一艘偷袭舰存在。10月5日，他对悉尼号的船员们说："我必须告诉你们，有一艘敌人的偷袭舰就在那边，我打算逮住它。"③ 他可能希望通过QQQQ警报来确知偷袭舰的存在，这会让他有机会以一种深思熟虑的方式来追猎偷袭舰，就像追猎企鹅号那样。他没有预料到在一次回国航行中偶遇偷袭舰，因为这样的概率极小。

在伯内特的心里，那艘身分不明的船有可能是一艘真正的货船，也可能是一艘经过伪装的敌人的补给舰、偷渡船、布雷艇或

---

① 摘要写道："这份报告回忆，听说可能有一架飞机在杰拉尔顿的西南，显然离大海还有一定的距离。……根据下面这个假设：这架飞机应该就是最后一次看到的那架，而且，这架飞机是以偷袭舰为基地的，印度洋偷袭舰可能以12节的速度从荷兰船'奥利维亚'10月20日给出的位置驶抵这一水域。太平洋的一个海军单位也有时间到达杰拉尔顿附近。"*The Loss of HMAS SYDNEY II: Volume One*, p. 81.

② Hore, *Sydney Cipher and Search*, p. 81.

③ *The Loss of HMAS SYDNEY II: Volume One*, p.230.

24 鸬鹚号与悉尼号之战

偷袭舰。伯内特可能排除了偷渡船或补给舰的可能性,因为以他对偷袭舰行动的理解,绝不会靠近敌人的海岸线,因为那样就会因为没有优势地暴露在危险中。偷渡船和补给舰如果遭到盟军军舰的追击而没有逃走的希望,它们会凿沉自己。那艘逃跑的船明显没有着手凿沉自己,因为它没有停船。

伯内特多半考虑到了这样一种可能性:那艘船可能是一艘偷袭舰或布雷艇。他懂得,偷袭舰通常会避开焦点海域和敌方的海岸线,除非在布雷行动期间。因此,那艘船可能是一艘偷袭舰或布雷艇。但他感到奇怪,鲨鱼湾附近海域太过偏僻,敌船为什么想在这一海域布设水雷。伯内特设想在弗里曼特尔附近的布雷行动,因为那里是重要的贸易动脉,但他缺少两条至关重要的信息。首先,迪特马斯确实曾打算在弗里曼特尔的入口布雷,因为海军战争指挥部警告这一水域有一艘敌人的巡洋舰,才放弃了这个想法。其次,迪特马斯驶近鲨鱼湾的可选计划源自于挫折,较少是为击沉有价值的船只,更多的是为了让自己的存在被人感觉到。伯内特既不知道德国海军战争指挥部的警告,也不知道迪特马斯的受挫。这两个因素导致鸬鹚号表面看来很不合理地出现在鲨鱼湾。在伯内特看来,预期船只名单上出现错误的可能性似乎远远大于在鲨鱼湾附近遭遇一艘偷袭舰的可能性。尽管他的确切理由我们不可能知道,但有一件事情很清楚,伯内特没有考虑那艘未知船只是可疑的。

对于驶近不明身份的商船,盟军军舰舰长都有详细的指令,给出了两个选项:"情况 A"是针对据信无害的船只;"情况 B"

是针对可疑船只。① 在"情况 A"下，按巡航位置接近未知船只，然后要求报告身份。在"情况 B"下，按战斗位置接近可疑船只，直到距离 7 至 8 英里，下令停船，接下来派出登船搜查队进行检查，或者命令它以缓慢的速度采取给定航向。如果商船没有服从，军舰就会发射一响示警炮，如果它还不理睬，紧接着就发射连发炮弹。

悉尼号按照"情况 A"以巡航位置驶近鸬鹚号，用信号问答，因为伯内特相信它是一艘货真价实的商船。那艘船不在预期船只的名单上，仅这一点就应该采用"情况 B"。在伯内特的指挥下，悉尼号共调查过 11 艘身份不明的货船，但只有 3 次采用战斗位置。② 在战斗位置，悉尼号的所有大炮都会有人员就位，并瞄准目标，包括 6 英寸炮、4 英寸炮、机关炮和鱼雷发射管。在巡航位置上，只有两个 6 英寸炮的炮台和两门 4 英寸防空炮通常有人员就位。由于悉尼号以巡航位置驶近，迪特马斯的胜算更大了。

接近

悉尼号按照略微偏向会聚的航向驶近鸬鹚号，偏离右舷船尾大约 10 度，为的是进行视觉检查，并开始盘问程序。迪特马斯的转向使得辨明身份变得很困难，因为这使悉尼号的瞭望哨面对太阳。伯内特还采用了更狭窄的接近航道，而他原本可以采用更

---

① *The Loss of HMAS SYDNEY II: Volume One*, p.230.
② Ibid.

24　鸬鹚号与悉尼号之战

加宽阔的接近航道,以保持自己的船进一步远离。

在这个时候,伯内特和舰桥指挥官们对那艘神秘船只的身份一无所知。所有军舰都携带一本国际商船登记册"塔尔博特－布思手册",包含吨位、尺寸及其他特征,但这份材料没法使用,因为鸬鹚号的区别性特征只有隔着大约2英里的距离才能看清。[1] 当距离靠近时,瞭望哨会观察到一艘现代化的货船,带有错层式上层建筑,光秃秃的船首和巡洋舰的船尾,暗示了它是一艘1930年代建造的船只,极有可能是一艘德国船、荷兰船或挪威船。[2] 未知船只契合一艘辅助巡洋舰的轮廓,但它也可能是一艘货真价实的荷兰货船。

迪特马斯注意到了悉尼号的接近,他的炮手也注意到了,他正透过掩蔽武器的遮挡屏上的小孔注视着。威廉·邦耶斯少尉后来回忆当时的紧张气氛:"在活动伪装挡板的后面,每个人都极其兴奋地站在那里,屏住呼吸。"[3] 迪特马斯很快就有理由更加乐观,因为他认识到,悉尼号不在作战位置。[4] 恩斯特和阿尔看不见4英寸大炮背后的人,迪特马斯注意到:

> 敌人的巡洋舰眼下正在进入我认为适合我的大炮的射程

---

[1] *The Loss of HMAS SYDNEY II: Volume One*, p.230.
[2] Ibid.
[3] Ibid.
[4] 在悉尼号的残骸上,3门幸存的4英寸大炮全都炮口朝上。这表明第二组大炮一直没有人员就位,而且悉尼号处在巡航位置。这个证据是决定性的,因为它证实德国人讲述的关键部分,亦即悉尼号的4英寸大炮没有人员就位。*HMAS Sydney II Commission of Inquiry: Report on Technical Aspects*, p. 198.

伪旗行动

第二次世界大战中的德国偷袭舰

之内,它已经如此靠近,以至于通过望远镜可以清楚地看到每一个细节。特别是,我们可以看到它的4个装有6英寸大炮的双座炮塔,以及左舷鱼雷发射管,全都冲着我们。就我所能弄明白的而言,它的8门4英寸防空炮没有人员就位。①

伯内特原本可以使用海象式水上飞机来验明身份,并用信号问答,而不必让悉尼号靠太近。他有充足的时间和理想的天气条件执行一次飞行。②伯内特考虑过使用水上飞机,因为德国人看到那架海象式水上飞机已经准备就绪。梅塞施密特注意到:

当悉尼号驶近时,我们可以看到,他们已经准备派出侦察机,它可能会暴露我们,因为我们的甲板上有一批水雷。但接下来,飞机突然退回了常规位置。③

海象式水上飞机的准备显示伯内特心里有些怀疑,但这一怀疑想必减小了,因为他的人关掉飞机发动机,撤回了飞机弹射器。

---

① Detmers, *The Raider Kormoran*, p. 182.
② *The Loss of HMAS SYDNEY II: Volume One*, p. 283.
③ "How We Killed the Men of HMAS Sydney", *The Sydney Morning Herald*, 25 April 2000.

信号

根据验明身份的程序，一艘盟军军舰会发出字母信号"NNJ"。一艘友船会全速掉头走开，然后用国际信号字母回复。军舰随后会发信号报出货船的四字母秘密呼号中的中间两个字母，货船则回复头尾两个字母。然而，如果军舰舰长产生了怀疑，他会命令可疑船只停船。①

鸬鹚号在悉尼号开始验明身份程序之前掉了头，但盟国商船经常以这种方式采取行动。16:05，巡洋舰开始发信号"NNJ"，先是用旗语，后来又用探照灯。②伯内特依然没有怀疑，继续以巡航位置接近。③迪特马斯没有理睬信号，不过最终还是命令用旗语打出马六甲海峡号的四字母信号"PKQI"，但他指示信号官埃里希·阿尔巴赫以一种笨拙的方式回复。阿尔巴赫升起了信号旗，但确保被烟囱挡住。悉尼号的瞭望哨依然不得面对太阳，没法看懂旗语的意思，只有隔着大约1至2英里的距离才能解读。④

迪特马斯想尽可能防止悉尼号的瞭望哨解读出"PKQI"的旗语，因为一旦巡洋舰的舰桥获知对方表明自己是马六甲海峡

---

① *Inquiry into the Loss of HMAS Sydney II*, Transcripts, 18 March 2009.
② *The Loss of HMAS SYDNEY II: Volume Two*, p. 16.
③ 正如第363参阅注释4所提到的，在悉尼号的残骸上，幸存的4英寸大炮全都炮口朝上。这表明第二组大炮一直没有人员就位，而且悉尼号处在巡航位置。这一点决定性地证明，伯内特靠近一艘受到怀疑的补给舰或偷渡船是为了快速俘获它的说法纯属猜测，这样一个猜测需要悉尼号处在战斗位置的依据。*HMAS Sydney II Commission of Inquiry: Report on Technical Aspects*, p. 198.
④ *The Loss of HMAS SYDNEY II: Volume Two*, p. 396.

号，就会有情报帮助他们确定它是一艘偷袭舰。为了维持无害货船的印象，阿尔巴赫和信号员林斯穿上了平民的衣服，舰桥上只有迪特马斯和值班军官戈斯林中尉，也穿着平民服装。几个穿着平民服装的水兵时不时地出现在甲板上，从厨房的窗口里可以瞥见戴着白帽子的厨师。

14:35，伦施向迪特马斯报告，4号发动机的故障已经修好，但迪特马斯仍保持14节的速度以避免被怀疑。鸬鹚号的信号旗依然无法解读，因为第四面旗搅作一团，悉尼号要求"清楚地升起你的信号字母"，同时继续靠近，依然在偏离左舷10度的航向上。① 迪特马斯盘算，他再也不能貌似合理地笨手笨脚打信号了，于是命令阿尔巴赫调整信号旗的角度，使之可以被解读。②

当悉尼号的军官们解读出"PKQI"之后，就会查阅参考手册，得知这艘船声称是马六甲海峡号，但关于这艘船的下落，没有任何信息；它实际上刚刚离开非洲莫桑比克的贝拉港。③ 在伯内特看来，这艘荷兰船出现在西澳大利亚海域似乎是有可能的，而且由于一个错误，它没有被包含在预期船只名单中。

悉尼号发信号问："驶往何处？"迪特马斯答复："巴达维亚。"问船上的货物是什么，迪特马斯答："布匹。"④ 这些问题不是验明身份程序的组成部分，悉尼号的舰桥指挥官必须搜寻马六甲海峡号的秘密呼号和参考材料，比如"塔尔博特－布思手册"，才能

---

① *The Loss of HMAS SYDNEY II: Volume Two*, p. 9.
② Ibid. p. xv.
③ Ibid. p. 47.
④ Ibid. p. 32.

24 鸬鹚号与悉尼号之战

把手册的描述与眼前的特征进行比对。

15:03，迪特马斯着手其欺骗计划的下一阶段，这时，他的无线电室广播了遇袭警报："QQQQ，马六甲海峡号，111 E 26 S。"① 拖船尤西奥号听成微弱的"QQ"紧接着"QQ"，杰拉尔德无线电台只听到扭曲微弱的信号，没有认识到它是一个遇袭警报。② 悉尼号的无线电室也可能接收了信号。③

让德国人大吃一惊的是，17:15，悉尼号靠了过来，在鸬鹚号右侧900米处。④ 迪特马斯原本想让巡洋舰靠得更近一些，但没料到它靠得那么近，成了一个十分理想的靶子，它的防空炮依然没有人员就位。无线电室报告，巡洋舰没有广播任何信号，这进一步表明，伯内特没有产生怀疑，因为他没有向大陆询问马六甲海峡号的下落。

伯内特原本可以从更远的地方继续盘问程序，最理想的做法是在船的后面，以避免可能的舷炮或鱼雷袭击。靠得这样近显示伯内特受到法恩科姆舰长在遭遇凯蒂·布鲁维格号之后受到的批评的影响。澳大利亚皇家海军军舰堪培拉号从17400米之外和敌舰交战，法恩科姆认为它是一艘伪装的偷袭舰，莱瑟姆海军上将

---

① *The Loss of HMAS SYDNEY II: Volume Two.* p, 320.
② Ibid. p. 318.
③ 商船都得到命令，在掉头驶开之后必须广播遇袭警报，但迪特马斯并没有这样做，因为他不想过早地放弃这艘偷袭舰的假名。因此，在澳大利亚人能够解读出他的"PKQI"信号旗之后，他发出了信号。这不是正确的程序，但货船很少严格遵守这些程序。
④ 这个射程被悉尼号残骸上发现的炮弹损害的程度和性质以及平的冲击弹道所证实。*The Loss of HMAS SYDNEY II: Volume One*, pp. xv and 368–69.

伪旗行动 ▶
第二次世界大战中的德国偷袭舰

指控他浪费弹药：

> 正确的做法是，堪培拉号应当采取预防措施，防止假设的偷袭舰发射鱼雷的可能性。但我认为，由于这个原因，避免驶近 19000 码以内是过于谨慎。假设迅速实现更有效的射程，敌舰就可能更快地被辨认出来，并节省更多的弹药。①

然而，保持 17400 米的距离与驶到 900 米以内还是有差别的，而且，伯内特原本可以找到这之间的合适距离。伯内特也批评过法恩科姆，但理由大错特错："凭空猜想使得这些炮弹被浪费在两艘无害的货船上。"② 他没能理解法恩科姆所面对的情势，他隔着很远的距离朝一艘受到怀疑的偷袭舰开火，是为了保持超出其大炮的射程。伯内特不理解法恩科姆的谨慎，这证实了他轻率鲁莽的倾向，并有助于解释他为什么像对待一艘"无害货船"那样对待鸬鹚号。

德国人注意到奇悉尼号上一种奇怪的行为。迪特马斯记载道："我们可以看到巡洋舰的厨房人员穿着白色外套，在栏杆旁排列成行，想看一眼这些所谓的荷兰人。"③ 梅塞施密特看到悉尼号上的人在甲板上闲逛，趴在栏杆上注视着："隔着那段距离，你可以看到军舰上的厨师戴着白帽子。我们没有看到一个人在甲板

---

① NAA File, *Report on the Destruction of Enemy Vessels - Coburg and Ketty Brovig* (MP1049/5, 2026/3/416).

② Frame, *No Pleasure Cruise*, p. 166.

③ Detmers, *The Raider Kormoran*, p. 184.

24 鸬鹚号与悉尼号之战

上跑动,他们一点也不惊慌。"① 格雷特中尉目睹了这古怪的一幕:

> 舰桥上有很多白帽子,我几乎要认为军官们都从其他战斗岗位聚集到那里。从所有迹象看,仿佛我们的伪装是有效的,而且他们相信了我们的信息。②

悉尼号的舰桥军官终于找出了马六甲海峡号的秘密呼号"IIKP",巡洋舰升起了中间两个字母"IK"。马六甲海峡号应当以头尾两个字母"IP"回应。迪特马斯和他的军官们没有弄明白"IK"信号,因为他们不知道马六甲海峡号的秘密呼号。根据"国际信号编码","IK"的意思是"你应当为一场暴风、飓风或台风做准备",这个信息眼下毫无意义。迪特马斯仔细核对了信号册,没有理睬这个信号。依然穿着平民服装的戈斯林走到外面,挥了挥帽子,做出告别的手势。③

17:25,悉尼号打信号要求"升起你们的秘密呼号",这表明伯内特心里依然有疑惑。马六甲海峡号没有升起"IP",应当立即下令停船,并鸣炮示警。④ 迪特马斯问信号官马拉珀特上尉,是否有秘密呼号,得到的答复是否定,于是迪特马斯对值班军官说:"好吧,戈斯林,已经无计可施了。"⑤ 迪特马斯随后宣布:"我

---

① "How We Killed the Men of HMAS Sydney", *The Sydney Morning Herald*, 25 April 2000.
② *The Loss of HMAS SYDNEY II: Volume Two*, p. 52.
③ Hore, *Sydney Cipher and Search*, p. 103.
④ *The Loss of HMAS SYDNEY II: Volume Two*, p. 29.
⑤ Ibid. p. 43.

· 377 ·

们没有秘密呼号，现在只能战斗。"① 鸬鹚号的船员在一个小时前已经各就各位。在舰桥上方的第一发射控制的位置上，斯克里斯已经做好了最后的准备，阿尔后来回忆："极端接近的射程让我们有机会为 4 门大炮的每一门大炮选择具体的目标：前炮塔，舰桥，水上飞机（因为它有爆炸物和易燃汽油），后炮塔。"② 斯克里斯的 5.9 英寸大炮将会瞄准悉尼号的炮塔和舰桥。布林克曼式 37 毫米机关炮将会瞄准舰桥，与此同时，更小的 20 毫米大炮和机关炮将扫射甲板，以阻止澳大利亚人操作防空炮和鱼雷发射管。

17:30，悉尼号和鸬鹚号继续在平行航向上隔着 900 米的距离航行，有很好的机会相互用舷炮连续开火。巡洋舰的舰桥军官这会儿被搞糊涂了：荷兰人为什么不用秘密信号回应？他们终于完成了与塔尔博特－布思手册上描述的马六甲海峡号进行比较，这显示他们得到的身份是假的，因为它的上层建筑和将军柱并不一样。③ 梅塞施密特注意到悉尼号舰桥上突然活跃起来，人们开始跑来跑去，很多军官开始爬上指挥控制塔，另一些人则开始沿着甲板跑动。看来，伯内特终于命令各就各位，准备战斗，但花了 3 到 5 分钟的时间，才确定巡洋舰处于战斗位置。伯内特已经没有太多时间了。

---

① *The Loss of HMAS SYDNEY II: Volume Two*, p. 69.
② Ahl, "Sinking of Sydney by Kormoran".
③ *The Loss of HMAS SYDNEY II: Volume Two*, p. 276.

24 鸬鹚号与悉尼号之战

战斗

迪特马斯命令"去掉伪装",阿尔巴赫升起德国海军的旗帜。炮手们卸下掩蔽武器的遮挡屏,摇出5.9英寸大炮,升起防空加农炮。只花了12至18秒钟,5.9英寸大炮就已准备就绪。① 迪特马斯确定战旗已经在主桅杆上飘扬之后,命令大炮开火。斯克里斯把命令传给恩斯特,后者通过电话把命令传给了炮手。

鸬鹚号的第一波炮火是一次修正距离的试射,没能打中目标。悉尼号立即还击,但第一波连发炮火打过了偷袭舰。阿斯巴斯、科贝尔特和萨尔弗兰克分别控制1、3、5号大炮,做了调整,第二波连发炮弹击中了悉尼号的舰桥和控制塔。与此同时,布林克曼指挥的第二波炮弹发射了。操纵右舷37毫米大炮的芬德和科布利茨瞄准了舰桥和上层建筑。据梅塞施密特说:"我可以看到37毫米加农炮发射的炮弹带着一道掩护射击弧,击中并灭掉了……舰桥上的很多人。那是可怕的一幕。"② 20毫米防空炮和机关炮扫射了悉尼号的上层甲板、防空炮和鱼雷发射管,在暴露无遗的人群中造成大量伤亡,阻止了他们还击。梅塞施密特后来回忆起这场屠杀:"我看到人们跑向悉尼号的鱼雷发射管,纷纷被撂倒在地。"③ 迪特马斯也记得这场屠杀:"没有一个人能在上层甲板上露面,因为我们2厘米防空炮和重型机关炮的炮火

---

① *HMAS Sydney II Commission of Inquiry: Report on Technical Aspects*, p. 133.
② "The Truth of Their Deadly Battle", *The Sydney Morning Herald*, 13 August 2009.
③ Ibid.

相当密集。"[1]

鸬鹚号的鱼雷操作人员升起了掩蔽挡板,摇出水上鱼雷发射管;大约花了 32 分钟让鱼雷准备就绪。[2] 鱼雷官格雷特从舰桥后面的位置上注视着悉尼号,偷袭舰缓慢转到 260 度,好让鱼雷发射管的角度调整到合适的开火位置,因为它不能手动移动。格雷特命令"开火",手下的人已经装载了两个直接对准悉尼号的鱼雷发射管。

鸬鹚号的第三波连发炮火击中了悉尼号的舰桥和前端控制塔。到这个时候,伯内特和大多数舰桥指挥官很可能已经丧生。巡洋舰的发射控制已经不再起作用,无线电天线和桅杆都被摧毁了。它的 6 英寸大炮又连发了一波,但没有打中。偷袭舰每 5 秒钟连发一波炮火,炮弹击中了前面的"A"和"B"炮塔,把它们打出了战斗位置。炮塔"A"被直接击中,一颗炮弹击中了炮塔"B"的两个炮管之间,没有完全穿透装甲板,但使它没法运转[3]。一发炮弹击中了海象式水上飞机,导致爆炸,熊熊燃烧的航空燃油越过了船的中部,导致一场大火,浓烟进入通风管道。

这时候,悉尼号遭受的打击集中在船的前部周围、上层建筑和上下层甲板。大火将会产生浓烟,影响船员们的视力和呼吸。德国炮手实现了他们的所有目标,除了摧毁船尾的"X"和"Y"炮塔之外;它们是巡洋舰唯一的还击手段。

---

[1] Detmers, *The Raider Kormoran*, p. 185.
[2] *HMAS Sydney II Commission of Inquiry: Report on Technical Aspects*, p. 134.
[3] *HMAS Sydney II Commission of Inquiry: Report on Technical Aspects*, p. 228.

24 鸬鹚号与悉尼号之战

在鸬鹚号发射了第 5 波连发炮弹之后，炮塔"X"开始快速开火，实际上是在手动控制下发射的。一颗炮弹击中偷袭舰的烟囱并爆炸了，一些碎片穿透了无线电室，杀死了两个水兵。炮弹还摧毁了锅炉室、一个油箱和主发动机的变压器。另一颗炮弹落在 3 号大炮附近，没有爆炸，尽管它的冲击力让几个船员受了伤，其中有些人后来死了，但大炮依然在运转。炮塔"Y"也发射了两三波齐射炮弹，但是都没有打中。

悉尼号的炮塔"X"的打击使鸬鹚号的轮机室爆发大火，灭火器被击中，泡沫灭火系统没法工作。轮机室的人离开了岗位，大火很快失去控制，烧死了斯特尔和加萨少尉。电力系统瘫痪，导致推进电动机停止运转。

大约在鸬鹚号发射第 8 波连射炮火时，一颗鱼雷击中悉尼号的船首，刚好就在炮塔"A"的前面爆炸了，与此同时，第二颗炮弹险些命中。① 一个巨大的水柱喷向空中，炮塔"B"的顶部飞到海里，一时间，船首几乎被淹没，螺旋桨看不见了。鱼雷爆炸导致前部区域水漫金山，包括 6 英寸大炮的弹药库，格雷特后来回忆："我们紧张地注视着鱼雷的踪迹，第一颗过了船首，第二颗击中悉尼号两个前端炮塔的下方，激起高高的水柱，随后劈头盖脑浇到巡洋舰上。"②

---

① 悉尼号的残骸显示一颗鱼雷击中了它的左侧，距离船首大约 20 米，在炮塔"A"的下方。*The Loss of HMAS SYDNEY II: Volume One*, p. xviii.
② Ibid. *Volume Two*, p. 53.

伪旗行动　第二次世界大战中的德国偷袭舰

澳大利亚皇家海军约瑟夫·伯内特舰长在悉尼号的舰桥上。1941年11月19日,在和鸬鹚号的战斗中,悉尼号沉没,伯内特阵亡。

悉尼号的鱼雷操作人员从左舷发射座上发射了两颗鱼雷,尽管鸬鹚号密集的火力扫射着甲板。两颗鱼雷都没有命中偷袭舰。① 17:35,悉尼号左转舵,掉头向南。② 如果这一行动是有意的,那么可能是试图撞击偷袭舰,或者试图使用右舷鱼雷发射管。③ 在驶过偷袭舰的船尾之后,它的右侧便暴露在德国人的火力之下。发

---

① 迪特马斯和上士奥托·尤根森声称,悉尼号从左侧发射座上发射了两颗鱼雷,都没有命中偷袭舰。悉尼号只携带了8颗鱼雷,因为它的鱼雷发射管不能在海上重新装载。3颗鱼雷依然装在悉尼号的右舷发射座上,而另一颗在现场没找到,因此断定,悉尼号发射了两颗鱼雷。Ibid. Volume Two, p. xix.

② 悉尼号的左舷和右舷上都有大量的弹片损伤,符合德国人的说法:它曾左转舵,过了偷袭舰的船尾,因此把右舷暴露在火力下。Ibid. Volume Two, p. 369.

③ 悉尼号的左舷至少被41发5.9英寸炮弹击中。Report on Technical Aspects, p. 153.

24　鸬鹚号与悉尼号之战

动机着火冒出的浓烟让斯克里斯看不见目标，于是布林克曼指挥战斗。船上，损害控制小组拼命试图扑灭大火，阻止进水，维持浮力。

迪特马斯担心悉尼号右舷的鱼雷发射管，而让鸬鹚号的船尾尽可能呈现最窄的目标。偷袭舰由于轮机舱的大火而冒出浓烟，同时它的大炮连续轰击巡洋舰，大多击中了上层和下层甲板的中部。炮塔"A"遭到更多的轰击，舰桥和消防塔也是如此。17:45，迪特马斯想掉头让舷炮投入使用，但发动机熄火了。伦施来到舰桥上，向迪特马斯报告，发动机已经停止工作。迪特马斯命令他至少让一台发动机运转起来，但试图到达轮机舱的所有努力都失败了。设法逃了出来的哈纳特上士目睹了控制岗位值班人员死于火焰的突然爆发。

17:50，在重新建立适当的火势控制之后，鸬鹚号的炮手重新开始调整舷炮。悉尼号艰难地向南航行，它被火焰所吞没，偷袭舰继续开火，直至18:25。① 巡洋舰以大约 5 节的速度转向东南，推进力极有可能是尾部锅炉和轮机舱提供的。② 大火吞没了舰桥、前甲板和船的中部。③ 损害控制小组被打垮，只是努力地保持基本系统运转，这时，大约 70% 的船员丧生、受伤或被大火困住。④

伯内特原本应该转到战斗位置，而不应该和一艘未知船只靠

---

① 悉尼号的右舷至少被 46 发 5.9 英寸炮弹击中。*Report on Technical Aspects*, p. 153.
② Ibid. p. iii.
③ Ibid. pp. 170–171.
④ Ibid. p. ii.

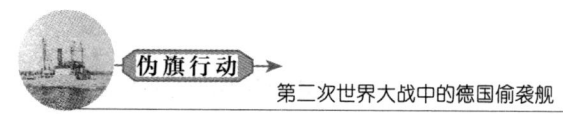

得如此之近,他的行动和大多数鲁莽行事的盟军军舰指挥官并无不同。① 像伯内特这样经验丰富的指挥官也会犯错,表示同情的迪特马斯理解这一点:

> 只要想象你是一艘巡洋舰的舰长,以同样的预防措施对待遇到的无数船只当中的每一艘,结果每一艘都被证明是一艘无害的蒸汽船。总有放松或粗心的一刻,然后事情就发生了。这就是战争。②

19:00 左右,悉尼号从德国人的视线里消失了。那天晚上,它的船首——已经被鱼雷击中,严重受损——突然断裂,消失在汹涌的海浪里。巡洋舰失去浮力,迅速沉没。③ 鸬鹚号击沉了澳大利亚皇家海军的骄傲。④

---

① 悉尼号接近一艘未知船并非独一无二,因为很多海军指挥官也危险地接近过未知船,包括澳大利亚海军站的船只。1941 年 1 月 6 日,天鹅号靠近塔伦恩号不到 1.5 英里。3 月 6 日,马努拉号靠近凯科莱号不到 1 英里,1941 年 8 月 9 日,它距离马雷拉号 1 英里。1941 年 2 月 5 日,阿德莱德号靠近马莱塔号不到 1 英里。1941 年 6 月 3 日,霍巴特号冒险驶近钢铁武士号,距离只有四分之三英里。这种情况不仅仅局限于澳大利亚海军站相对安全的地方。1940 年 1 月,巡洋舰海王星号在塞拉利昂水域驶近一艘未识别身份的船,距离四分之一英里。那艘船是一艘英国的 Q 船(译者注:即伪装猎潜舰)。如果它是一艘德国偷袭舰,就很容易以悉尼号—鸬鹚号遭遇战类似的方式突袭海王星号。1941 年 2 月 27 日,利安得号在印度洋遭遇意大利偷袭舰拉姆号,它靠到偷袭舰旁边,距离只有 2700 米。如果这是一艘德国辅助巡洋舰,船上有受过良好训练的炮兵团队,就很有可能摧毁利安得号。
② Muggenthaler, *German Raiders of World War II*, p. 191.
③ *Report on Technical Aspects*, p. iii.
④ 悉尼号的残骸位于 26°14′37″S、111°13′03″E,在战斗位置东南大约 10.5 海里处。

25

救生艇舰队

> 我们和澳大利亚的水兵相处得很好。我们还被告知,我们击沉了"悉尼"号。总的来说,他们十分尊重我们。对另一艘装载着这些幸存者的小船,澳大利亚船的指挥官说,如果能够带领像我们这样坚定顽强的船员,他会很自豪。①
>
> ——鸬鹚号水兵古斯塔夫·海因茨

一艘偷袭舰的覆灭

与澳大利亚皇家海军军舰悉尼号的战斗结束之后,鸬鹚号轮机舱的大火完全失控,最终到达水雷储存区。于是,迪特马斯命令弄沉偷袭舰,但他需要时间组织救生艇和救生筏。② 尽管有大约 20 人在这场战斗中阵亡,但大约 370 名幸存者依然在船上。船员们开始撤离,21:00,大约还有 120 人在船上。当一艘装载着伤

---

① NAA File, "Kormoran" - Translation of Diaries (B6121, 165K).
② 鸬鹚号有 4 艘完好无损的救生艇在上层建筑上,两艘大钢艇在货舱里,还有 5 艘小艇和 4 个橡皮筏。

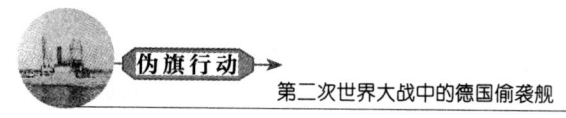

员的救生筏倾覆之后，悲剧发生了，大约60人葬身鱼腹。格雷特中尉下去发射水下鱼雷，以确保它们不会过早爆炸：

> 我心跳得厉害，我回到甲板下面，走向水下鱼雷舱。难以忍受的寂静笼罩着甲板的下方。这艘船再也活不了了，再也不会有通常的发动机轰鸣声。舱室的潮湿寒冷令人毛骨悚然地想到了坟墓。[1]

在浓烟充满水雷舱之后，迪特马斯和值班军官戈斯林中尉准备好了左舷前部油箱里的炸药。迪特马斯摘掉了他的指挥官垂饰，然后登上最后一艘救生艇，10分钟后，炸药爆炸，但偷袭舰依然漂浮着。00:35，320颗水雷被引爆，导致巨大的爆炸，碎片飞向数百英尺的夜空。鸬鹚号船体的后部炸没了，它迅速下沉，船尾首先沉没。[2]

鸬鹚号共击沉或俘获了12艘船，总吨位75111吨，这是一个令人印象深刻的成绩。迪特马斯，一个年轻而随和的军官，对辅助巡洋舰所扮演的战略角色有着极好的理解，但疏于侦查，极少使用阿拉多式水上飞机。他原本还可以使用捕鲸船秃鹫号作为侦查舰，这样做可能会挽救鸬鹚号。海军战争指挥部后来表示了深深的自豪，因为"这艘辅助巡洋舰死得够本，用最后一次胜利为它成功生涯的不幸终结加冕，这场胜利尤其令人满意，很有价

---

[1] *The Loss of HMAS SYDNEY II: Volume Two*, pp. 54–55.
[2] 鸬鹚号最后的长眠之地位于26°05′49.4″S、111°04′27.5″E，距离西澳大利亚的陡峭点大约112海里。

值"①。海军战争指挥部还指出:"击沉澳大利亚巡洋舰值得特别提及,因为这一行动大概是战争史上独一无二的。"②

悉尼号的牺牲并非徒劳无功,因为鸬鹚号不再威胁公海,正如阿尔所说的:

> 悉尼号到底是不是成功呢?它阻止了鸬鹚号在澳大利亚沿海布设水雷,借此极有可能挽救了很多船只和人员;此外,它让那艘偷袭舰再也没法威胁盟国的商船。③

幸存者包括316名德国人和3个中国水手,有81个船员和中国洗衣工丧生。④在黑暗中,救生艇和救生筏分散开来。

搜寻

悉尼号预计11月20日到达弗里曼特尔,延误之后,海军部并没有表现出担忧,因为悉尼号护送的西兰蒂亚号在新加坡迟到了,所以,澳大利亚皇家海军以为巡洋舰被耽搁了。11月23日,海军部发信号给悉尼号,没有收到答复。当天上午着手进行一次空中搜寻,主要涉及基地在西澳大利亚的3个澳大利亚皇家空军中队。⑤

---

① NLA Microfilm, *Kriegstagebuch der Seekriegsleitung* (MFM 1712).
② NAA File, *"Kormoran"* (B6121, 164N).
③ Ahl, "Sinking of Sydney by Kormoran".
④ *Report on Technical Aspects*, p. i.
⑤ 澳大利亚皇家空军的3个中队是:4号中队飞行训练学校,基地在杰拉尔顿;14号中队,基地在珀斯附近的皮尔斯空军基地;25号中队,基地也在皮尔斯。14号中队的6架哈得逊飞机搜索至300英里,25号中队的维勒威飞机加入搜索,另外一些飞机也加入了,包括来自达尔文的3架哈得逊飞机,来自莫尔兹比港的两架卡塔利娜飞机,以及来自杰拉尔顿的8架安森飞机。

伪旗行动 ▶

第二次世界大战中的德国偷袭舰

11月23日，客轮阿基塔尼亚号发现了一个救生筏，上面有26个德国人。这些经受了日晒雨淋的幸存者用桨与鲨鱼搏斗。登上客轮之后，他们接受了治疗，还有水和早餐。德国人提到与一艘巡洋舰之间的战斗，但吉本斯船长以为巡洋舰已经发信号给阿鲁，于是他的无线电继续保持沉默，因为他做梦也没想到巡洋舰可能被击沉。①

11月24日下午，英国油轮特罗卡斯号在卡那封西北偏西发现了一个救生筏，上面有25个德国人。获救之后，鲁道夫·伦施告诉布赖恩特船长，他在一艘偷袭舰上服役。特罗卡斯号发信号给澳大利亚皇家海军，请求一支武装卫队，关于这场海战的消息于是抵达大陆。澳大利亚皇家海军军舰维拉拉号的10个武装卫兵随后登上了特罗卡斯号，11月27日，这艘船抵达弗里曼特尔。

搜寻工作加强了，澳大利亚皇家海军辅助舰延德拉号、英雄号、奥利弗·卡姆号和维拉拉号加入这一行动。海军部还请求荷兰海军提供帮助。两架远程轰炸机从爪哇岛的泗水起飞，进行巡逻；荷兰巡洋舰特罗姆普号从巽他海峡启航，追寻悉尼号的航线。

11月24日，一艘装载着46个德国人救生艇在西澳大利亚海岸登陆，地点在库维恩角以北阔巴绵羊牧场附近。这些人几乎断粮断水，他们发现自己在一个海滩上，还发现了一只绵羊，就宰了当粮食。另一艘载着57个德国人的救生艇也驶近海岸。马拉珀特上尉装上了一张船帆，用桨当舵驾驶，阿尔中尉用阿拉多水上飞机的罗盘导航。第二天，这些人在雷德布拉夫登上一个荒无

---

① NAA File, *'Kormoran: (Raider No 41) 'G'* (B6121, 164L).

25 救生艇舰队

人烟的海岸。澳大利亚皇家空军一架哈得逊飞机从这儿飞过,空军上尉库克后来发现了幸存者,丢下一盒香烟。[①] 他报告在卡那封见到了这两艘救生艇,空军中校莱特福特组织了一个卡车队,把德国人转到了镇上,那里的志愿保卫队负责监禁他们。

迪特马斯的救生艇上有 61 名德国人和 1 名洗衣工。11 月 23 日,这些人庆祝一个水兵的生日,喝掉了两瓶啤酒。第二天,由于补给品越来越少,迪特马斯担心他的人喝海水。夜里,人们逮住那个洗衣工正在喝日本牛奶,他们试图把他扔到海里,但迪特马斯掏出了手枪,人们退下了。[②] 第二天,他们发现了客轮阿基塔尼亚号。迪特马斯决定不发射烟火信号弹,他希望被一艘中立国的船救起。11 月 26 日,这些人发现了人马号,迪特马斯已经放弃了被中立国船只救起的希望,于是他向那艘船发射了信号。达克船长拒绝让德国人上船,坚持要拖他们的救生艇,给了他们一些食物和茶,后来又允许伤病员登船。第二天早晨,救生艇开始散架,达克船长给了德国人两艘新的救生艇。11 月 27 日,人马号拖着两艘救生艇抵达卡那封。

情报官詹姆斯·里克罗夫特少校审问了迪特马斯,他声称已经看到一艘珀斯级巡洋舰在发信号期间驶近。[③] 迪特马斯指出海战的准确位置,因为他想让搜寻人员救起他可能还在漂流的部下。[④]

---

① "Reinhold von Malapert", *The Telegraph* (United Kingdom), 21 June 2007.
② Winter, *HMAS Sydney: Fact, Fantasy and Fraud*, p. 166.
③ *The Loss of HMAS SYDNEY II: Volume One*, p. 359.
④ 悉尼号的残骸位于战斗位置东南大约 10.5 英里的地方,迪特马斯指出了正确坐标。

伪旗行动 第二次世界大战中的德国偷袭舰

澳大利亚皇家海军命令海岸蒸汽船库林达号寻找一艘被飞机发现的救生艇。船长约翰·艾雷因此在11月26日从这艘救生艇上救起了31个德国人。3天后,库林达号抵达弗里曼特尔,俘虏们登陆上岸,被护送至哈维的一个拘留营,西澳大利亚海军高级情报官维克托·拉马奇海军中校在那里审问了他们。

阿基塔尼亚号继续驶往悉尼,无线电一直保持沉默,吉本斯船长截听到了特罗卡斯号的信号,让他对眼下的情势有了更好的理解。他试图广播一份报告,但无线电出了故障。当客轮驶过威尔逊岬时,他向岸上发了信号,然后在11月28日抵达悉尼。①

英国商船人马号的救生艇,装满鸬鹚号的德国水兵,后者的救生艇沉没了。

---

① *The Loss of HMAS SYDNEY II: Volume Two*, p. 150.

25 救生艇舰队

还有一艘救生艇，载着 71 名德国人和 2 名洗衣工，依然在漂流。来自轮机舱的船员鲁道夫·马克斯被烧伤，第二天平静地死去。戈斯林为他做了祷告，船员们把他的尸体放进大海。11 月 22 日，一艘客轮——大概是阿基塔尼亚号——夜里从旁边驶过，没有注意到他们。两天后，一架飞机出现在头顶，但没有救援。有些人喝了海水。11 月 27 日，一架安森侦察机发现了救生艇，德国人展开一面白旗，上面写着"救命，断水"。澳大利亚皇家海军军舰延德拉号很快救起了幸存者。他们被晒伤，还患上了皮炎。奥托·尤根森上士表示了感谢："他们对待我们就像是遭遇海难的水手，而不是曾摧毁他们一艘海军军舰的战俘。"[1] 第二天，延德拉号抵达卡那封。

11 月 29 日，战争指挥中心结束了对悉尼号的搜寻。[2] 海战之后，悉尼号上依然活着的人没有多少幸存机会。当船首突然断裂时，很多人在船的里面，那些在甲板上的人会游开。由于巡洋舰沉没得太快，根本没有机会放下救生艇。在水里的水兵如果穿着救生衣还能够存活几个小时，上了救生筏的人可能坚持 3 至 5

---

[1] Stewart, *HMAS Yandra*, p. 38.
[2] 澳大利亚与荷兰的机组飞行了 118 次，总共 825 飞行小时。同时，6 艘海军军舰和 15 艘商船也参与进来。有些搜索船发现了海战的证据。军舰维拉拉号捡到一个澳大利亚海军救生圈、一个外国救生圈、两个外国救生筏，以及一个德国阵亡水兵的尸体，船员们把他葬在大海里。埃瓦戈拉斯号发现了一个英国救生圈，军舰英雄号找到一个澳大利亚海军救生筏，里面有两个澳大利亚海军救生圈。1942 年 2 月 6 日，圣诞岛港务长雷吉·史密斯上尉发现了一个来自悉尼号的救生筏。他发现一具已经部分腐烂的尸体，穿着一件蓝色的锅炉服，已经被晒白。地方当局以全套的军事礼仪把这个"圣诞岛人"埋葬在欧洲人公墓里。尽管一次搜索在 2006 年找到了他的尸体，但他的身份一直是个谜。

天。①此外，幸存者都可能遭到伤害——休克、灼烧和吸入浓烟，极大地降低了遇到鲨鱼时的存活机率。②搜寻工作直至11月24日才开始，因此毫不奇怪，悉尼号645名船员全都葬身海底。

拉马奇中校在弗里曼特尔讯问了俘虏，他的报告包括对鸬鹚号航程的准确概述。③11月30日，海军少将约翰·克雷斯赶到，监督更正式的审讯。这次审讯还试图获得关于偷袭舰的一般信息。④审讯后，澳大利亚人准备把俘虏转移到维多利亚州的战俘营。鸬鹚号上的水兵埃里希·迈耶患了肺癌，1942年3月24日死在珀斯的一家医院里。澳大利亚人用全套的海军礼仪安葬了他，一个在悉尼号上失去亲人的家庭照料他的坟墓。

多林吉尔战俘营和默奇森战俘营

澳大利亚最早的一批战俘是在南非和希腊俘获的50名军官和900名士兵。澳大利亚人把德国军官关押在多林吉尔，那是农村地区维多利亚州雪帕敦附近的一幢乡村宅邸，被改造成了战俘营。余下的俘虏被送到默奇森战俘营，距离多林吉尔战俘营10英里，被官方称作"13号"。默奇森战俘营分为4个营区；13A和13B关押意大利人，13C和13D关押德国人。

第一批到达维多利亚州的鸬鹚号战俘从悉尼登上阿基塔尼亚

---

① *Report on Technical Aspects*, p. iv.
② Ibid. p. iii.
③ *The Loss of HMAS SYDNEY II: Volume One*, p. 349.
④ NAA File, *HMAS Sydney* (A5954, 2400/21).

号,另外一批 133 名水兵稍后从西澳大利亚乘火车抵达。[①]到 1942 年 1 月,迪特马斯和其他所有军官都抵达多林吉尔战俘营。迪特马斯作为军衔最高的战俘,接替德国空军军官赫尔穆特·拜泰姆担任战俘营的领导者。澳大利亚人发现拜泰姆冷漠而傲慢,更愿意和迪特马斯打交道。余下的鸬鹚号战俘很快抵达默奇森战俘营。

默奇森战俘营所有的德国海军战俘都搬到了 13C 营区。来自鸬鹚号的海军上士保罗·科恩负责管理默奇森战俘营的所有德国人,但迪特马斯负最终责任。探访默奇森战俘营时,迪特马斯提醒他的同胞们:他会处理任何违反纪律的行为。

基督教青年会送给默奇森战俘营的战俘们一些书、运动器材、植物种子和一台留声机,德国红十字会后来提供了更多的书。多林吉尔战俘营的军官们创办了一所学校,但迪特马斯只批准那些有充分资质的老师可用或教材寄自德国的课程。军官们还制作家具,组建了一个运动场,开垦了一片菜园。

根据《日内瓦公约》,可以强迫士兵劳动,可以让军士从事监督工作。意大利战俘收获了马铃薯,但战时内阁不允许德国战俘在农场工作,担心他们搞阴谋破坏和联合反抗。最后,德国战俘很少干活,除了营地里的职责之外。

1942 年 6 月,战俘们挖了一条把两个德国战俘营区连起来的隧道,直至被澳大利亚人发现。不久之后,13C 营区的战俘发现和 13A 营区的意大利战俘交换了营区,这对他们来说是一个坏消

[①] NAA File, *Admin - HMAS Sydney / Kormoran Action* (K997, 1/15/2).

息，因为将留下隧道、藏物处、菜园，并且不再紧邻 13D 营区的德国人。

德国红十字会的圣诞节礼包从国内寄到，里面装着香烟、烟草、剃须刀和食品。1942 年在战俘们普遍消沉的氛围中结束。盟军在斯大林格勒和阿莱曼的胜利让他们知道，战争的势头已经朝不利于轴心国的方向转变。关于德国城市遭到轰炸的消息也传到他们这里，引发了对家人的担心，以及对亲人安危的负疚感。

1943 年初，澳大利亚政府稍稍放松了劳工政策，给德国战俘创造了一些新的工作机会。一个新的战俘营在维多利亚州的格雷镇附近开营，德国人可以在那里充当伐木工人。卫兵在 13A 营区的战俘中征求志愿者。253 人转移到格雷镇的战俘中，大多数是鸬鹚号的战俘，包括战俘营首领科恩。

盟军空军对德国城市的空袭变得越来越具毁灭性，一些战俘失去亲人——包括奥托·尤根森，他的妻子死于汉堡——德国战俘的士气进一步恶化。D 日（译者注：诺曼底登陆日）之后，战俘们紧张地等待来自前线的消息，与此同时，收音机集会热切地追踪着不断出现的细节。

1945 年 1 月 10 日，19 名战俘通过一条隧道逃出多林吉尔战俘营。他们并没有什么总体计划，除了获得几天自由以及制造一些混乱之外。警察和军人在火车、轮船和机场搜寻逃亡者。接下来的几天里，澳大利亚人把战俘们围了起来。鸬鹚号的水兵沃尔特·罗兹齐斯和来自非洲军团的下士鲁道夫·科克白天赶路，在穆鲁普纳被人发现，再次被俘。来自鸬鹚号的詹森少尉和水兵保

25 救生艇舰队

罗·基塞尔在科比纳宾附近被捕。迪特马斯和拜泰姆白天躲藏，晚上赶路。1月18日，拜泰姆扭伤了脚踝，减缓了行进的速度。当食品快要吃完时，他们决定冒险走进一家商店。拜泰姆进了塔利加鲁普纳的一家百货商店，店主根据报纸上的照片认出了他，给警察打了电话，警察在一个围场里找到了两个逃亡者。[①] 迪特马斯回到多林吉尔战俘营之后，患了中风，在海德堡军事医院里康复之后，再也不能担任战俘营首领了。

1945年5月8日，德国投降，去纳粹化开始。在卫兵让他们观看美国陆军拍摄的关于贝尔森集中营的电影之后，鸬鹚号的船员了解了这个政权的真实性质。1945年7月25日，多林吉尔战俘营关闭，所有俘房转到塔图拉附近的一个战俘营。德国人希望得到更多的自由和在农场工作的机会，但政策并没有改变，尽管有些战俘可以凭誓获释离开战俘营，时间长达一天10小时。其中有些人跟当地人建立了友谊，在黑市上干活。

1947年1月21日，1469名德国战俘在墨尔本登上了客轮奥龙特斯号，开始了他们的归国航程。在码头的那边，人们可以看到荷兰货船马六甲海峡号。2月27日，战俘们抵达库克斯港，一列火车把他们带到明斯特的一个战俘营。战俘们被陆续释放，有些被送到苏联占领区的军官遭到逮捕。1947年5月，英国人释放

[①] 警察搜在迪特马斯的身上搜出一个笔记本，有一篇用密码写成的关于鸬鹚号与悉尼号战斗的介绍。在战俘营里，他早先已经准备了一份关于他和悉尼号交战的战斗报告，使用的密码藏在一本德英词典里，在某些字母下面打上小圆点。迪特马斯逃跑时没有带走这本词典，但带走了他的一份报告，用密码写在笔记本里。墨尔本的舰队无线电小分队破解并翻译了笔记本的内容。

了迪特马斯，德国最后一个鸬鹚号战俘获得了自由。

维多利亚州默奇森附近多林吉尔战俘营 13 号营的德国军官战俘——1941 年 11 月与巡洋舰悉尼号交战的幸存者。后排从左至右：约阿希姆·格雷特中尉，埃德蒙·舍费尔中尉，莱因霍尔德·冯·马拉珀特中尉，弗里茨·斯克里斯中尉，约阿希姆·冯·戈斯林中尉，威廉·布林克曼中尉。前排：亨利·迈耶上尉，库尔特·福尔斯特上尉，西奥多·迪特马斯少校（指挥官），海因茨·梅塞施密特中尉。

迪特马斯因日益恶化的健康而退休，是由于一连串的中风导致的。他随后和妻子乌尔苏拉一起生活在汉堡的拉尔施达特区，写了一本书介绍自己的战时经历，题为《偷袭舰鸬鹚号》（*The Raider Kormoran*）。很多从前的船员和年轻的海军军官经常去拜访他。1976 年 11 月 4 日，迪特马斯去世。

尾 声

被囚德国

  猎户星座号、企鹅号、彗星号和鸬鹚号的航行都结束于1941年，但是，被这些船俘虏并转到德国的的盟国水手还要等待漫长的时间，等待战争结束。这些俘虏大多乘坐补给船、偷渡船和被俘船抵达法国。上岸之后，他们在法国的过境战俘营里等待转运至"战俘营XB"，那是汉堡附近一座关押盟国水手的战俘营。来自布里斯班港号的詹姆斯·梅森后来回忆起抵达战俘营XB的情形：

  当我在黑暗中走下货车时，我感觉到是在大雪中。一个德国卫兵拖着我往前走，当我告诉他我因为冻僵而走不动的时候，他再次把我推倒了。一个德国医生过来帮助我，给我一个烧瓶，让我喝了一点酒。①

---

① "Hell Ship and Prisoner Camp", *The West Australian*, 19 May 1945.

伪旗行动
第二次世界大战中的德国偷袭舰

战俘营 XB 位于关押来自东欧平民俘虏的桑德博斯特尔集中营内。俘虏们吃得很糟糕,在地里从事长时间的劳动,但德国人大多对待他们很得体。东欧人承受了更加恶劣的条件,英国战俘有时把食物扔过铁丝网。①

挪威油轮斯多尔斯塔德号上的盟国俘虏,油轮被企鹅号俘获后成了一艘德国俘获船,俘虏被运往法国的波尔多,目的地是德国的战俘营。

1942 年 2 月,战俘营 XB 的俘虏被转到一个新的战俘营——不来梅附近韦斯特尔蒂姆克的马拉格和米拉格诺德战俘营。这个战俘营在一片松树林之内,有两个完全分开的营区:马拉格关押海军战俘;米拉格关押商船水手。大约 4500 名水手成了马拉格和米拉格诺德战俘营的囚犯。起初,所有卫兵——大多是中年男人——都来自德国海军的炮兵部队,但后来还有很多陆军卫兵。

---

① Coward, *Sailors in Cages*, pp. 101–102.

尾 声

跟在战俘营 XB 比起来，战俘们的条件大为改善。他们的健康状况普遍良好，尽管有些人营养不良，有几个肺结核和痢疾的病例。通常每天的配给包括早餐的两片面包和半杯咖啡代用品，正餐是 3 个马铃薯加萝卜土豆汤。俘虏们用红十字会寄来的包裹补充他们的食物，里面有一些像巧克力和烟草这样的奢侈品。①

根据《日内瓦公约》，不能强迫德国的商船水手俘虏劳动，但实际上，除了在地里劳动，他们几乎别无选择。中国水手在汉堡干活，有一次，德国人试图迫使印度水手从事农业劳动，但他们坐下来什么都不干，挑衅德国人朝他们开枪。②

战俘营里的教育活动包括商船贸易委员会的考试和升级课程。③ 老师们还提供了一般性的培训班，涉及 25 门不同的课程。红十字会从伦敦寄来教科书和纸，英国海员教育机构经由瑞士寄来了书。

运动包括足球、板球、拳击，甚至还有溜冰，美国战俘后来引进了棒球。组建了 17 支板球队，澳大利亚队赢得 1942 和 1943 年的骨灰杯赛，但 1944 年的比赛在英国队赢了前 4 场之后便被取消了。战后，猎户星座号俘虏的澳大利亚水手维克·马克斯把骨灰杯赛的奖杯带回南澳大利亚的家。④

米拉格营区一群很有事业心的俘虏建造了一个葡萄酒酿造

---

① Seki, *Mrs Ferguson's Tea-set*, p. 117.
② Woodman, *The Real Cruel Sea*, p. 486.
③ Seki, *Mrs Ferguson's Tea-set*, p. 115.
④ "Prison Camp 'Test Ashes' on Way Back to South Australia", *The Mail*, 30 November 1946.

厂，生产黄色干葡萄酒。还有一个啤酒酿造厂，生产深褐色的西梅干啤酒。一个酿酒厂刚好在1942年圣诞节之前建成，生产一种名为"阿尔基（alki）"的酒。① 赌博也是一种消遣，赌场就开在一间教室里。除了其他游戏之外，还提供扑克和轮盘赌。② 来自拉里纳加的多明戈号的日本水手高木健治积累了一小笔财富，不过是战俘营的流通货币。战后，他通过战俘交换委员会，用这笔钱兑换了30英镑，全都分给了战俘们。③

战俘们还造了一台收音机，收听BBC的广播，他们追踪战争的进程，把一张前线地图藏在一扇门的背后。有时候，战俘们似乎瞥见了鲜活的战斗场面，比如轰炸汉堡，大爆炸看上去像远处的一束红光。

1943年，有些战俘在红十字会交换战俘的安排下以"保护身份"回国了，包括医生、医务人员和有健康问题的战俘。④ 非洲之星号上的见习水手金在一艘意大利红十字会的船把他从那不勒斯带到土耳其之后回到英国。⑤ 图拉基纳号的两个乘务员赫尔利和欧文与10个来自朗伊塔尼号的俘虏一起回了国。事务长安克是这个群体中的一员，后来，当一颗V1炸弹击中他在伦敦的家时，他和妻子惨死在炸弹之下。⑥ 布里斯班港号的澳大利亚皇家海军炮

---

① Gilbert, *POW*, p. 114.
② Ibid. p. 166.
③ Seki, *Mrs Ferguson's Tea-set*, p. 114.
④ Monteath, *POW*, p. 369.
⑤ Dorling, *Blue Star Line at War 1939-1945*, p. 53.
⑥ Waters, *Ordeal by Sea*, p. 56.

尾 声

手、一等水兵阿普比抵达亚历山大港,在海军情报中心讲述了他在企鹅号上的经历。① 来自马里巴号的威廉·琼斯在被交换之后,回到澳大利亚的家中。

D 日之后,战俘们带着极大的兴趣追踪着形势的发展,因为战争的结束似乎又近了一步。1945 年 4 月,战俘营司令官和他的副官抵达近卫装甲师的指挥部,举着一面白旗,安排战俘营的投降。② 4 月 27 日,司令官陪伴 10 辆卡车组成的车队和一辆装甲车来到马拉格和米拉格诺德战俘营,英国军队解放了战俘营。英国人得出的结论是:战俘们受到很好的对待,前战俘们对司令官的评价很高。他就是海军少校沃尔特·罗格,贝尔哈德·罗格的哥哥。纽伦堡法庭后来赞扬了沃尔特·罗格的行为:"无一例外,该营所有战俘都报告,他对待他们公平而体贴。"③

有一个战俘的经历则大不相同——来自澳大利恩号的皇家海军炮手麦克斯塔维克被监禁在马拉格和米拉格诺德战俘营,但后来被转移到波兰附近的一个劳动营。④ 1944 年 12 月,当战俘们可以听到苏联人的大炮声时,卫兵们让他们向西行军。在这次旅行中,这群人偶遇了一些被迫转移的犹太俘虏。党卫军的卫兵残酷地枪杀了掉队者,把另外一些掉队者丢在路边死去。⑤ 美国人最后解放了麦克斯塔维克,他后来抵达英国,留在英吉利海峡海岸的

---

① NAA File, *"Kor moran" - Translation of Diaries* (B6121, 165K).
② Seki, *Mrs Ferguson's Tea-set*, p. 139.
③ *Nuremberg Trial Proceedings*, Volume 13, 13 May 1946.
④ Marcus, *"DEMS? What's DEMS?"*, p. 95.
⑤ Ibid. p. 95.

一个度假胜地。

战后,盟军最初把被解放的澳大利亚皇家海军的炮手们送到了伦敦。来自三和号的哈代·恩斯科飞到伦敦之后,向澳大利亚皇家海军办事处报到。他在伦敦待了两个月,与其他被解放的战俘一起出席白金汉宫的花园集会。① 他们包括来自惠灵顿港号的阿林厄姆、布罗德和琼斯,还有来自布里斯班港号的威廉森。水兵们很快踏上驶往澳大利亚的回国航程。

偷袭舰战争的行为

偷袭舰舰长都有着强烈的人道主义关切,遵守最纯正的航海传统,常常冒险营救幸存者。起初,他们试图打一场不流血的战争,遵照第一次世界大战"绅士"偷袭舰舰长的榜样,比如费利克斯·冯·卢克纳尔伯爵。但商船船长发出遇袭警报的职责导致暴力的出现,因为盟国水手不顾迫在眉睫的炮弹,勇敢地发出遇袭警报。

偷袭舰上绝大多数俘虏都说受到了很好的对待,得到德国医生的精心照料。很多俘虏由于战时宣传预计会受到严酷的对待,比如关于"地狱船"阿尔特马克号的宣传,但他们发现恰恰相反,不免大吃一惊。辅助巡洋舰打了一场没有仇恨的战争。②

---

① Marcus, *"DEMS? What's DEMS?"*, p. 94.
② 白羊星座号的鲁克特舍尔是个例外。战后,一个英国法庭判决他犯有战争罪,处以 10 年监禁。他在 1948 年 9 月 24 日死于囚禁中。

尾声

辅助巡洋舰的行为是自相矛盾的。偷袭舰的船员为残暴的第三帝国而战,但尊重所有的俘虏,不论什么国籍。然而,这个悖论很容易解释。德国海军从德意志帝国海军那里继承了传统,是建立在进步的德国自由主义最好成分的基础之上。希特勒明白这一点,哀叹:"我有一支反动的陆军,一支基督徒的海军,以及一支国家社会主义的空军。"①

成功的行动

猎户星座号、企鹅号、彗星号和鸺鹠号的航行比德国海军所预计的时间更长、成功更多。一级海军上将奥托·施奈温德和海军上将卡尔格奥尔格·舒斯特肯定了这一观点:

> 到1941年底,偷袭舰的行动比海军战争参谋部所期望的更幸运、更成功。原本预计,这种性质的商船战争,随着时间的推移,最终会以灾难收场,偷袭舰多半会沦为敌人防御力量的受害者。②

随着战争的进行,盟国通过改变航线使损失最小化,正如新西兰《正史》所说:

---

① Porten, *The German Navy in World War Two*, p. 76.
② Bennett and Bennett, *Hitler's Admirals*, pp. 90–91.

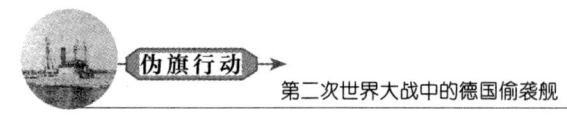

图拉基纳号和朗伊塔尼号是唯一损失在偷袭舰手里的冷藏货船，而在这一时期，每个月约有八九艘这样的货船离开新西兰，而且有类似数量的货船到达这里装货。另一艘冷藏货船、驶出港口的德文郡号被彗星号击沉，当时它从巴尔博亚启航行驶了一天。鉴于偷袭舰系统地巡逻巴拿马航线这个事实，只损失3艘这样的船只（其中一艘在塔斯曼海）就是一个引人注目的证据，证明了避开商业船运航线的保护价值。①

然而，这个观点完全不得要领。辅助巡洋舰的首要目的就是通过迫使敌人派出护航舰队并采取更远的航线，从而在远海水域扰乱航运。从新西兰出发的船只改变航线这一事实本身就证明了偷袭舰行动的有效性。迪特马斯十分清楚地阐明了这个观点：

德国辅助巡洋舰非常出色地完成了任务，它们的有效性反复地被证明，从发现俘获船所走的航线就可以看出这一点……马里巴号从巴达维亚启航，并没有以正常的方式通过巽他海峡到达目的地；锡兰的科伦坡号也没有采取东亚航线，走苏门答腊以南绕过沙璜湾，而是走更远的航线，从南边通过安达曼群岛与尼科巴群岛之间的十度海峡。换句话说，敌人的船只被迫绕行，走浪费时间和浪费燃料的航线，

---

① Waters, *German Raiders in the Pacific*, p. 32.

尾 声

这恰好就是我们想要的。①

猎户星座号、企鹅号、彗星号和鸬鹚号通过迫使盟国创建新的护航舰队,迫使他们改变航线,走更远的巴拿马运河航线,以避开偷袭舰出没的印度洋,从而赢得一场战略的胜利。最后,这些行动减少了到达英国的货物总量,正如斯蒂芬·罗斯基尔舰长所理解的那样:"这些神出鬼没的敌舰频繁而广泛地出现,其累积效应远远大于它们实际击沉的吨位数。"② 为了反击偷袭舰,澳大利亚和新西兰政府从海外驻地召回了巡洋舰,以增强本地防御,削弱了盟国在更重要战区的实力。归根到底,偷袭舰舰长们在远离德国的遥远海域所打的这场战争取得了胜利。

---

① Detmers, *The Raider Kormoran*, p. 60
② Roskill, *The Navy at War*, 1939–1945, pp. 96–97.

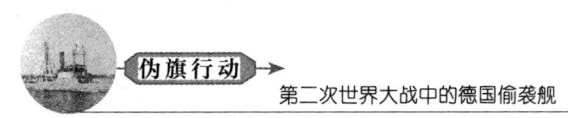

人名译名对照表

A

Abernethy 阿伯内西

Adams, Lorna 洛娜·亚当斯

Ahl, Heinfried 海因弗里德·阿尔

Ahlbach, Erich 埃里希·阿尔巴赫

Ahsbaas 阿斯巴斯

Airey, John 约翰·艾雷

Allingham 阿林厄姆

Alms 阿尔姆斯

Andersen, Norman 诺曼·安德森

Angell 安吉尔

Anker 安克

Appleby 阿普比

Armitage 阿米蒂奇

Arundel, Cornelius 科尼利厄斯·阿伦德尔

Asmus, Joachim 约阿希姆·阿斯姆斯

Atthill 阿特希尔

人名译名对照表

B

Bach, Helmut 赫尔穆特·巴赫

Bailey 贝利

Balser, Karl 卡尔·鲍尔泽

Bandeen, Alexander 亚历山大·班迪恩

Barnes 巴恩斯

Baumbach, Norbert von 诺伯特·冯·巴巴克

Beesly, Patrick 帕特里克·比斯利

Bellew, Robert 罗伯特·贝娄

Belonsov 贝隆索夫

Bertram, Hellmut 赫尔穆特·拜泰姆

Blaue 布劳尔

Bloh 布洛

Boettcher, Oskar 奥斯卡·波特切尔

Bond, James 詹姆斯·邦德

Bradley, Charles 查尔斯·布拉德利

Brettschneider, Herbert 赫伯特·布雷特施奈德

Brinkmann, Wilhelm 威廉·布林克曼

Brocksien, Ulrich 乌里希·布洛克辛

Broad 布罗德

Brown, John 约翰·布朗

Brunke, Karl Heinz 卡尔·海因茨·布伦克

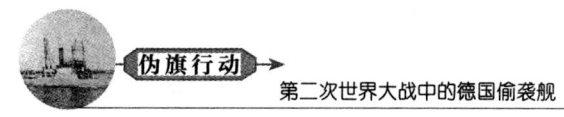

Bryan, James 詹姆斯·布赖恩

Bryant 布赖恩特

Buchan 巴肯

Bull 布尔

Bunjes, Wilhelm 威廉·邦耶斯

Burnett, Charles 查尔斯·伯内特

Burnett, Joseph 约瑟夫·伯内特

Burrell, Henry 亨利·布瑞尔

Byrd, Richard 理查德·伯德

Bysantson, William 威廉·比桑特森

C

Caird 凯尔德

Callender, Joseph 约瑟夫·卡伦德

Cameron, James 詹姆斯·卡梅隆

Darlan, Jean 让·达尔朗

Carruthers 卡拉瑟斯

Chalmers, William 威廉·查尔姆斯

Chapman, Irwin 欧文·查普曼

Choules, Claude 克劳德·乔勒斯

Clarke, Walter 沃尔特·克拉克

Cohausz 科豪斯

Collins, John 约翰·科林斯

Colvin, Ragnar　拉格纳·科尔文

Cooper, Clement　克莱门特·库珀

Cox, Herbert　赫伯特·科克斯

Crace, John　约翰·克雷斯

Craigie, Robert　罗伯特·克雷吉

Creech　克里奇

Cremer, Peter-Erich　彼得-埃里希·克雷默

Cronin, Arthur　阿瑟·克罗宁

Curtin, John　约翰·科廷

D

Danneil　丹尼尔

Danswan, William　威廉·丹斯万

Dark　达克

Davidson, Stanley　斯坦利·戴维森

Dawson　道森

DeLoach　迪洛克

Dembnicki, Erich　埃里希·邓布尼克

Detmers, Theodore　西奥多·迪特马斯

Devenport-Jones　达文波特-琼斯

Diebitsch, Johannes　约翰尼斯·迪比奇

Dingle, Edward　爱德华·丁格尔

Dobberstein, Wilhelm　威廉·多贝尔施泰因

Dohna-Schlodien, Nikolaus 尼古拉·多纳-施罗迪恩

Douglas, Frederick 弗雷德里克·道格拉斯

Doyle, Albert 阿尔伯特·道尔

Dravik 德拉维克

Dunshea, Ross 罗斯·邓西

E

Edge, Geraldine 杰拉尔丁·埃奇

Edwards, Bernard 伯纳德·爱德华兹

Eichorst 艾肖尔斯特

Elsbeth 埃尔斯贝特

Engellandt 恩格兰特

Enscoe, Hardy 哈代·恩斯科

Ernst, Ludwig 路德维希·恩斯特

Evensen, Kristian 克里斯蒂安·埃文森

Eyssen, Robert 罗伯特·埃森

F

Farncomb, Harold 哈罗德·法恩科姆

Fehler, Hein 海因·费勒

Feldt, Eric 埃里克·费尔特

Fend 芬德

Ferguson 弗格森

人名译名对照表

Fish, Walter　沃尔特·菲什
Fleming, Ian　伊恩·弗莱明
Fox, Frank　弗兰克·福克斯
Francis, William　威廉·弗朗西斯
Fraser, Peter　彼得·弗雷泽
Fry, Arthur　阿瑟·弗莱

G
Gabe, Friedrich　弗里德里希·加布
German, Hans-Reimer　汉斯-雷默·杰尔曼
Gibbons　吉本斯
Giese, Otto　奥托·吉泽
Gilham　吉尔汉姆
Gillies, John　约翰·吉尔斯
Godfrey, John　约翰·戈弗雷
Gosseln, Joachim von　约阿希姆·冯·戈斯林
Gothesen, Fritz　弗里茨·戈特森
Grau, Peter　彼得·格劳
Green, Betty　贝蒂·格林
Greter, Joachim　约阿希姆·格雷特
Grau, Peter　彼得·格劳
Gumprich, Gunther　君特·冈普里希
Gunderson, Carl　卡尔·冈德森

H

Hahnert 哈纳特

Hallett, Norman 诺曼·哈利特

Hanefeld, Helmut 赫尔穆特·哈内费尔德

Hansen, Henry 亨利·汉森

Hantley, Dan 丹·哈特利

Harders, Lambert 兰伯特·哈德斯

Harper 哈珀

Haslam, Arthur 阿瑟·哈斯拉姆

Hasselmann, Werner 维尔纳·哈塞尔曼

Hatenboer 哈特布尔

Heckhoff 黑克霍夫

Heinz, Gustav 古斯塔夫·海因茨

Hemmer, Hans-Karl 汉斯-卡尔·赫默

Henderson 亨德森

Hendricksen, Helmer 海尔默·亨德里克森

Herbert-Jones 赫伯特-琼斯

Hertz 赫兹

Hill-Willis 希尔-威利斯

Hoffmann, Kurt 库尔特·霍夫曼

Hooper, Allen 艾伦·胡珀

Hore, Peter 彼得·霍尔

Howlett, Ernest　欧内斯特·豪利特

Hudson, Thomas　托马斯·哈得逊

Hughes, William　威廉·休斯

Hurley　赫尔利

Huschenbeth, Josef　约瑟夫·胡申贝斯

I

Ichimaya　伊施马雅

J

Janson, Rosalinde　罗莎琳德·詹森

Jansen, Rudolf　鲁道夫·詹森

Jego, Louis　路易斯·热戈

Jensen, Aslak　阿斯拉克·延森

Jiminez, Simeon　西米恩·吉米内兹

Johnstone, John　约翰·约翰斯顿

Jones, Sydney　西德尼·琼斯

Jones, Victor Raymond　维克托·雷蒙德·琼斯

Jones, William　威廉·琼斯

Jürgensen, Otto　奥托·尤根森

K

Kähler, Otto　奥托·凯勒

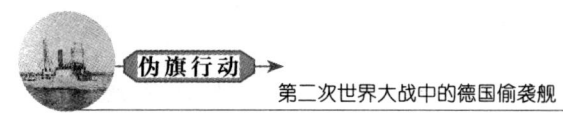

Kamenz 卡门茨

Karsten, Wilfried 威尔弗里德·卡斯滕

Kehrmann 科尔曼

Kerguelen, Yves-Joseph de 伊夫-约瑟夫·德·凯尔盖朗

Kharlamov 哈尔拉莫夫

Kinnear, John 约翰·金尼尔

Kissel, Paul 保罗·基塞尔

Kobelt 科贝尔特

Koblitz 科布利茨

Kock, Rudolf 鲁道夫·科克

Kohn, Paul 保罗·科恩

Kölsch, Erwin 欧文·科尔什

Kondo, Nobutake 近藤信竹

Kragge 克拉格

Krancke 克朗克

Krüder, Ernst-Felix 恩斯特-费列克斯·克吕德尔

Kube, Bruno 布鲁诺·库伯

Kusnezow 库兹涅佐夫

Küster, Wolfgang 沃尔夫冈·库斯特

L

Laird, James 詹姆斯·莱尔德

Langer, Jimmy 吉米·兰格

Langsdorff, Hans　汉斯·兰斯道夫
Laskier, Frank　弗兰克·拉斯基尔
Latham, John　约翰·莱瑟姆
Leatham, Ralph　拉尔夫·莱瑟姆
Lensch, Rudolf　鲁道夫·伦施
Levit　列维特
Lienhoop, Friedrich　弗里德里希·列恩霍普
Lightfoot　莱特福特
Lins　林斯
Long, Rupert　鲁珀特·朗
Low　劳
Luckner, Felix von　费利克斯·冯·卢克纳尔

M
MacDonald　麦克唐纳
Mack, Tim　蒂姆·马克
Mackenzie, Hugh　休·麦肯齐
Malapert, Reinhold von　莱因霍尔德·冯·马拉珀特
Maclean, Malcolm　马尔科姆·麦克莱恩
Magee　马吉
Mair, Alexander　亚历山大·迈尔
Mallet, John　约翰·马莱特
Mander　曼德尔

Manwaring, Percival 珀西瓦尔·曼沃宁

Marks, Vic 维克·马克斯

Marschall, Wilhelm 威廉·马沙尔

Martin, William 威廉·马丁

Mason, James 詹姆斯·梅森

Matheson, Alec 阿雷克·马瑟森

Matsuoka, Yosuke 松冈洋右

Max, Rudolf 鲁道夫·马克斯

McGregor 麦格雷戈

McHuley 麦克休利

McLachlan, Donald 唐纳德·麦克拉克伦

McShane, Nora 诺拉·麦克肖恩

McStavick 麦克斯塔维克

Mearns, David 戴维·米恩斯

Meleshov 米里肖夫

Menzies, Robert 罗伯特·孟席斯

Merrylees, John 约翰·梅里利斯

Mertens, Karl 卡尔·梅滕斯

Messerschmidt, Heinz 海因茨·梅塞施密特

Meyer, Henry 亨利·迈耶

Meyer, Erich 埃里希·迈耶

Michaelson, Wilhelm 威廉·麦克尔森

Miller, James 詹姆斯·米勒

Mitchison　米奇森

Mohr, Ulrich　乌尔里希·莫尔

Mollross　莫尔罗斯

Molotov　莫洛托夫

Montgomery, Michael　迈克尔·蒙哥马利

Morrison, Neil　尼尔·莫里森

Muggenthaler, August Karl　奥古斯特·卡尔·摩根泰勒

Müller, Karl-Herman　卡尔-赫尔曼·穆勒

Müller-Osten　穆勒-奥斯滕

Müller, Walter　沃尔特·穆勒

Munroe　门罗

Murdoch, Keith　基思·默多克

N

Nakamura　中村

Nankervis, Alfred　阿尔弗雷德·纳克维斯

Nawracala, Hieronim　赫罗尼姆·瑙拉卡拉

Neale　尼尔

Nelson, Ray　雷·纳尔逊

Nerger, Karl　卡尔·内格尔

Neumeir, Hans　汉斯·诺伊迈尔

Neumeister, Ernst　恩斯特·纽麦斯特

Nielsen, Wilhelm　威廉·尼尔森

Noack, Charles　查尔斯·诺亚克

Nordby, Josef　约瑟夫·诺尔比

Norvalls, Anton　安东·诺瓦尔斯

Nowakoski, Roman　罗曼·诺瓦科斯基

O

Oesten, Jürgen　尤根·奥斯滕

Oetzel　奥策尔

Ohashi, Chuichi　大桥忠一

Ostberg　奥斯特伯格

Owen　欧文

P

Palaeograssas, Michael　迈克尔·帕莱奥格拉萨斯

Parker, Alfred　阿尔弗雷德·帕克

Parry, William　威廉·帕里

Passler　帕斯勒

Paul, Eric　埃里克·保罗

Plumb, Elizabeth　伊丽莎白·普拉姆

Pohl, Hugo von　雨果·冯·波尔

Povey　波维

Pschunder, Wilhelm　威廉·佩施恩德

Putz, Karl　卡尔·普茨

人名译名对照表

R

Rabin, Harry　哈里·拉宾

Raeder, Erich　埃里希·雷德尔

Raffler　拉夫勒

Ramage, Victor　维克托·拉马奇

Raschke　拉施克

Rauch　劳奇

Ravenscroft　雷文斯克罗夫特

Read　里德

Redwood　里德伍德

Reymann, Max　马克斯·雷曼

Rhoades　罗兹

Ridgway, Mark　马克·里奇韦

Rieche, Karl Helmut　卡尔·赫尔穆特·雷歇

Rixon　里克森

Rodszies, Walter　沃尔特·罗兹齐斯

Rogge, Bernhard　贝尔哈德·罗格

Rogge, Walter　沃尔特·罗格

Roll, Ulrich　乌尔里希·罗尔

Roskill, Stephen　斯蒂芬·罗斯基尔

Ruckteschell, Hellmuth von　赫尔穆特·冯·鲁克特舍尔

Ruge, Friedrich　弗里德里希·卢格

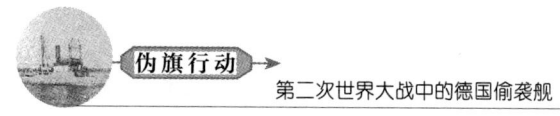

Rycroft, James 詹姆斯·里克罗夫特

S
Saalfrank 萨尔弗兰克
Saddington 萨丁顿
Sadler 塞德勒
Samuels, John 约翰·塞缪尔斯
Sandbach, Betsy 贝特西·桑德巴奇
Schewe, George 乔治·施韦
Schmidt, Karl 卡尔·施密特
Schultz 舒尔茨
Schniewind, Otto 奥托·施奈温德
Schuster, Karlgeorg 卡尔格奥尔格·舒斯特
Schwinne, Max 马克斯·施温内
Simpson 辛普森
Skeries, Fritz 弗里茨·斯克里斯
Skinner 斯金纳
Slater 斯莱特
Smith, Reg 雷吉·史密斯
Smith, John 约翰·史密斯
Smith, Thomas 托马斯·史密斯
Sparks 斯帕克斯
Spee, Maximilian von 马克西米连·冯·施佩

Spiers, Graham　格雷厄姆·施皮尔斯

Steele, Harry　哈里·斯蒂尔

Stehr　斯特尔

Steinkrauss, Fritz　弗里茨·施泰因克劳斯

Stevens　史蒂文斯

Streil　施特赖尔

Sverdrup, Otto　奥托·斯弗德鲁普

Sweeney, Edward　爱德华·斯威尼

T

Takaki, Kenji　高木健治

Tessy, Vic　维克·泰西

Thierichens　蒂尔里希恩斯

Thomas, Emrys　埃默里斯·托马斯

Thomas, John　约翰·托马斯

Thomsen, Klaus　克劳斯·汤姆森

Thomson　汤姆森

Thornton, John　约翰·桑顿

Todd, Thomas　托马斯·托德

Tuckett　塔基特

U

Upton, Lionel　莱昂内尔·厄普顿

Ursula 乌尔苏拉

V

Vellguth 费尔古特

Villa, Alphonse 阿尔丰斯·维拉

Vois, Paul 保罗·沃伊斯

W

Waggott, Jim 吉姆·瓦戈特

Wagner, Hermann 赫尔曼·瓦格纳

Walker, John 约翰·沃克

Waller, Wilfred 威尔弗雷德·沃勒

Ward 沃德

Warnholtz 沃恩霍尔茨

Werner 维尔纳

Warning, Erich 埃里希·沃宁

Watson 沃森

Wenneker, Paul 保罗·温内克

Wenzel 温泽尔

Weyher, Kurt 库尔特·维厄

White, Maureen 莫琳·怀特

Wilhelmsen, Egil 埃吉尔·威尔姆森

Williamson 威廉森

Wilke, Hans　汉斯·韦尔克

Winn, Rodger　罗杰·温恩

Winslade, George　乔治·温斯莱德

Winter, Barbara　芭芭拉·温特

Winterfeldt, Klaus von　克劳斯·冯·温特费尔特

Wirth　维尔特

Wolff, Theodor　特奥多·沃尔夫

Woodward, David　戴维·伍德沃德

Wormell, Paul　保罗·沃梅尔

Wright, Wilfred　威尔弗雷德·赖特

Z

Zuckschwerdt　楚克施韦特

"摆渡书虫"书目

书名	作者	定价
决斗	〔英〕约翰·基甸·米林根	38元
从马拉松到滑铁卢——15场世界经典战役	〔英〕爱德华·克雷西	38元
图腾与禁忌	〔奥〕弗洛伊德	36元
隐修者	〔澳〕巴里·斯通	36元
秦始皇：如何改变中国	常常	36元
曾国藩：如何改变人生	常常	32元
体罚与人性	〔英〕乔治·莱利·斯科特	36元
19-20：世纪之交的中国	〔美〕E.A.罗斯	36元
晚清河山	〔英〕乔治·N.赖特文	36元
疾病与人类文明	〔美〕亨利·欧内斯特·西格里斯特	36元
艺术的故事	〔美〕维吉尔·莫里斯·希尔耶	58元
玛雅传说与人类未来	苏晓	35元
文明的阴暗面：娼妓与西方社会	〔英〕乔治·莱利·斯科特	32元
大屠杀——历史与记忆	杰里米·布莱克	46元
伪旗行动——第二次世界大战中的德国偷袭舰	斯蒂芬·罗宾逊/著 秦传安/译	48元